嵌入式原理与接口技术

李社蕾◎编著

QIANRUSHI YUANLI
YU JIEKOU JISHU

北京师范大学出版集团
北京师范大学出版社

图书在版编目（CIP）数据

嵌入式原理与接口技术/李社蕾编著. —北京：北京师范大学出版社，2020.07
ISBN 978-7-303-25234-3

Ⅰ. ①嵌… Ⅱ. ①李… Ⅲ. ①微处理器 Ⅳ. ①TP332

中国版本图书馆 CIP 数据核字（2019）第 235677 号

营 销 中 心 电 话	010-58802181　58805532
北师大出版社科技与经管分社	www.jswsbook.com
电 子 信 箱	jswsbook@163.com

出版发行：北京师范大学出版社 www.bnupg.com
　　　　　北京市西城区新街口外大街12-3号
　　　　　邮政编码：100088

印　　刷：北京京师印务有限公司
经　　销：全国新华书店
开　　本：787 mm×1092 mm　1/16
印　　张：16
字　　数：367 千字
版　　次：2020 年 7 月第 1 版
印　　次：2020 年 7 月第 1 次印刷
定　　价：39.80 元

策划编辑：赵洛育	责任编辑：赵洛育
美术编辑：刘　超	装帧设计：刘　超
责任校对：马子杰	责任印制：赵非非

内 容 简 介

  Cortex-A9 处理器提供了史无前例的高性能和高能效，从而使其成为需要在低功耗、成本敏感、基于单核处理器的设备中提供高性能的所有设计的理想解决方案。本书以 ARM 的多核处理器 Cortex-A9 为硬件平台，在全面介绍 Cortex-A9 处理器的的体系结构、编程模型、指令系统和开发环境搭建的同时，以所选用的基于 Cortex-A9 的芯片 Exynos4412 为核心，详细介绍了片上资源及相关接口技术。接口技术模块涵盖了时钟管理、GPIO、GIC、PWM、WDT、RTC、UART、IIC、SPIADC 等模块，分别从各模块的组成结构、工作原理、外部引脚、特殊功能寄存器、初始化方法及应用案例等环节展开详细介绍。

  本书力求理论系统全面，注重实践，书中有大量的图、表、例和实验程序，每章都附有习题，便于读者学习。

  本书是用于应用型高等院校计算机、电子、通信、自动化等专业的本课程或研究生的教材，同时也可作为嵌入式开发人员的参考书。

前　　言

近年来，嵌入式技术得到了飞速的发展，嵌入式处理需求也在快速增长，在集成电路技术飞速发展的今天，单核处理器的性能已经发展到一个相对比较高的程度，单纯依靠提高单核处理器的性能来提高系统的实时性已不能满足需求，嵌入式的处理器已从单核发展到多核，以解决单处理器系统复杂度太高和计算能力不足的问题。

目前，嵌入式多核处理器已经在嵌入式设备领域得到广泛运用。本书选择了内核为四核 Cortex-A9 的 Exynos4412 嵌入式处理器，系统地介绍 Exynos4412 芯片内部主要功能模块的组成和原理，介绍了该芯片外接口技术和一些常用电路的连接实例与编程方法，本书侧重实践和硬件编程方法的讲解，从应用的角度来学习嵌入式开发的各种技术。

本书的内容分以下三大部分：

第一部分（第1章）嵌入式系统概述，介绍嵌入式微处理器及 Exynos4412 程序员模型。

第二部分（第2章和第3章）讲述指令系统和汇编语言。

第三部分（第4章～第9章）分别介绍 Exynos4412 芯片内部主要功能模块组成、原理及片外接口技术，包括时钟管理，I/O 端口及中断控制，PWM 定时器及看门狗定时器，RTC 实时时钟，UART 及 IIC、SPI 总线接口，ADC 等模块。重点介绍了各模块的特殊功能寄存器、寄存器的初始化方法及编程应用。

本书面向应用型本科相关专业的学生，编者结合自己多年学习和讲授"嵌入式原理与应用"课程的经验，从学生学习的角度，遵循人类认知的规律，来组织本教材的内容。本书在内容的选择上，偏重开发应用，注重硬件编程思想、学习方法的培养。

感谢我所在的三亚学院信息与智能工程学院的领导和同仁们，感谢他们在本书编写过程中给予的帮助和大力支持！

由于水平所限，书中不妥之处，恳请专家和读者批评指正（联系邮箱：lishelei@126.com）！

李社蕾

2019 年 9 月

目　　录

第1章 ARM 嵌入式系统概述

本章主要内容

1. Exynos4412 处理器概述。
2. Exynos4412 处理器组成、芯片封装、引脚编号与特殊功能寄存器。
3. Cortex-A9 简介、指令系统特点、功能模块。
4. Cortex-A9 程序员模型、处理器操作状态、存储器格式和数据类型、处理器操作方式、寄存器等。

1.1 ARM 系列处理器简介

1.1.1 ARM 处理器简介

ARM 是 Advanced RISC Machines 的缩写。ARM 架构是一个 32 位精简指令集（RISC）处理器架构，其广泛地应用在许多嵌入式系统设计中。迄今为止，ARM 架构已经发展到了第八代——ARMv8。

1985 年，ARMv1 架构诞生，该版架构只在原型机 ARM1 出现过，只有 26 位的寻址空间（64MB），没有用于商业产品。

1986 年，ARMv2 架构诞生，首颗量产的 ARM 处理器 ARM2 就是基于该架构，其包含了对 32 位乘法指令和协处理器指令的支持，但同样仍为 26 位寻址空间。其后还出现了变种 ARMv2a，ARM3 即采用了 ARMv2a，是第一片采用片上 Cache 的 ARM 处理器。

1990 年，ARMv3 架构诞生，第一个采用 ARMv3 架构的微处理器是 ARM6（610）和 ARM7，其具有片上高速缓存、MMU 和写缓冲，寻址空间增大到 32 位（4GB）。

1993 年，ARMv4 架构诞生，该架构被广泛使用，如 ARM7（7TDMI）、ARM8、ARM9（9TDMI）和 StrongARM 都采用了该架构。ARM 在这个系列中引入了 T 变种指令集，即处理器可工作在 Thumb 状态，增加了 16 位 Thumb 指令集。

1998 年，ARMv5 架构诞生，ARM7（EJ）、ARM9（E）、ARM10（E）和 Xscale 采用了该架构，这版架构改进了 ARM/Thumb 状态之间的切换效率。此外还引入了 DSP 指令和支持 Java。

2001 年，ARMv6 架构诞生，ARM11 采用的是该架构，该版架构强化了图形处理性能。通过追加有效进行多媒体处理的 SIMD 将语音及图像的处理功能大大提高。此外，ARM 在这个系列中引入了混合 16 位/32 位的 Thumb-2 指令集。

2004 年，ARMv7 架构诞生，从这个时候开始，ARM 以 Cortex 来重新命名处理器，Cortex-M3/4/7、Cortex-R4/5/6/7 和 Cortex-A8/9/5/7/15/17 都是基于该架构。该架构包括 NEON™技术扩展，可将 DSP 和媒体处理吞吐量提升 400%，并提供改进的浮点支持以满足下一代 3D 图形和游戏以及传统嵌入式控制应用的需要。

2007 年，在 ARMv6 基础上衍生了 ARMv6-M 架构，该架构是专门为低成本、高性能设备而设计，向以前由 8 位设备占主导地位的市场提供 32 位功能强大的解决方案。Cortex-M0/1/0+即采用的该架构。

2011 年，ARMv8 架构诞生，Cortex-A32/35/53/57/72/73 采用的是该架构，这是 ARM 公司的首款支持 64 位指令集的处理器架构。

1.1.2　ARM9 系列处理器

ARM9 系列微处理器在高性能和低功耗特性方面当时是最佳的，具有以下特点。

- ❖　5 级整数流水线，指令执行效率更高。
- ❖　提供 1.1MIPS/MHz 的哈佛结构。
- ❖　支持 32 位 ARM 指令集和 16 位 Thumb 指令集。
- ❖　支持 32 位的高速 AMBA 总线接口。
- ❖　全性能的 MMU，支持 Windows CE、Linux、Palm OS 等多种主流嵌入式操作系统。
- ❖　MPU 支持实时操作系统。
- ❖　支持数据 Cache 和指令 Cache，具有更高的指令和数据处理能力。
- ❖　ARM9 系列微处理器主要应用于无线设备、仪器仪表、安全系统、机顶盒、高端打印机、数字、照相机和数字摄像机等。
- ❖　ARM9 系列微处理器包含 ARM920T、ARM922T 和 ARM940T 3 种类型，以适用于不同的应用场合。

1.1.3　ARM10E 系列处理器

ARM10E 系列微处理器具有高性能、低功耗的特点，由于采用了新的体系结构，与同等的 ARM9 器件相比较，在同样的时钟频率下，性能提高了近 50%，同时，ARM10E 系列微处理器采用了两种先进的节能方式，使其功耗极低。

ARM10E 系列微处理器的主要特点如下。

- ❖　支持 DSP 指令集，适合于需要高速数字信号处理的场合。
- ❖　6 级整数流水线，指令执行效率更高。
- ❖　支持 32 位 ARM 指令集和 16 位 Thumb 指令集。
- ❖　支持 32 位的高速 AMBA 总线接口。
- ❖　支持 VFP10 浮点协处理器。
- ❖　全性能的 MMU，支持 Windows CE、Linux、Palm OS 等多种主流嵌入式操作系统。
- ❖　支持数据 Cache 和指令 Cache，具有更高的指令和数据处理能力。

- ❖ 主频最高可达 400MIPS。
- ❖ 内嵌并行读/写操作部件。
- ❖ ARM10E 系列微处理器主要应用于下一代无线设备、数字消费品、成像设备、工业控制、通信和信息系统等领域。

ARM10E 系列微处理器包含 ARM1020E、ARM1022E 和 ARM1026EJ-S 3 种类型，以适用于不同的应用场合。

1.1.4　ARM11 系列处理器

ARM 公司近年推出的新一代 RISC 处理器，是 ARM 新指令架构——ARMv6 的第一代设计实现。该系列主要有 ARM1136J、ARM1156T2 和 ARM1176JZ 3 个内核型号，分别针对不同应用领域。ARM11 的媒体处理能力和低功耗特点，特别适用于无线和消费类电子产品；其高数据吞吐量和高性能的结合非常适合网络处理应用；另外，在实时性能和浮点处理等方面，ARM11 也可以满足汽车电子应用的需求。

1.1.5　Cortex 系列处理器

ARM 公司在经典处理器 ARM11 以后的产品改用 Cortex 命名，并分成 A、R 和 M 3 类，旨在为各种不同的市场提供服务。Cortex 系列属于 ARMv7 架构，由于应用领域不同，基于 v7 架构的 Cortex 处理器系列所采用的技术也不相同，基于 v7A 的称为 Cortex-A 系列，基于 v7R 的称为 Cortex-R 系列，基于 v7M 的称为 Cortex-M 系列。

1. ARM Cortex-A

ARM Cortex-A 系列应用型处理器可向托管丰富 OS 平台和用户应用程序的设备提供全方位的解决方案，从超低成本手机、智能手机、移动计算平台、数字电视和机顶盒到企业网络、打印机到服务器解决方案。在正在到来的物联网时代，从智能手机、移动计算平台、数字电视和机顶盒到智能主板、智慧商显等解决方案，ARM Cortex-A 系列在多个领域大显身手。ARM Cortex-A 系列处理器大体上可以排序为：

- ❖ ARM7 处理器
- ❖ ARM9 处理器
- ❖ ARM11 处理器
- ❖ Cortex-A5 处理器
- ❖ Cortex-A7 处理器
- ❖ Cortex-A8 处理器
- ❖ Cortex-A9 处理器
- ❖ Cortex-A15 处理器
- ❖ Cortex-A53 处理器

❖ Cortex-A57 处理器

其中，越靠后的内核，初始频率越高，架构越先进，功能也越强。

2．ARM Cortex-R

ARM Cortex-R 实时处理器为要求可靠性、高可用性、容错功能、可维护性和实时响应的嵌入式系统提供高性能计算解决方案。Cortex-R 系列处理器通过已经在数以亿计的产品中得到验证的成熟技术提供极快的上市速度，并利用广泛的 ARM 生态系统、全球和本地语言以及全天候的支持服务，保证快速、低风险的产品开发。

3．ARM Cortex-M

ARM Cortex-M 处理器系列是一系列可向上兼容的高能效、易于使用的处理器，这些处理器旨在帮助开发人员满足各种嵌入式应用的需要。这些需要包括以更低的成本提供更多功能、不断增加连接、改善代码重用和提高能效。Cortex-M 系列针对成本和功耗敏感的MCU 和终端应用（如智能测量、人机接口设备、汽车和工业控制系统、大型家用电器、消费性产品和医疗器械）的混合信号设备进行过优化。

1.1.6　SecurCore 系列

SecurCore 系列处理器专门为安全需要而设计，提供了完善的 32 位 RISC 技术的安全解决方案，因此，SecurCore 系列微处理器除了具有 ARM 体系结构的低功耗、高性能的特点外，还具有其独特的优势，即提供了对安全解决方案的支持。SecurCore 系列微处理器主要应用于一些对安全性要求较高的应用产品及应用系统，如电子商务、电子政务等。SecurCore 系列微处理器包含 SecurCore SC100、SecurCore SC110、SecurCore SC200 和SecurCore SC21。

1．Inter 的 StrongARM 系列

StrongARM 系列处理器是现归于英特尔旗下的 ARM 公司推出的一款旨在支持WinCE3.0-PocketPC 系统的 RISC 处理器。架构上属于 ARM 体系，相当于 ARM 的一套实际应用方案，它是便携式通信产品和消费类电子产品的理想选择，已成功应用于多家公司的掌上电脑系列产品。

2．Inter 的 Xscale 系列

Xscale 处理器基于 ARMv5TE 体系结构的解决方案，是一款全性能、高性价比、低功耗的处理器。它支持 16 位的 Thumb 指令和 DSP 指令集，已使用在数字移动电话、个人数字助理和网络产品等场合。Xscale 处理器是 Intel 主要推广的一款 ARM 微处理器，结合 Intel在半导体制造领域的技术优势，Xscale 获得了极大的性能提升，它的最高频率可达 1GHz，并保持 ARM 体系贯有的低功耗特性。

1.2　Exynos4412 处理器组成及程序员模型

1.2.1　Exynos4412 处理器概述

SAMSUNG 公司的 Exynos4412 芯片又称为 Exynos 4 Quad，它采用三星 32nm HKMG 工艺，是三星的第一款四核处理器。芯片内使用了 ARM 公司的四核 Cortex-A9，采用 AXI（Advanced eXtensible Interface）的总线结构。Exynos4412 处理器的系统架构和片上硬件资源如图 1.1 所示。

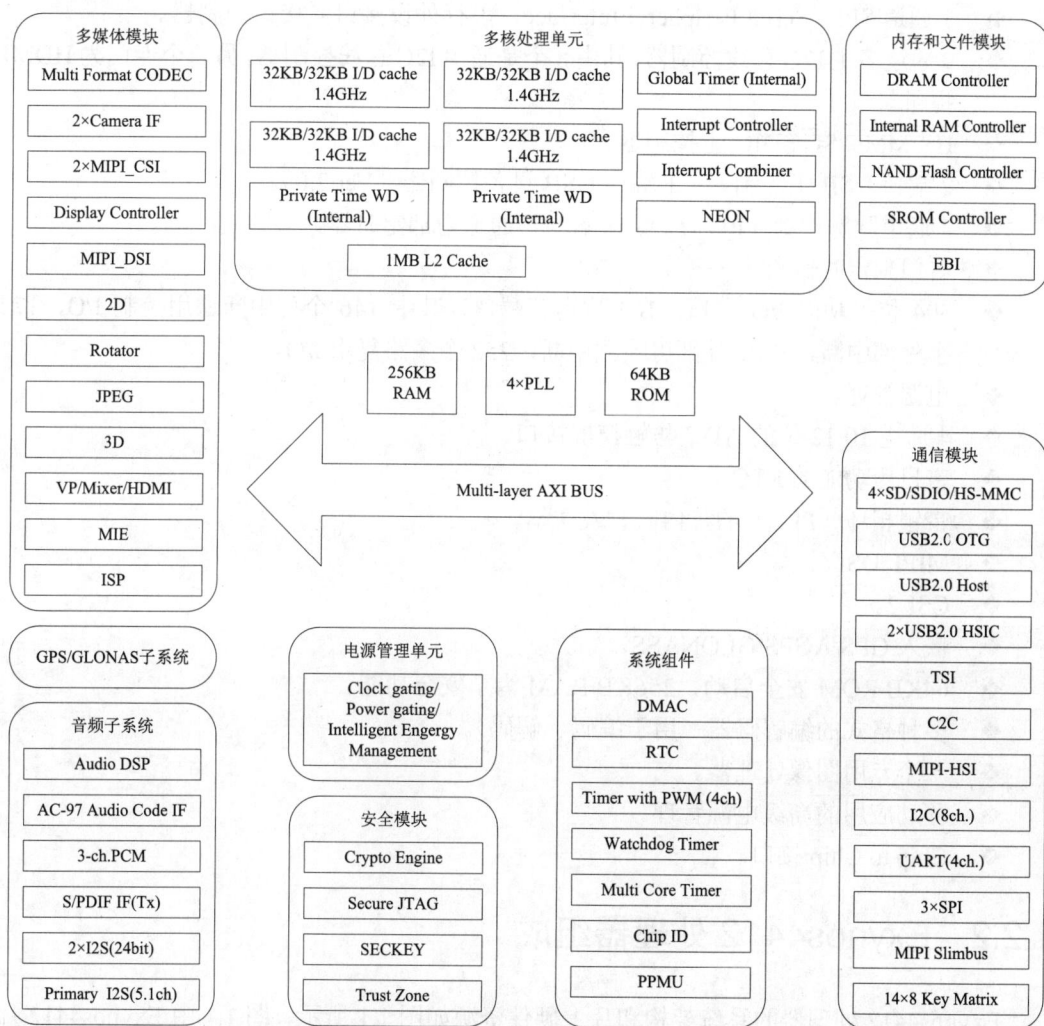

图 1.1　Exynos4412 处理器的系统架构和片上硬件资源

Exynos4412 芯片基本资源如下。

❖ Cortex-A9 Quad（四核），每核具有单独的 32KB 指令 cache 和 MMU、单独 32KB 的数据 cache 和 MMU、1MB 的 L2 cache，主屏为 1.4G:1.3V。

❖ 存储器控制器，产生 256KB RAM、64KB ROM、DRAM、RAM、SROM 等存储器芯片的控制和片选逻辑。

❖ Nand Flash 控制器。

❖ 24 位真彩 LCD 控制器。

❖ 摄像头接口。

❖ 32 通道的 DMA（其中 16 个用于存储器之间，另外 16 个用于外设）。

❖ 5 通道通用异步收发器（UART），其中 1~3 通道支持红外传输，4 通道支持与 GPS 通信。

❖ 3 通道 SPI（Serial Peripheral Interface，串行外设接口）接口控制器。

❖ 9 通道多主 I2C 总线控制器，其中 8 个是通用 I2C 总线控制器，另一个专门为 HDMI 提供。

❖ HS-MMC/SD/SDIO 主控制器。

❖ 2 端口 USB 主控制器，1 端口 USB 设备控制器（Ver 2.0）。

❖ 4 通道脉宽调制（PWM）定时器与 1 通道内部定时器，多核定时器。

❖ 看门狗定时器。

❖ 304 位多功能 I/O 端口，164 位内存端口，其中 146 个可中断通用控制 I/O，172 个外部中断，32 个外部可唤醒中断，252 个多路复用 I/O。

❖ 电源管理。

❖ 4 通道 10/12 位的 ADC 与触摸屏接口。

❖ 带日历功能的 RTC。

❖ 带锁相环（PLL）的片内时钟发生器。

❖ MIPI_DSI。

❖ CSI-2。

❖ 嵌入 GPS/AGPS/GLONASS。

❖ 64KB ROM 安全启动，256KB RAM 为了安全功能。

❖ 多种格式的编解码器（用于编码、解码）。

❖ 一个专用图像处理器。

❖ 移动应用的高级电源管理。

❖ Chip to Chip 接口。

1.2.2　Exynos4412 处理器组成

Exynos4412 处理器的系统架构和片上硬件资源如图 1.1 所示，图 1.1 中 Exynos4412 片内围绕 AXI 结构总线可以分为 9 部分：Cortex-A9 Quad、存储子系统、多媒体模块、音频子系统、图像信号处理子系统、安全子系统、GPS 子系统、通信子系统、系统外设。

AXI 是一种总线协议，该协议是 ARM 公司提出的 AMBA（Advanced Microcontroller Bus

Architecture）3.0 协议中最重要的部分；AXI 是 AMBA 中一个新的高性能协议，是一种面向高性能、高带宽、低延迟的片内总线。它的地址/控制和数据相位是分离的，支持不对齐的数据传输，同时在突发传输中，只需要首地址。支持分离的读写数据通道，并支持显著传输访问和乱序访问，更加容易进行时序收敛。AXI 技术丰富了现有的 AMBA 标准内容，满足超高性能和复杂的片上系统（SoC）设计的需求。

1.2.3　Cortex-A9 内核

Cortex-A9 四核处理器是首款结合了 Cortex 应用级架构以及用于可扩展性能的多处理能力的 ARM 处理器，Cortex-A9 MPCore 多核处理器在多种基准下都表现出近线性可扩展性，与添加的处理器单元一起提供高达 4 倍于类似单核处理器的性能。它的主要特性如下。

- ❖ Cortex-A9 MPCore 支持 V7-A 体系指令集。
- ❖ 可配置 64 位或 128 位 AMBA 总线接口 AXI。
- ❖ 具有一个集成的整形流水线。
- ❖ 具有一个 NEON 技术下执行 SIMD/VFP 的流水线。
- ❖ 支持动态可分支预存、全局历史缓冲、8 入口返回栈。
- ❖ 具有独立的数据 MMU 和指令 MMU。
- ❖ 16KB/32KB 的可配置 1 级 cache。
- ❖ 具有带奇偶校验及 ECC 校验的 2 级 cache。
- ❖ 支持 ETM 的非侵入调试。
- ❖ 具有动态/静态电源管理功能。

ARMV7 体系指令集方面的特点如下：

- ❖ 支持 ARN Thumb-2 高密度指令集。
- ❖ 使用 ThumbEE，执行环境加速。
- ❖ 安全扩展体系加强了安全应用的可靠性。
- ❖ 先进 SIMD 体系技术用于加速多媒体应用。
- ❖ 支持 VFP 第三代向量浮点运算。

1.2.4　Cortex-A9 程序员模型

1.2.4.1　处理器状态控制

1. Cortex-A9 处理器的两种操作状态

（1）ARM 状态：执行 32 位长度的、字边界对齐的 ARM 指令。

（2）Thumb 状态：执行 16 位长度的、半字边界对齐的 Thumb 指令。

可以通过软件的方式来实现 ARM 状态和 Thumb 状态的转换，两状态转换时不影响处理器操作方式和寄存器内容。

2. 状态转换

（1）使用 ARM 指令集中 BX 指令，可实现 ARM 状态和 Thumb 状态之间的状态转换。

（2）进入异常服务程序时处理器一定是在 ARM 状态。无论处理器在 ARM 状态还是 Thumb 状态，一旦发生异常，处理器都要转换到 ARM 状态，异常返回时自动转换回原状态。

（3）执行异常服务程序的过程中，如果需要，可以使用 BX 指令将异常服务程序转换到 Thumb 指令，但异常结束前必须转换到 ARM 状态，在 ARM 状态才允许异常处理程序正常结束。

1.2.4.2 存储格式和数据类型

1. 存储格式

Cortex-A9 处理器把存储器看作一个以字节编号的单元的线性集合，编号即存储单元地址，每个存储单元存放一个字节数据，对应一个地址。地址从 0 开始，连续上升。

边界对齐（boundary alignment），是处理器为了提高处理性能而对存取数据的起始地址所提出的一种要求。为了提高处理器访问存储器的效率，就必须最大限度地满足处理器对边界对齐的要求。在采用边界对齐的情况下，处理器访问一个字或半字时只需进行一次存取。若不采用边界对齐，处理器则至少要进行两次操作。

如果字数据存放在最低 2 位二进制数为 00 的地址（即地址能被 4 整除）开始的 4 个字节中，则称一个字数据存放在字边界对齐的地址单元中，简称地址是字边界对齐的。同理，如果半字数据存放在最低 1 位二进制数为 0 的地址（即地址能被 2 整除）开始的 2 个字节中，则称这个半字数据存放在半字边界对齐的地址单元中，简称地址是半字边界对齐的。

大端或小端格式决定了一个字数据中的 4 个字节数据在字边界对齐的存储器地址开始的连续 4 个字节单元中的位置。Cortex-A9 处理器允许使用大、小端存储格式，能够对存储在存储器中的字以大端或小端格式访问，默认格式是小端存储。当数据以字为单位存放在存储器中，而以字节或半字访问时，要特别注意处理器被配置为大端或小端存储格式。

（1）小端存储：字数据的低位字节数据放在小地址，高位字节数据放在大地址，字的地址为最小地址。小端格式在字内部字节和半字地址如图 1.2 所示。

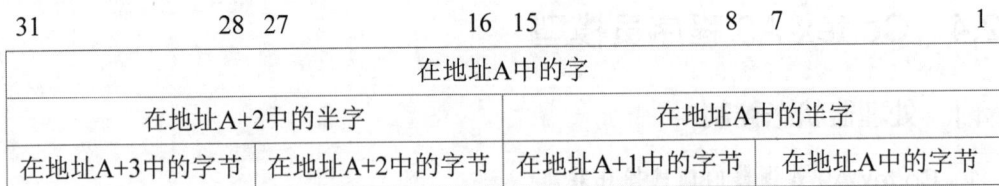

31		28 27		16 15		8 7		1
在地址A中的字								
在地址A+2中的半字				在地址A中的半字				
在地址A+3中的字节	在地址A+2中的字节		在地址A+1中的字节		在地址A中的字节			

图 1.2　小端格式在字内部字节和半字地址

（2）大端存储：字数据的高位字节数据放在小地址，低位字节数据放在大地址，字的地址为最小地址。大端格式在字内部字节和半字地址如图 1.3 所示。

例如，字数据 0x12345678 采用小/大端两种存储格式的结果如图 1.4 所示。

31		28 27		16 15		8 7		1

在地址A中的字			
在地址A中的半字		在地址A+2中的半字	
在地址A中的字节	在地址A+1中的字节	在地址A+2中的字节	在地址A+3中的字节

图 1.3　大端格式在字内部字节和半字地址

2004H	12H		2004H	78H	
2003H	34H		2003H	56H	
2002H	56H		2002H	34H	
字地址→2000H	78H		字地址→2000H	12H	

　　　　小端存储　　　　　　　　　　　　　大端存储

图 1.4　小/大端两种存储格式的结果

2. 数据类型

Cortex-A9 处理器采用的是 32 位架构，支持以下 3 种基本的数据类型。

（1）Byte 字节，8 位。

（2）Halfword 半字，16 位。

（3）Word 字，32 位。

数据在存储器存放时必须遵循如下原则。

（1）字数据必须以 4 字节为边界对齐存取。

（2）半字数据必须以 2 字节为边界对齐存取。

（3）字节数据可以使用任意字节地址存取。

1.2.4.3　处理器工作模式

Cortex-A9 处理器基于 ARMv7-A 架构，共有 8 种工作模式，如表 1.1 所示。

表 1.1　Cortex-A9 的工作模式

处理器工作模式	模式标识	描　　述
用户模式（User）	usr	大多数用户程序都是在该模式下进行
快速中断模式（FIQ）	fiq	一般用于高速数据传输和通道处理
外部中断模式（IRQ）	irq	一般用于通常的中断处理
特权模式（Supervisor）	svc	当复位或软中断指令进行时进行
数据访问终止模式（Abort）	abt	存取异常时进入该模式

处理器工作模式	模式标识	描　述
未定义指令终止模式（Undef）	und	执行未定义指令时进入该模式，有时用于通过软件仿真协处理器硬件的工作
系统模式（System）	sys	和 User 模式相同的功能，不过是加上特权，用于运行特权级操作系统任务，提高了权限
监控模式（Monitor）	mon	在安全模式与非安全模式之间进行交换

工作模式可以在软件控制下改变，也可以由外部中断或异常处理带来改变。除了用户模式，其他 7 种模式称为特权模式，特权模式用于中断或异常，或访问受保护资源。除了用户模式和系统模式，其他 6 种模式都属于异常模式。

1.2.4.4　寄存器

Cortex-A9 处理器共有 40 个 32 位的寄存器。

（1）32 个通用寄存器。

（2）7 个状态寄存器：

❖　1 个 CPSR（Current Program State Register，当前程序状态寄存器）。

❖　6 个 SPSR（Saved Program State Register，备份程序状态寄存器）。

（3）1 个 PC（Program Counter，程序计数器）。

Cortex-A9 处理器共有 8 种工作模式，两种操作状态，处理器的操作状态和工作模式决定了哪些寄存器对程序员可用。图 1.5 列出了处理器的寄存器组。

ARM 通用状态寄存器及程序计数器

System and User	FIQ	Superviser	Abort	IRQ	Undefined	Secure montior
r0	r0	r0	r0	r0	r0	r0
r1	r1	r1	r1	r1	r1	r1
r2	r2	r2	r2	r2	r2	r2
r3	r3	r3	r3	r3	r3	r3
r4	r4	r4	r4	r4	r4	r4
r5	r5	r5	r5	r5	r5	r5
r6	r6	r6	r6	r6	r6	r6
r7	r7	r7	r7	r7	r7	r7
r8	r8_fiq	r8	r8	r8	r8	r8
r9	r9_fiq	r9	r9	r9	r9	r9
r10	r10_fiq	r10	r10	r10	r10	r10
r11	r11_fiq	r11	r11	r11	r11	r11
r12	r12_fiq	r12	r12	r12	r12	r12
r13	r13_fiq	r13_svc	r13_abt	R13_irq	r13_und	r13_mon
r14	r14_fiq	r14_svc	r14_abt	r14_irq	r14_und	r14_mon
r15	r15(PC)	r15(PC)	r15(PC)	r15(PC)	r15(PC)	r15(PC)

ARM 执行状态寄存器组

CPSR	CPSR	CPSR	CPSR	CPSR	CPSR	CPSR
	SPSR_fiq	SPSR_svc	SPSR_abt	SPSR_irq	SPSR_und	SPSR_mon

图 1.5　Cortex-A9 处理器的寄存器组

在 ARM 状态下，处理器每一种工作模式可用的寄存器如图 1.5 所示，图中有▲符号的称为私有寄存器，每种操作方式对应的私有寄存器，只有在该工作模式下可以使用。

在 ARM 状态下的寄存器含有 16 个可直接存取的寄存器 r0~r15。当前程序状态寄存器含有条件码标志和当前方式位。通用寄存器 r0~r13 用于保存数据或地址值；寄存器 r14 和 r15 有以下专门功能。

（1）连接寄存器 LR（Link Register）。寄存器 r14 用作子程序连接寄存器，当一条分支并且连接指令（BL）被执行时，寄存器 r14 收到 r15 的一个备份；在其他时间，r14 被看作通用寄存器。对应的私有寄存器 r14_svc、r14_fiq、r14_irq、r14_abt、r14_und、r14_mon 用法是类似的，当中断或异常发生时，同样用于保存 r15 的返回值，或者用于在中断或异常服务程序中执行 BL 指令时保存 r15 的返回值。

（2）程序计数器 PC（Program Counter）。在 ARM 状态下，r15 的 bit[1:0]为 00；在 Thumb 状态下，r15 的 bit[0]为 0。

（3）r13 习惯上用作堆栈指针（SP）。

（4）保留程序状态寄存器（SPSR）。当特定的异常中断发生时，SPSR 寄存器负责保存当前状态寄存器（CPSR）的内容，异常处理程序返回时，再将其内容恢复到 CPSR。系统和用户两种工作模式共用相同的寄存器。

1.2.4.5　程序状态寄存器

Cortex-A9 处理器包含一个当前程序状态寄存器 CPSR 和 6 个用于异常处理的备份程序状态寄存器 SPSR，CPSR 寄存器（和保存它的 SPSR 寄存器）每一位的含义如图 1.6 所示。

31	30	29	28	27	26 25	24	23 　　　 20	19 　　 16	15 　　 10	9	8	7	6	5	4 　　　 0
N	Z	C	V	Q	IT[1:0]	J	保留	GE[3:0]	IT[7:2]	E	A	I	F	T	M[4:0]

图 1.6　程序状态寄存器格式

1. 条件码标志位

N、Z、C 和 V 位是条件码标志位，这些位根据程序中的算术或逻辑运算指令的执行结果进行设置，也可以通过 MSR 和 LDM 指令的执行结果进行设置，而且这些条件标志位被大多数指令检测以决定指令是否执行。

（1）N

当两个补码表示的有符号数运算时：N=0，表示运算结果为负；N=1，表示运算结果为非负。

（2）Z

Z=0，表示运算结果为非零；Z=1，表示运算结果为零。

（3）C

C=0，表示无进位/借位/扩展；C=1，表示有进位/借位/扩展。

（4）V

V=0，表示无符号位溢出；V=1，表示符号位溢出。

2. Q 标志位

bit[27]用于指示 DAP 指令是否发生了溢出，也被称为 Q 标志位。同样，在 SPSR 中 bit[27] 也被称为 Q 标志位，用于在异常中断发生时保存和恢复 CPSR 中 Q 标志位。

3. 控制位

CPSR 中的低 8 位（I、F、T 及 M[4:0]）统称控制位，在特权模式下，可以通过软件编程来修改这些位的值。

（1）中断禁止位

I=1，IRQ 被禁止；F=1，FIQ 被禁止。

（2）状态控制位

T=0，处理器处于 ARM 状态（即正在执行 32 位的 ARM 指令）；T=1，处理器处于 Thumb 状态（即正在执行 16 位的 Thumb 指令）。

（3）模式控制位

M[4:0]为模式控制位，这 5 位的组合决定了处理器处于哪种模式，具体含义如表 1.2 所示。需要注意的是，表中列出的组合状态是有效的，其他组合无效。

表 1.2　模式控制位 M[4:0]

M[4:0]	处理器模式	可以访问的寄存器
0b10000	User	PC，R14~R0，CPSR
0b10001	FIQ	PC，R14_fiq~R18_fiq，R7~R0，CPSR，SPSR_fiq
0b10010	IRQ	PC，R14_irq~R13_irq，R12~R0，CPSR，SPSR_irq
0b10011	Supervisor	PC，R14_svc，R13_svc，R12~R0，CPSR，SPSR_svc
0b10111	Abort	PC，R14_abt，R13_abt，R12~R0，CPSR，SPSR_abt
0b11011	Undefined	PC，R14_und，R13_und，R12~R0，CPSR，SPSR_und
0b11111	System	PC，R14~R0，CPSR（ARM V4 及更高版本）
0b10110	Secure monitor	PC，R14_mon，R13_mon，R12~R0，CPSR，SPSR_mon

4. IF-THEN 位

CPSR 中的 bits[15:10,26:25]称为 IF-THEN 标志位，用于对 Thumb 指令集中 if-then-else 一类语句块的控制。其中 IT[7:5]被定义为基本条件，IT[4:0]被定义为 IF-THEN 语句块的长度，如表 1.3 所示。

表 1.3　IF-THEN 标志位[7:5]的定义

[7:5]	[4]	[3]	[2]	[1]	[0]	
控制基础	P1	P2	P3	P4	1	4 指令 IT 块入口点
控制基础	P1	P2	P3	1	0	3 指令 IT 块入口点
控制基础	P1	P2	1	0	0	2 指令 IT 块入口点
控制基础	P1	1	0	0	0	1 指令 IT 块入口点
000	0	0	0	0	0	普通执行状态，5 指令 IT 块入口点

5. E 位/A 位/GE 位

（1）A：表示异步异常禁止位。

（2）E：大/小端控制位。0：小端存储，1：大端存储。

（3）GE：用于表示在 SIMD 指令集中的大于、等于标志。在任何模式下该位可读可写。

1.3　ARM 开发环境简介

学习 ARM 裸机开发的第一件事就是搭建编程环境，如今有非常多的 IDE 及调试软件/仿真硬件。

1. IDE 介绍

（1）ADS1.2

ADS 是 ARM 公司的集成开发环境软件，功能非常强大。它的前身是 SDT，SDT 是 ARM 公司几年前的开发环境软件，目前 SDT 已经不再升级。ADS 包括 4 个模块，分别是 SIMULATOR、C 编译器、实时调试器和应用函数库。

（2）ARM RealView Developer Suite

RealView Developer Suite 工具是 ARM 公司推出的新一代 ARM 集成开发工具，支持所有 ARM 系列核，并与众多第三方实时操作系统及工具商合作，简化开发流程。

（3）IAR EWARM

Embedded Workbench for ARM 是 IAR Systems 公司为 ARM 微处理器开发的一个集成开发环境（简称 IAR EWARM）。比较其他的 ARM 开发环境，IAR EWARM 具有入门容易、使用方便和代码紧凑等特点。

IAR Systems 公司目前推出的最新版本是 IAR Embedded Workbench for ARM version 4.30。这里提供的是 32k 代码限制但没有时间限制的 Kickstart 版。

EWARM 中包含一个全软件的模拟程序（simulator）。用户不需要任何硬件支持就可以模拟各种 ARM 内核、外部设备甚至中断的软件运行环境。

（4）Keil ARM-MDKARM

Keil uVision 调试器可以帮助用户准确地调试 ARM 器件的片内外围功能（I2C、CAN、UART、SPI、中断、I/O 口、A/D 转换器、D/A 转换器和 PWM 模块等功能）。ULINK USB-JTAG 转换器将 PC 机的 USB 端口与用户的目标硬件相连（通过 JTAG 或 OCD），使用户可在目标硬件上调试代码。通过使用 Keil uVision IDE/调试器和 ULINK USB-JTAG 转换器，用户可以很方便地编辑、下载和在实际的目标硬件上测试嵌入的程序。

Keil uVision 是支持 Philips、SAMSUNG、Atmel、Analog Devices、Sharp、ST 等众多厂商 ARM7 内核的 ARM 微控制器。

（5）WINARM（GCCARM）

WINARM 是一个免费的开发工具。

WINARM 可以在 http://www.siwawi.arubi.uni-kl.de/avr_projects/arm_projects/下载得到，

里面除了包含 C/C++ 编译器——GCC，汇编、连接器——Binutils，调试器——GDB 等工具，也包括通过 GDB 使用 Wiggler JTAG 的软件——OCDRemote。所以，所需要的工具都包括在这个 WINARM 发行版中。

（6）Eclipse for ARM

Eclipse for ARM 是借用开源软件 Eclipse 的工程管理工具，嵌入 GNU 工具集，使之能够开发 ARM 公司 Cortex-A 系列的 CPU。

2. 调试仿真工具

（1）JTAG

JTAG（Joint Test Action Group，联合测试行动小组）是一种国际标准测试协议（IEEE 1149.1 兼容），主要用于芯片内部测试。现在多数的高级器件都支持 JTAG 协议，如 DSP、FPGA 器件等。标准的 JTAG 接口是 4 线：TMS、TCK、TDI、TDO，分别为模式选择、时钟、数据输入和数据输出线。相关 JTAG 引脚的定义为：TCK 为测试时钟输入；TDI 为测试数据输入，数据通过 TDI 引脚输入 JTAG 接口；TDO 为测试数据输出，数据通过 TDO 引脚从 JTAG 接口输出；TMS 为测试模式选择，用来设置 JTAG 接口处于某种特定的测试模式；TRST 为测试复位，输入引脚，低电平有效。

JTAG 其实是一个 ARM 支持的协议，而 ARM 的开发板为了利用该协议进行调试和测试要引出来一个 JTAG 接口。JTAG 协议在定义时，由于当时的计算机（PC 机）普遍带有并口，因而在连接计算机端是定义使用的并口。现在台式计算机有并口的很少，取而代之的是越来越多的 USB 接口。那么能不能让 JTAG 支持 USB 协议，用 USB 接口来调试 ARM 呢？这就要说到 J-LINK 和 U-LINK 了。

（2）J-LINK

J-LINK 是德国 SEGGER 公司为支持仿真 ARM 内核芯片推出的 JTAG 仿真器。简单地说，是给 ARM 设计的一种 JTAG 转换盒。其连接到计算机用的是 USB 接口，而到 ARM 内部用的还是 JTAG 协议。它完成了一个从软件到硬件转换的工作。

J-LINK 仿真器目前已经升级到 V9.1 版本，其仿真速度和功能远非简易的并口 IGGLER 调试器可比。

J-LINK 支持 ARM7/ARM9/ARM11、Cortex M0/M1/M3/M4、Cortex A4/A8/A9 等内核芯片，支持 ADS、IAR、KEIL 开发环境。V9.1 版本较 V8.0 版本进一步提升了下载速度，最大下载速度提升到 1 MByte/s。

（3）U-LINK

U-LINK 是 ARM 公司推出的配套 RealView MDK 使用的仿真器，可以配合 RealView MDK 和 Keil 实现仿真功能。支持的芯片不限于 ARM，还有 51 单片机等。

📖 本章小结

本章是本书内容的基础，后续章节多处使用本章的相关内容。通过本章的学习，要求掌握 Exynos4412 组成；了解 Cortex-A9 MPCore 的性能；掌握 Cortex-A9 MPCore 指令特点，熟练掌握 Cortex-A9 MPCore 的程序员模型中介绍的处理器操作状态、存储器格式、数据类型、处理器工作模式、通用寄存器、程序状态寄存器、异常、中断和 Reset 等概念和知识。

课外练习

一、填空题

1．已知 R0=0x12345678，R1=0x2400，在大端存储格式下，执行语句"STR R0, [R1] LDRB R2, [R1]"之后，R2=＿＿＿＿＿＿＿＿＿＿。

2．复位后 Exynos4412 执行的第一条指令从＿＿＿＿＿＿＿＿＿＿＿＿＿＿地址取出。

3．中断向量地址是＿＿＿＿＿＿＿＿＿＿＿＿＿＿。

4．在 AMBA 总线规范中，定义了 3 种总线：＿＿＿＿＿＿＿＿、＿＿＿＿＿＿＿＿和＿＿＿＿＿＿＿＿。

5．ARM 微处理器有 8 种工作模式，分别是＿＿＿＿＿＿、＿＿＿＿＿＿、＿＿＿＿＿＿、＿＿＿＿＿＿、＿＿＿＿＿＿、＿＿＿＿＿＿、＿＿＿＿＿＿和＿＿＿＿＿＿。

二、简答题

1．什么是嵌入式系统？

2．嵌入式系统的特点是什么？

3．简述 ARM 处理器有哪几种工作模式？

4．ARM 处理器有哪两种状态？如何转换？

5．什么是边界对齐？

6．什么是小端存储？小端存储的特点是什么？

7．简述 LR、PC、SPSR 和 SP 寄存器的用法。

8．指令和数据 Cache 是分开的还是共用的？容量相差多少？

参阅书目

1．杨福刚．ARM Cortex-A9 多核嵌入式系统开发教程[M]．西安：西安电子科技大学出版社，2016．

2．华清远见嵌入式学院，刘洪涛，等．ARM 嵌入式体系结构与接口技术（Cortex-A9 版）[M]．北京：人民邮电出版社，2017．

3．华清远见嵌入式学院，秦山虎，刘洪涛．ARM 处理器开发详解——基于 ARM Cortex-A9 处理器的开发设计[M]．北京：电子工业出版社，2016．

4．张石．ARM Cortex-A9 嵌入式技术教程[M]．北京：机械工业出版社，2018．

@ 网络链接

1．https://blog.csdn.net/u011833609/article/details/30290655
2．Exynos4412 开发社区：http://bbs.topeetboard.com/forum.php
3．https://blog.csdn.net/xiethon/article/details/79122549
4．exynos4412 开发板吧：https://tieba.baidu.com/f?kw=exynos4412%BF%AA%B7%A2%B0%E5
5．时钟与电源：https://www.cnblogs.com/humaoxiao/p/4225320.html

第 2 章　ARM 指令系统

本章主要内容

1．指令集概述。
2．ARM 指令集。
　(1) 跳转指令
　(2) 数据处理指令
　(3) 乘法指令和乘加指令
　(4) 程序状态寄存器传送指令
　(5) 存储器操作指令
　(6) 异常产生指令
　(7) 协处理器指令

2.1　ARM 指令集概述

ARM 所有指令长度均为 32 位，在存储器中以字边界对齐存储。因此在 ARM 状态下，指令地址的最低 2 位总是为 0，即 bit[1:0]=00。所有的 ARM 指令中凡涉及程序地址操作数的最低 2 位均被忽略，只有 BX 指令除外。

1．ARM 指令分组

ARM 从功能上被分为 6 组。

(1) 分支指令

分支指令，也称为转移或跳转指令，可以向小地址方向分支形成一个循环；可以向大地址方向分支，根据 CPSR 中不同的条件码标志分支到不同的程序流；可以分支到子程序；也可以通过分支把处理器从 ARM 状态转换到 Thumb 状态。

(2) 数据处理指令

这些指令对通用寄存器的数据进行操作，不允许使用存储器操作数。通常对 2 个寄存器，执行像加、减或者按位的某种逻辑操作，将结果存入第 3 个寄存器。

长乘指令将 2 个 32 位数相乘，结果为 64 位，保存在 2 个寄存器中。

(3) 状态寄存器访问指令

这些指令将把 CPSR 或某个 SPSR 的内容送到通用寄存器，或者通用寄存器的内容送到 CPSR 或某个 SPSR。

(4) 单个寄存器装入或存储指令

这些指令主要实现如下操作。

① 从存储器装入一个字数到寄存器，或者保存寄存器的值到存储器。

② 从存储器装入一个字节数到寄存器 bit[7:0]，或者保存寄存器 bit[7:0]的值到存储器。

③ 从存储器装入一个半字数到寄存器 bit[15:0]，或者保存寄存器 bit[15:0]的值到存储器。

④ 带符号扩展的字节或半字装入，字节或半字数据从存储器装入寄存器 bit[7:0]或 bit[15:0]，高位用符号位扩展。

另外，存储器与寄存器数据交换指令，可以在存储器和寄存器之间交换字节或字数据。

（5）块数据装入或存储指令

这些指令从存储器装入数据到通用寄存器组的部分或全部寄存器，或保存通用寄存器的部分或全部寄存器的内容到存储器。

（6）协处理器指令

协处理器指令是一种支持通用的扩展 ARM 结构的方法。支持存储器与协处理器寄存器之间的数据传输；支持 ARM 寄存器与协处理器寄存器之间的数据传输；支持指定协处理器内部执行某种操作。如果不存在协处理器，将产生未定义指令异常中断，由未定义指令陷阱来仿真协处理器指令的执行。

2. ARM 指令的能力

（1）条件执行

所有 ARM 指令均可以在操作码助记符后，跟随一个条件码助记符后缀，如表 2.1 所示，依据 CPSR 中的条件码标志，有条件地被执行，而不需要使用分支指令实现条件分支。

表 2.1　条件域编码与助记符后缀对应关系和含义

指令 bit[31:28]	助记符后缀	CPSR 中的条件码标志	含　义
0000	EQ	Z=1	相等
0001	NE	Z=0	不等
0010	CS/HS	C=1	无符号数高于或等于
0011	CC/LO	C=0	无符号数低于
0100	MI	N=1	负
0101	PL	N=0	正或 0
0110	VS	V=1	溢出
0111	VC	V=0	不溢出
1000	HI	C=1 并且 Z=0	无符号数高于
1001	LS	C=0 或 Z=1	无符号数低于或等于
1010	GE	N=V	带符号数大于或等于
1011	LT	N<>V	带符号数小于
1100	GT	Z=0 并且（N=V）	带符号数大于
1101	LE	Z=1 或（N<>V）	带符号数小于或等于
1110	AL	忽略	总是执行

数据处理指令还可以指定设置或不设置 CPSR 中的条件标志。

（2）存储器访问

在 ARM 状态下，所有指令能够存取 R0~R14，大部分指令也允许存取 R14(PC)。MRS 和 MSR 指令能够传送 CPSR 或 SPSR 的内容到通用寄存器，在通用寄存器中通过使用通常的数据处理指令，对它们进行操作，然后可以再写回 CPSR 或 SPSR。

（3）在线桶形移位器

ARM 结构的逻辑单元有一个 32 位的桶形移位器，它有能力进行一般移位和循环移位。

2.2　ARM 指令集

ARM 所有指令的编码格式中的 bit[31:28]为条件域，所有指令可以设置条件码，然后根据 CPSR 中的条件码标志和指令中的条件域指定的内容，有条件执行。为了简单起见，下面对各指令介绍时不再重复这部分内容。

2.2.1　跳转指令

1. 跳转指令（B）

（1）指令含义

B 指令能在 ±32MB 地址范围内实现跳转，可以使程序跳转到指定的地址执行程序。

（2）指令语法格式

B{cond}　<expression>

其中：

❖　{cond}：条件助记符。

❖　<expression>：目的地址，由汇编器计算偏移量。

（3）指令举例

例1：使用跳转指令使部分代码循环 5 次。

```
        MOV R0,#5           ;R0 初值为 5
loop1
        SUB R0,#1           ;R0 减 1 送 R0，并设置标志位
        BNE loop1          ;R0 减 1 送 R0，并设置标志位
```

2. 带连接的跳转指令（BL）

（1）指令含义

BL 指令的作用是跳转的同时将下一条指令的地址复制到 R14（即返回地址连接寄存器 LR）寄存器中，可以使程序跳转到指定的地址执行程序。

（2）指令语法格式

BL{cond}　<expression>

其中：

❖ {cond}：条件助记符。

❖ <expression>：目的地址，由汇编器计算偏移量。

（3）指令举例

例2：使用带连接的跳转指令调用不同的子程序。

```
CMP    R0,#0                    ;比较，设置标志位
BLEQ   SUBEQPROG                ;相等，则调用 SUBEQPROG
BLGT   SUBGTPROG                ;大于，则调用 SUBGTPROG
BL     SUBLTPROG                ;小于，则调用 SUBLTPROG
```

▶ 注意：B 和 BL 只能跳转到 ARM 指令代码处，不允许跳转到 Thumb 指令代码处。

3. 带状态转换的跳转指令（BX）

（1）指令含义

BX 指令使程序跳转到指令中<Rn>指定的地址执行程序，并将<Rn>的第 0 位复制到 CPSR 中 T 位，bit[31:1]移入 PC。若<Rn>的 bit[0]为 1，则跳转时自动将 CPSR 中的标志位 T 置位，即把目标地址的代码解释为 Thumb 代码；若<Rn>的 bit[0]为 0，则跳转时自动将 CPSR 中的标志位 T 复位，即把目标地址的代码解释为 ARM 代码。

（2）指令语法格式

```
BX {cond}   <Rn>
```

其中：

❖ {cond}：条件助记符。

❖ <Rn>：便是合法的寄存器编号。Rn 的内容为跳转目的地址。其中，bit[0]用于指示后续指令为 ARM 指令或 Thumb 指令。

▶ 注意：R15(PC)可以作为操作数 Rn，但是不推荐这种用法。当 R15 作为 Rn 使用时，指令"BX PC"使程序跳转到当前指令下面的第二条指令处执行。尽管这样可以实现跳转，但最好使用"MOV PC,PC"或"ADD PC,PC,#0"指令完成这种跳转。

（3）指令举例

例3：实现处理器从执行 ARM 指令状态处跳转到标号为 Goto_THUMB 处，并且执行 Thumb 指令代码，然后又返回到 BACK_ARM 处，执行 ARM 指令代码。

```
%%假定处理器当前正在执行 ARM 指令
      ADR R1,Goto_THUMB+1        ;将跳转目标地址送 R1，使 R1 的 bit[0]=1
        BX R1                    ;跳转并转换为 Thumb 状态
      …
      CODE16                     ;汇编以下代码为 Thumb 指令
Goto_THUMB                       ;跳转目标地址标号
      …
      ADR R2,Back_ARM            ;将分支目标地址送 R2，使 R2 的 bit[0]=0
      BX R2                      ;跳转并转换为 ARM 状态
```

```
    ...                                    ;Thumb 指令代码
    AllGN                                  ;字对齐
    CODE32                                 ;汇编以下代码为 ARM 指令
    ...
Back_ARM                                   ;跳转目标地址标号
    ...                                    ;ARM 指令代码
```

4. 带状态转换连接跳转指令（BLX）

（1）指令含义

BLX 指令从 ARM 指令集跳转到指令中所指定的目标地址，并将处理器的工作状态由 ARM 状态切换到 Thumb 状态，该指令同时将 PC 的当前内容保存到寄存器 R14 中。因此，当子程序使用 Thumb 指令集，而调用者使用 ARM 指令集时，可以通过 BLX 指令实现子程序的调用和处理器工作状态的切换。同时，子程序的返回可以通过将寄存器 R1 值复制到 PC 中来完成。

（2）指令语法格式

```
BL {cond}   <expression>
```

其中：

❖　{cond}：条件助记符。

❖　<expression>：目的地址，由汇编器计算偏移量。

▶ 注意：从 Thumb 状态返回到 ARM 状态，使用 BX 指令"BX R14"。

（3）指令举例

例 4：实现 MAX_Thumb（THUMB 指令）子程序调用，并返回。

```
%%假定处理器当前正在执行 ARM 指令，MAX_Thumb 子程序为 THUMB 指令
    ...                                    ;ARM 指令代码
    BLX MAX_THUMB +1                       ;子程序调用并转换为 Thumb 状态
    BX R14                                 ;子程序返回，回到 ARM 状态
    ...                                    ;ARM 指令代码
```

2.2.2　数据处理指令

1. 数据处理指令分类

ARM 数据处理指令可以分为 3 类。

（1）数据传送指令（如 MOV 和 MVN）。

（2）算数逻辑操作指令（如 ADD、SUB 或 AND 等）。

（3）比较指令（如 CMP 和 TST 等）。

2. 数据处理指令特点

（1）数据传送指令可以实现寄存器到寄存器，立即数到寄存器的传送。

（2）数据处理指令只能对寄存器的内容进行操作，不允许对存储器中的数据进行操作，也不允许指令直接使用存储器中的数据或在寄存器和存储器之间传送数据。

（3）数据处理指令通常允许对指定的操作数进行移位操作。

（4）对于数据传送指令 MOV 和 MVN，指令中目的寄存器的内容被覆盖，如果目的寄存器指定了 PC，如"MOV PC,R14"，则可以实现程序的转移。

（5）算数逻辑操作指令通常对指定的两个寄存器（或 1 个寄存器，一个立即数）进行操作，结果存到第 3 个寄存器，允许选择修改或者不修改 CPSR 中的条件码标志。

（6）比较指令 TEQ、TST、CMP 和 CMN，通常对指定的两个寄存器（或 1 个寄存器，一个立即数）进行比较，比较结果不保存，只影响 CPSR 中的条件码标志。

3. 指令编码格式

数据处理指令编码格式如图 2.1 所示。

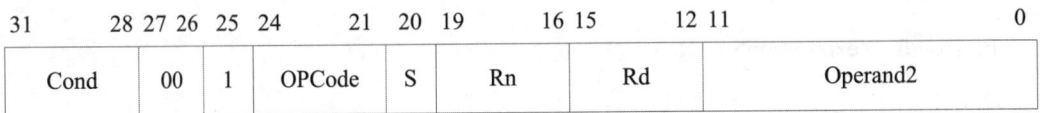

31	28	27 26	25	24	21	20	19	16	15	12	11	0
Cond		00	1	OPCode		S	Rn		Rd		Operand2	

[11:0]Operand2格式

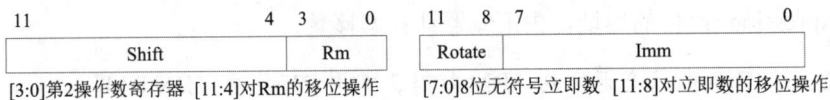

11	4	3	0
Shift		Rm	

11	8	7	0
Rotate		Imm	

[3:0]第2操作数寄存器 [11:4]对Rm的移位操作　　[7:0]8位无符号立即数 [11:8]对立即数的移位操作

[15:12]目的寄存器

[19:16]第1操作数寄存器

[20]是否设置条件码

　0=不设置条件码　1=设置条件码

[24:21]操作码

[25]Operand2类型选择

[31:28]条件域

图 2.1　数据处理指令编码格式

4. 指令语法格式

<操作{<cond>}{S}><Rd>, <Rn>, <Operand2>
<操作码><目标寄存器 Rd><第一操作寄存器 Rn><第二操作数 Operand2>

其中，第一个位置必须是寄存器，第二操作数可以是寄存器，也可以是立即数。

5. 指令含义

（1）指令含义

数据处理指令的指令编码格式中 bit[24:21] 4 位为操作码位，共有 16 条指令，包括数据传送、算术逻辑操作和比较指令。各条指令含义如表 2.2 所示。

表 2.2　数据处理指令含义

指　令　格　式	指　令　含　义	指令功能描述
MOV {cond} {S} Rd,<Op2>	数据传送	Rd=<Op2>
MVN {cond} {S} Rd,<Op2>	数据求反传送	Rd=NOT<Op2>
ADD {cond} {S} Rd,Rn,<Op2>	加	Rd=Rn+<Op2>
ADC {cond} {S} Rd,Rn,<Op2>	带进位加	Rd=Rn+<Op2>+C
SUB {cond} {S} Rd,Rn,<Op2>	减	Rd=Rn-<Op2>
SBC {cond} {S} Rd,Rn,<Op2>	带进（借）位减	Rd=Rn-<Op2>+C-1
RSC {cond} {S} Rd,Rn,<Op2>	位逆向减	Rd=<Op2> - Rn
RSC {cond} {S} Rd,Rn,<Op2>	带进（借）位逆向减	Rd=<Op2> - Rn +C-1
CMP {cond} {S} Rn,<Op2>	比较，做减法	Rn-<Op2>，只设置 CPSR
CMN {cond} {S} Rn,<Op2>	负数比较，做加法	Rn EOR <Op2>，只设置 CPSR
TST {cond} {S} Rn,<Op2>	测试，按位逻辑与	Rn AND <Op2>，只设置 CPSR
TEQ {cond} {S} Rn,<Op2>	测相等，按位逻辑异或	Rn EOR <Op2>，只设置 CPSR
AND {cond} {S} Rd,Rn,<Op2>	按位逻辑异与	Rd=Rn AND <Op2>
EOR {cond} {S} Rd,Rn,<Op2>	按位逻辑或	Rd=Rn EOR <Op2>
ORR {cond} {S} Rd,Rn,<Op2>	按位逻辑异或	Rd=Rn ORR <Op2>
BIC {cond} {S} Rd,Rn,<Op2>	位清零	Rd=Rn AND NOT<Op2>

（2）指令对 CPSR 中条件码标志的影响

① 执行逻辑操作的指令（AND、EOR、ORR、BIC、TST、TEQ）和数据传送指令（MOV、MVN）指令中，如果 S 位被置 1（并且 Rd 不是 R15），则 CPSR 中的 V 标志位不受影响；C 标志位由桶形移位器产生的 carry out 设置；当指令操作结果为 0 时，Z 标志位被置位；N 标志位与指令操作结果的 bit[31]一致。

② 执行算术操作（ADD、ADC、SUB、SBC、RSB、RSC、CMP、CMN）的指令中，如果 S 位被置 1（并且 Rd 不是 R15），则在发生溢出时，CPSR 中的 V 标志位被置位；C 标志位由 ALU 的 bit[31]是否产生的进位决定；当指令操作结果为 0 时，Z 标志位被置位；N 标志位与指令操作结果的 bit[31]一致。

（3）指令中 Operand2 类型

第二个操作数 Operand2 可以是寄存器 Rm 经过移位产生的 32 位值，也可以是 8 位立即数经过循环右移产生的 32 位的值，指令中 bit[25]的值用来选择是 Rm 还是 8 位立即数。

① 使用寄存器（bit[25]=0）

如果 Operand2 使用寄存器，格式如图 2.2 所示，bit[3:0]为第二操作数寄存器，bit[11:4]指定对 Rm 的移位方法。

11						4	3			0
			Shift						Rm	

图 2.2　Operand2 使用寄存器

其中 Rm 的移位方法有两种，如图 2.3 所示。图 2.3（a）直接使用 bit[11:7]中的值作为位移量；图 2.3（b）由 bit[11:8]指定 Rs 寄存器中最低一字节内容作为位移量，对 Rm 内容进行移位后得到的值作为 Operand2 的值。移位在桶形移位器中进行，移位与传送操作同时进行。

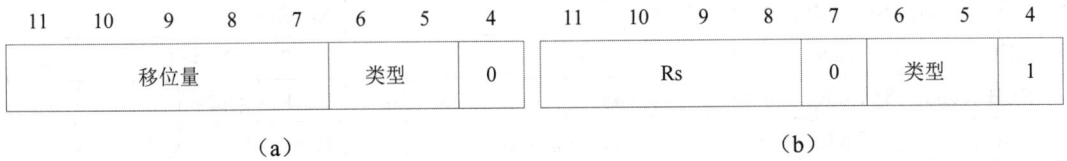

11	10	9	8	7	6	5	4
移位量					类型		0

11	10	9	8	7	6	5	4
Rs				0	类型		1

（a）   （b）

图 2.3　Rm 的移位方法

其中，在图 2.3 中，bit[6:5]为移位类型，00=逻辑左移 LSL；01=逻辑右移 LSR；10=算术右移 ASR；11=循环右移 ROR，bit[11:7]指定移位量，为 5 位无符号数；在 b 中，bit[6:5]为移位类型，00=逻辑左移 LSL；01=逻辑右移 LSR；10=算术右移 ASR；11=循环右移 ROR，bit[11:8]指定移位寄存器，移位量由 Rs 寄存器中最低字节指定。

② 使用立即数（bit[25]=1）

如果 Operand2 使用立即数，格式如图 2.4 所示，bit[7:0]为 8 位无符号立即数，bit[11:8]为立即数循环右移的位数。

11	8	7	0
Shift		IMM	

图 2.4　Operand2 使用立即数

6. 指令举例

（1）数据传送指令

```
mov r1, #0x1      ;r1 = 0x1          0x1 是立即数
mov r2, r1        ;r2 = r1
mvn r3, r2        ;r3 = ~r2
mov r1, 0xffffff00                   ;0xffffff00 不是立即数，只是编译器在编译阶段对其进行了替换
mvn r1, 0x000000ff                   ;替换的指令
```

（2）加法指令 ADD

```
;加法指令执行时，若没有进位 CPSR 'C' 位置 0
mov r0, #1
mov r1, #1
add r2, r1, r0    ;r2 = r1 + r0
add r2, r1, #2    ;r2 = r1 + 2
```

（3）带进位的加法指令 ADC

```
;两个 64 位数相加，第一个 64 位的低 32 位放在 r0, 高位放到 r1, 第二个 64 位数的低 32 位放在 r2,
高 32 位放在 r3
```

```
;编写代码实现两个 64 位数的和，结果的低 32 位放在 r4，高 32 位放在 r5
mov r0, #0xfffffffe          ;第一个数的低 32 位
mov r1, #1                   ;第一个数的高 32 位
mov r2, #0x5                 ;第二个数的低 32 位
mov r3, #1                   ;第二个数的高 32 位
adds r4, r0, r2
adc r5, r1, r3               ; adc 运算的实质是 r5 = r1 + r3 + 'C'     'C'为 CPSR 进位标志
```

（4）减法指令 SUB

```
;减法指令执行时，没有借位时 CPSR 'C'位置 1
mov r0, #5
mov r1, #3
sub r2, r0, r1      ;r2 = r0 - r1
```

（5）带借位的减法指令 SBC

```
mov r0, #1                   ;第一个数的低 32 位
mov r1, #3                   ;第一个数的高 32 位
mov r2, #3                   ;第二个数的低 32 位
mov r3, #1                   ;第二个数的高 32 位
subs r4, r0, r2
sbc r5, r1, r3
```

（6）逆向减法指令 RSB

```
mov r0, #3
rsb r1, r0, #5      ;r1 = 5 - r0
```

（7）带借位的逆向减法指令 SRC

```
mov r0, #3
rsc r2,r0,#7       ;r2 = 7 - r0+C-1
```

（8）逻辑与指令 AND

```
mov r0, #0xf0
mov r1, #0x0f
and r2, r0, r1      ;r2 = r0 & r1
```

（9）逻辑或指令 ORR

```
mov r0, #0xf0
mov r1, #0x0f
orr r2, r0, r1      ;r2 = r0 | r1
```

（10）逻辑异或运算指令 EOR

```
mov r0, #0xf0
mov r1, #0x0f
eor r2, r0, r1      ;r2 = r0 ^ r1
```

（11）位清零指令 BIC

```
mov r0, #0xff
bic r0, r0, #0xf    ;第二个操作数的每一位为1，就把第一个操作数对应的位清零
```

（12）比较指令 CMP

```
;实质是一条减法指令
;没有目标 register，用来比较两个数是否相等，结果由 CPSR 的'Z'位判断
mov r0, #2
mov r1, #1
cmp r0, r1
```

（13）位测试指令 TST

```
;实质是与运算常用于测试某一位或某几位是0还是1，结果通过 CPSR 的'Z'位判断
tst r0, #0x3
```

（14）相等测试指令 TEQ

```
;实质是异或运算，测试两个数是否相等，两个数相等时异或结果为0，通过 CPSR 的'Z'位判断
teq r0, r1
```

（15）移位指令 LSL、LSR、ASR、ROR

```
;需要与 mov 配合，不能够单独使用
mov r0, #0xff
mov r1, r0, lsl #4      ;将 r0 逻辑左移4位放入 r1 中
                       ;LSL 逻辑左移：高位移出，低位补零
                       ;LSR 逻辑右移：低位移出，高位补零
                       ;ASR 算术右移：低位移出，高位补符号位
                       ;ROR 循环右移：低位移出，高位补低位移出位
```

（16）数据操作对 CPSR 的影响

```
;默认情况下，数据处理指令不影响条件码标志位，但可以选择通过添加"S"来影响标志位
mov r1, #0mov r2, #-1
adds r3, r1, r2
```

2.2.3 乘法指令与乘加指令

ARM 微处理器支持的乘法指令和乘加指令共6条，可分为运算结果为32位和运算结果为64位两类，与前面的数据处理类指令不同，指令中所有的操作数、目的寄存器必须为通用寄存器，不能使用立即数或被移位的寄存器作为操作数。同时目的寄存器和操作数 1 必须是不同的寄存器。

乘法指令与乘加指令共有以下6条。

1. MUL 指令

（1）指令含义

MUL 指令完成将操作数 1 与操作数 2 的乘法运算，并把结果放置到目的寄存器中，同时可以根据运算结果设置 CPSR 中相应的条件标志位。其中，操作数 1 和操作数 2 均为 32 位的有符号数或无符号数。

（2）指令的语法格式

MUL 指令的格式如下：

MUL{Cond}{S} Rd,Rm,Rs

其中：

❖　{Cond}：表示条件助记符。

❖　{S}：表示由指令操作结果设置 CPSR 中的条件码。

❖　Rd、Rm 和 Rs：表示除 R15 以外的通用寄存器编号。

（3）指令应用举例

MUL R0,R1,R2　　　　　　　　　;R0 = R1 × R2
MULS R0,R1,R2　　　　　　　　　;R0 = R1 × R2，同时设置 CPSR 中的相关条件标志位

2. MLA 指令

（1）指令含义

MLA 指令完成将操作数 1 与操作数 2 的乘法运算，再将乘积加上操作数 3，并把结果放置到目的寄存器中，同时可以根据运算结果设置 CPSR 中相应的条件标志位。其中，操作数 1 和操作数 2 均为 32 位的有符号数或无符号数。

（2）指令的语法格式

MLA 指令的格式如下：

MLA{Cond}{S} Rd,Rm,Rs,Rn

其中：

❖　{Cond}：表示条件助记符。

❖　{S}：表示由指令操作结果设置 CPSR 中的条件码。

❖　Rd、Rm、Rs 和 Rn：表示除 R15 以外的通用寄存器编号。

（3）指令应用举例

MLA R0,R1,R2,R3　　　　　　　;R0 = R1 × R2 + R3
MLAS R0,R1,R2,R3　　　　　　;R0 = R1 × R2 + R3，同时设置 CPSR 中的相关条件标志位

3. SMULL 指令

（1）指令含义

SMULL 指令完成将操作数 1 与操作数 2 的乘法运算，并把结果的低 32 位放置到目的寄存器 Low 中，结果的高 32 位放置到目的寄存器 High 中，同时可以根据运算结果设置

CPSR 中相应的条件标志位。其中，操作数 1 和操作数 2 均为 32 位的有符号数。

（2）指令的语法格式

SMULL 指令的格式如下：

SMULL{Cond}{S} RdLo,RdHi,Rm,Rs

其中：

❖ {Cond}：表示条件助记符。

❖ {S}：表示由指令操作结果设置 CPSR 中的条件码。

❖ RdLo、RdHi、Rm 和 Rs：表示除 R15 以外的通用寄存器编号。

（3）指令应用举例

SMULL R0,R1,R2,R3   ;R0 = （R2 × R3）的低 32 位
                        ;R1 = （R2 × R3）的高 32 位

4．SMLAL 指令

（1）指令含义

SMLAL 指令完成将操作数 1 与操作数 2 的乘法运算，并把结果的低 32 位同目的寄存器 Low 中的值相加后又放置到目的寄存器 Low 中，结果的高 32 位同目的寄存器 High 中的值相加后又放置到目的寄存器 High 中，同时可以根据运算结果设置 CPSR 中相应的条件标志位。其中，操作数 1 和操作数 2 均为 32 位的有符号数。

对于目的寄存器 Low，在指令执行前存放 64 位加数的低 32 位，指令执行后存放结果的低 32 位。对于目的寄存器 High，在指令执行前存放 64 位加数的高 32 位，指令执行后存放结果的高 32 位。

（2）指令的语法格式

SMLAL 指令的格式如下：

SMLAL{Cond}{S} RdLo,RdHi,Rm,Rs

其中：

❖ {Cond}：表示条件助记符。

❖ {S}：表示由指令操作结果设置 CPSR 中的条件码。

❖ RdLo、RdHi、Rm 和 Rs：表示除 R15 以外的通用寄存器编号。

（3）指令应用举例

SMLAL R0,R1,R2,R3   ;R0 = （R2 × R3）的低 32 位 ＋ R0
                       ;R1 = （R2 × R3）的高 32 位 ＋ R1

5．UMULL 指令

（1）指令含义

UMULL 指令完成将操作数 1 与操作数 2 的乘法运算，并把结果的低 32 位放置到目的寄存器 Low 中，结果的高 32 位放置到目的寄存器 High 中，同时可以根据运算结果设置

CPSR 中相应的条件标志位。其中，操作数 1 和操作数 2 均为 32 位的无符号数。

（2）指令的语法格式

UMULL 指令的格式如下：

```
UMULL{Cond}{S} RdLo,RdHi,Rm,Rs
```

其中：

❖ {Cond}：表示条件助记符。

❖ {S}：表示由指令操作结果设置 CPSR 中的条件码。

❖ RdLo、RdHi、Rm 和 Rs：表示除 R15 以外的通用寄存器编号。

（3）指令应用举例

```
UMULL R0,R1,R2,R3          ;R0 = （R2 × R3）的低 32 位
                          ;R1 = （R2 × R3）的高 32 位
```

6. UMLAL 指令

（1）指令含义

UMLAL 指令完成将操作数 1 与操作数 2 的乘法运算，并把结果的低 32 位同目的寄存器 Low 中的值相加后又放置到目的寄存器 Low 中，结果的高 32 位同目的寄存器 High 中的值相加后又放置到目的寄存器 High 中，同时可以根据运算结果设置 CPSR 中相应的条件标志位。其中，操作数 1 和操作数 2 均为 32 位的无符号数。

对于目的寄存器 Low，在指令执行前存放 64 位加数的低 32 位，指令执行后存放结果的低 32 位。对于目的寄存器 High，在指令执行前存放 64 位加数的高 32 位，指令执行后存放结果的高 32 位。

（2）指令的语法格式

UMLAL 指令的格式如下：

```
UMLAL{Cond}{S} RdLo,RdHi,Rm,Rs
```

其中：

❖ {Cond}：表示条件助记符。

❖ {S}：表示由指令操作结果设置 CPSR 中的条件码。

❖ RdLo、RdHi、Rm 和 Rs：表示除 R15 以外的通用寄存器编号。

（3）指令应用举例

```
UMLAL R0,R1,R2,R3          ;R0 =（R2× R3）的低 32 位 ＋ R0
                          ;R1 = （R2×R3）的高 32 位＋ R1
```

2.2.4 程序状态寄存器传送指令

只有程序状态寄存器传送指令 MRS、MSR，才允许读/写程序状态寄存器 CPSR 或 SPSR<mode>。这两条指令配合可以实现程序状态寄存器的读-修改-写操作，常用于对 FIQ、

IRQ 设置允许/禁止；可以转换处理器的操作方式；也可用于修改条件码标志。

1. 指令编码格式

MRS 指令编码格式如图 2.5 所示。MSR 指令编码格式如图 2.6 所示。

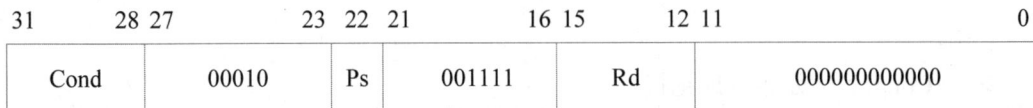

[15:12]目的寄存器
[22]源PSR
  0=CPSR
  1=SPSR_<current_mode>
[31:28]条件域

图 2.5　MRS 指令编码格式

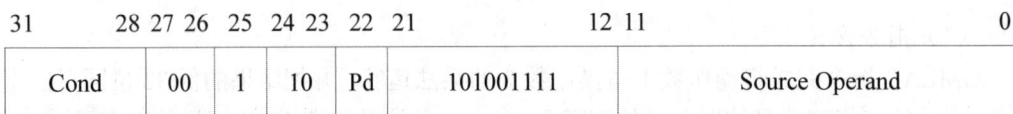

[11:0]源寄存器

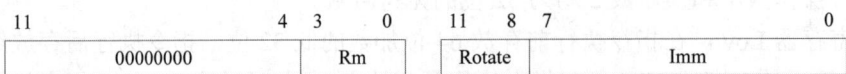

[3:0]源寄存器　　　　　　　　[7:0]8位无符号立即数　[11:8]对Imm的移位操作

[22]目的PSR
  0=CPSR　1=SPSR_<current_mode>
[25]Source Operand类型
  0=源操作数在寄存器　1=源操作数为立即数
[31:28]条件域

图 2.6　MSR 指令编码格式

2. MRS 指令

（1）指令含义
MRS 是程序状态寄存器（CPSR 或 SPSR<mode>）到通用寄存器的数据传送指令。
（2）指令语法格式

```
MRS{<cond>}<Rd>, CPSR
MRS{<cond>}<Rd>, SPSR
```

其中：

❖　<cond>：为指令执行的条件码，当<cond>忽略时指令为无条件执行。

❖　<Rd>：为目标寄存器。

（3）MSR 指令使用的场合

① 通常通过"读取-修改-写回"操作序列修改状态寄存器的内容。MRS 指令用于将状态寄存器的内容读到通用寄存器中。

② 当异常允许嵌套时，需要在进入异常中断之后，嵌套中断发生之前保存当前处理器模式对应的 SPSR。这时需要先通过 MRS 指令读出 SPSR 的值，再用其他指令将 SPSR 值保存起来。

③ 在进程切换时也需要保存当前状态寄存器的值。

3. MSR 指令

（1）指令含义

MSR 是通用寄存器到程序状态寄存器（CPSR 或 SPSR<mode>）的数据传送指令。MSR 还可以将一个立即数或寄存器的内容只传送到 CPSR 或 SPSR<mode>寄存器的条件码标志位（N、Z、C 和 V），而不影响其他控制位。在这种情况下，指定寄存器的最高 4 位或立即数的最高 4 位的内容被写入 CPSR 或 SPSR<mode>的最高 4 位（条件码标志）。

（2）指令语法格式

```
MSR{<cond>}SPSR<_域>,操作数
MSR{<cond>}CPSR<_域>,操作数
```

其中：

❖ <cond>：为指令执行的条件码，当<cond>忽略时指令为无条件执行。

❖ 域：用于设置程序状态寄存器中需要操作的位，32 位的程序状态寄存器可以分为 4 个域，如下所示。

　➤ 位域[31:24]为条件标志位域，用 f 表示。

　➤ 位域[23:16]为状态位域，用 s 表示。

　➤ 位域[15:8]为扩展位域，用 x 表示。

　➤ 位域[7:0]为控制位域，用 c 表示。

❖ 操作数：可以是通用寄存器或立即数。

（3）MSR 指令使用的场合

通常用于恢复或改变程序状态寄存器的内容。在使用时，一般要在 MSR 指令中指明要操作的域。

4. 指令操作数的限制

（1）在用户方式下，CPSR 的控制位被保护，不能改变，只有条件码标志能被改变，在特权方式下，允许修改整个 CPSR。

（2）程序不要改变 CPSR 的 T 状态位，否则处理器进入未定义状态。

（3）访问哪个 SPSR 寄存器取决于当时的工作模式，例如处理器在 FIQ 模式，则 SPSR_fiq 被访问。

（4）不能将 R15 指定为源或目的寄存器。

（5）在用户方式，不能使用 SPSR 寄存器，因为这种方式下不存在这样的寄存器。

（6）CPSR 或 SPSR<mode>的保留位不要修改，可以采用读出 CPSR 或 SPSR<mode>的内容，只修改它们中需要且允许修改的位，然后写回原寄存器的方式，避免误操作修改保留位。

例如，以下代码采用读—修改—写的方法，实现了处理器工作模式的改变。

```
MRS R1,CPSR              ;读，CPSR 的内容送 R1
BIC R1,R1,#0x1f          ;修改，清 0 工作模式位
ORR R1,R1,#new_mode      ;修改，设置新的模式位
ORR R1,R1,#new_mode      ;修改，设置新的模式位
MSR CPSR R1              ;写回 CPSR
```

5. 指令举例

例：允许 FIQ 中断，然后禁止 FIQ 中断（在特权方式下）。

```
ENABLE_FIQ              ;允许 FIQ 中断
    MRS R0,CPSR         ;CPSR[31:0]送 R0[31:0]
    BIC R0,R0,#0x40     ;R0[6]清 0，其余位不变，允许 FIQ 中断
    MSR CPSR,R0         ;R0[31:0]送 CPSR[31:0]
    MOV PC,LR           ;返回
DISABLE_FIQ             ;禁止 FIQ 中断
    MRS R0,CPSR         ;CPSR[31:0]送 R0[31:0]
    ORR R0,R0,#0x40     ;R0[6]置 1，其余位不变，允许 FIQ 中断
    MSR CPSR,R0         ;R0[31:0]送 CPSR[31:0]
    MOV PC,LR           ;返回
```

2.2.5 存储器操作指令

1. 单个数据传送指令（LDR、STR）

执行一条单个数据传送指令只能在存储器和寄存器之间传送一字节或一个字的数据。

（1）单个数据传送指令（见图 2.7）

（2）指令含义

单个数据传送指令有如下 4 条。

❖ LDR 指令从存储器地址装入一个字数据到目标寄存器。

❖ STR 保存寄存器一个字数据到存储器指定地址。

❖ LDRB 指令从存储器地址装入一个字节数据到目标寄存器。

❖ STRB 保存寄存器一个字节数据到存储器指定地址。

另外，存储器地址通过计算得到，需要对基址寄存器加偏移量，或从基址寄存器减偏移量得到。指令中可以指定回写位，当指令中 W=1 时，通过计算得到的存储器地址，回写到基址寄存器；当指令中 W=0 时，基址寄存器保持原值。

① 偏移量和自动索引

相对基址寄存器的偏移量，有两种方法指定，可以由指令中 bit[11:0]指定一个 12 位无符号立即数作为偏移量；也可以由指令 bit[3:0]指定偏移寄存器 Rm，bit[11:4]指定对 Rm 的

移位次数和移位操作，移位方法参见图 2.3，在图 2.3 中本指令不能使用 Rs 指定移位量。

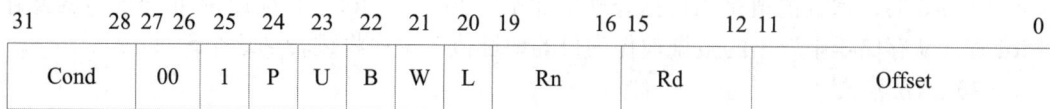

31　　　　28	27 26	25	24	23	22	21	20	19　　　16	15　　　12	11　　　　　　　0
Cond	00	1	P	U	B	W	L	Rn	Rd	Offset

[11:0]偏移量

11　　　　　　　4	3　　0		11　　　　　　　　　　　0
Shift	Rm		Immediate

[3:0]偏移寄存器Rm

[11:4]作用在Rm上的移位次数、移位操作

[11:0]12位无符号立即数

[19:16]基址寄存器

　0=传送字　1=传送字节

[20]装入/存储位

　0=存入存储器　1=装入寄存器

[21]回写位

　0=回写　1=不回写

[22]字节/字表示位

　0=传送字　1=传送字节

[23]加/减位

　0=从基址寄存器减偏移量　1=从基址寄存器加偏移量

[24]先/后索引位

　0=传送后加或减偏移量　1=先加或减偏移量再传送

[25]偏移量类型

　0=偏移量是一个立即数　1=偏移量在寄存器

[31:28]条件域

图 2.7　单个数据传送指令编码格式

偏移量可以与基址寄存器相加（U=1），或从基址寄存器中减去（U=0）。

基址寄存器先与偏移量加或减得到存储器地址，再传送数据，称为先索引，用指令中 P=1 指定；直接基址寄存器内容作为存储器地址，访问存储器传送数据后，再执行基址寄存器加或减偏移量操作，称为后索引，用指令中 P=0 指定。

指令 W=1 表示允许回写，可以选择自动增量或减量寻址方式，取决于 U=1 还是 U=0；W=0 时不回写，基址寄存器保持原值。

在后索引寻址方式（P=0），回写 W 不要认为是多余的，并且总是被设置为 0，在后索引方式，规定了传送数据后总是要回写基址寄存器。如果基地址寄存器需要保留原值，可以通过把偏移量设置为 0 来实现。因此，选择了后索引方式，回写位 W 应该设置为 0。并且 Rm 和 Rn 不能使用同一个寄存器。

② 传送字节/字

指令中 B=1 传送字节，B=0 传送字，对于字传送指令，访问的存储器地址通常应该是字边界对齐的。

③ 使用 R15

如果将 R15 作为基址寄存器 Rn，不允许指定回写操作，并且应该知道 R15 的内容比当前指令地址多 8 个字节，R15 不能作为偏移量寄存器 Rm。在 STR 指令中，将 R15 作为源寄存器 Rd 时，保存的值是当前指令地址加 12 的值，当 R15 作为 LDR 指令的目的寄存器 Rd 时，从存储器中取出的数据被作为目的地址值，程序将跳转到这个地址。

（3）语法格式

```
<LDR|STR>{cond}{B}{T} Rd,<Address>
```

其中：

① LDR：表示从存储器装入寄存器。

② STR：表示寄存器数据传送存储器。

③ <cond>：为指令执行的条件码。

④ {B}：表示字节或字传送，出现 B 表示字节传送。

⑤ {T}：如果出现 T，在后索引寻址方式，W 位将被置 1；在先索引寻址方式下不允许指定 T。如果指令中出现 T，即使处理器在特权方式下，存储系统也将访问看成是处理器在用户方式下。

⑥ Rd：表示寄存器编号。

⑦ <Address>：包括以下 5 种情况。

❖ 能产生地址的表达式

汇编器将试图产生一条指令，使用 PC 作为基址寄存器，指令含有适当的立即数作为偏移量，通过计算表达式，能够确定一个地址。这是相对 PC 寻址、先索引寻址。如果该偏移量超过了能够表示的范围，将产生错误。

例1：

```
LDR Rd,Label          ;Label 为程序标号，应该在当前指令±4KB 范围内，汇编后
                      ;使用 PC 作为基址寄存器，指令中含有一个立即数作为偏移量
```

❖ 先索引寻址

> [Rn]：表示偏移量为 0。

> [Rn,<#expression>]{!}：其中<#expression>通过计算产生一个 12 位立即数，作为字节偏移量。

> [Rn,{+/-}Rm{,<shift>}]{!}：表示 Rm 经过移位作为偏移量，与 Rn 加或减。

例2：

```
LDR R1,[R0]           ;偏移量为 0，将 R0 的内容作为地址，读该单元数据，送 R1
LDR R1,[R0,#0x08]!    ;地址为 R0+0x08，读数据送 R1，地址回写 R0
LDR R1,[R0,#-0x08]   ;地址为 R0-0x08，读数据送 R1，地址不回写
LDR R1,[R0,R2,LSL #2] ;地址为 R0+R2<<2，读数据送 R1，R0 和 R2 值不变
LDR R1,[R0,-R2,LSL #2] ;地址为 R0-R2<<2，读数据送 R1，R0 和 R2 值不变
```

❖ 后索引寻址

> [Rn],<#expression>：其中<#expression>通过计算产生一个 12 位立即数，作为字节偏移量。

> [Rn],{+/-}Rm{,<shift>}：表示 Rm 经过移位作为偏移量，与 Rn 加或减。

例：

LDR R1,[R0],#0x08	;R0 内容作地址，读数据送 R1，R0+0x08 回写 R0
LDR R1,[R0],R2,LSL #2	;R0 内容作地址，读数据送 R1，R0+R2<<2 回写 R0

❖　关于<shift>

能够产生移位操作，参见图 2.3，在图 2.3 中本指令不能使用 Rs 指定移位量。

❖　关于{!}

如果汇编指令中出现！，回写到基址寄存器。

（4）应用举例

LDR　R0,[R1,R2]	;先索引，R1+R2 内容作为地址，读字数据送 R0，不回写
STR　R0,[R1,#9]	;先索引，R0 数据写入 R1+9 内容作为地址的存储器中，不回写
LDR　R0,[R1,R2]!	;先索引，R1+R2 内容作为地址，读字数据送 R0，R1+R2 回写 R1
STR　R0,[R1,#9]!	;先索引，R0 数据写入 R1+9 内容作为地址的存储器中，R1+9 回写 R1
LDR　R0,[R1,-R2]	;先索引，R1-R2 内容作为地址，读字数据送 R0，不回写
LDR　R0,[R1] ,R2	;后索引，R1+R2 内容作为地址，读字数据送 R0，R1+R2 回写 R1
STR　R0,[R1] ,#9	;后索引，R0 数据写入 R1+9 内容作为地址的存储器中，R1+9 回写 R1
LDREQB　R0,[R2,#4]	;先索引，条件执行，R2+4 内容作为地址，读一个字节数据
	;送 R0[7:0]，R0[31:8]填 0，不回写
STRB　R0,[R2,#9]	;先索引，R0[7:0]数据写入 R2+9 内容作为地址的存储器中，不回写
LDR　R0,LOCALDATA1	;从标号 LOCALDATA1 处装入一个字到 R0
STRB　R3,[R2,-R9,ASR #2]	;先索引，R0[7:0]数据写入 R2+R9<<2 的值作为地址的存储
	;器中，不回写

2. 半字、带符号字节/半字传送指令（LDRH、STRH、LDRSB、LDRSH）

（1）指令编码格式

半字、带符号字节/半字传送指令编码格式分为两种：一种是偏移量在指定的寄存器中，如图 2.8 所示；另一种是把指令中的 8 位立即数作为偏移量，如图 2.9 所示。

31　　　28	27　　25	24	23	22	21	20	19　　　16	15　　　12	11　　　8	7	6	5	4	3　　　0
Cond	000	P	U	0	W	L	Rn	Rd	0000	1	S	H	1	Rm

[3:0]偏移寄存器

[6][5]SH

　　00=SWP指令　01=无符号半字　10=带符号字节　11=带符号半字

[15:12]源/目的寄存器

[19:16]基址寄存器

[20]装入/存储位

　　0=存入存储器　1=从存储器装入

[21]回写位

　　0=不回写　1=写地址到基址寄存器

[23]加/减位

　　0=从基址寄存器减偏移量　1=从基址寄存器加偏移量

[24]先/后索引位

　　0=传送后加或减偏移量　1=先加或减偏移量再传送

[31:28]条件域

图 2.8　半字、带符号字节/半字传送指令编码格式（寄存器偏移量）

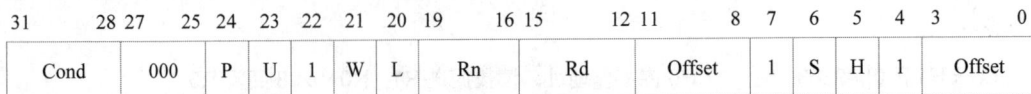

31	28	27	25	24	23	22	21	20	19	16	15	12	11	8	7	6	5	4	3	0
Cond		000		P	U	1	W	L	Rn		Rd		Offset		1	S	H	1	Offset	

[3:0]立即数偏移量（低半字节）

[6][5]SH

　　00=SWP指令　01=无符号半字　10=带符号字节　11=带符号半字

[11:8]立即数偏移量（高半字节）

[15:12]源/目的寄存器

[19:16]基址寄存器

[20]装入/存储位

　　0=存入存储器　1=从存储器装入

[21]回写位

　　0=不回写　1=写地址到基址寄存器

[23]加/减位

　　0=从基址寄存器减偏移量　1=从基址寄存器加偏移量

[24]先/后索引位

　　0=传送后加或减偏移量　1=先加或减偏移量再传送

[31:28]条件域

图 2.9　半字、带符号字节/半字传送指令编码格式（立即数偏移量）

（2）指令含义

半字、带符号字节/半字传送指令允许在寄存器和存储器之间装入和存储半字数据、装入带符号扩展的字节或半字数据。

① LDRH 指令从存储器装入半字数据到寄存器低 16 位，高 16 位用‘0’扩展。

② STRH 指令保存寄存器中的低半字数据到存储器。

③ LDRSB 从存储器装入一个字节数据到寄存器 bit[7:0]，用符号位 bit[7]扩展寄存器的 bit[31:8]。

④ STRSH 从存储器装入一个半字数据到寄存器 bit[15:0]，用符号位 bit[15]扩展寄存器的 bit[31:16]。

传送使用的存储器地址，由基址寄存器加或减一个偏移量计算得到，计算出的地址可以回写/不回写基址寄存器。计算地址可以在数据传送前或传送后进行。

（3）指令语法格式

<LDR|STR>{cond}{H|SH|SB}Rd,<Address>

其中：

① LDR：表示从存储器装入寄存器。

② STR：表示寄存器数据传送到存储器。

③ <cond>：为指令执行的条件码。

④ H：表示传送半字。

⑤ SH：表示装入半字，符号扩展，只用于 LDR。

⑥ SB：表示装入字节，符号扩展，只用于 LDR。

⑦ <Address>：包括以下 5 种情况。

❖　能产生地址的表达式

汇编器将试图产生一条指令，使用 PC 作为基址寄存器，指令含有适当的立即数作为偏移量，通过计算表达式，能够确定一个地址。这是相对 PC 寻址、先索引寻址。如果该偏移量超过了能够表示的范围，将产生错误。

❖ 先索引寻址

➢ [Rn]：表示偏移量为 0。

➢ [Rn,<#expression>]{!}：其中<#expression>通过计算产生一个 8 位立即数，作为字节偏移量。

➢ [Rn,{+/-}Rm{,<shift>}]{!}：表示 Rm 经过移位作为偏移量，与 Rn 加或减。

❖ 后索引寻址

➢ [Rn],<#expression>：其中<#expression>通过计算产生一个 8 位立即数，作为字节偏移量。

➢ [Rn],{+/-}Rm{,<shift>}：表示 Rm 经过移位作为偏移量，与 Rn 加或减。

例：

```
LDR R1,[R0],#0x08        ;R0 内容作地址，读数据送 R1，R0+0x08 回写 R0
LDR R1,[R0],R2,LSL #2    ;R0 内容作地址，读数据送 R1，R0+R2<<2 回写 R0
```

❖ Rm 和 Rn

Rm 和 Rn 都是寄存器编号，如果指定了 R15，汇编器将从偏移量中减去 8，这是由于流水线的原因引起的，在这种情况下不能回写 R15。

❖ 关于{!}

如果汇编指令中出现!，回写到基址寄存器。

（4）应用举例

```
LDRH R3, [R4-R2]!       ;R4-R2 的值作为地址，装入半字数据到 R3 低 16 位，高 16 位用 0 扩
                        ;展，地址回写 R4
LDRSB R5,LOCALDATA2     ;从标号 LOCALDATA2 处装入一个字节数据到 R6 低 8 位，高 24 位符
                        ;号位 bit[7]扩展
STRH R0,[R12,#09]       ;从寄存器 R0 的 bit[7:0]存储半字数据到 R12-9 的值指向的内存单元
                        ;中，不回写
LDRSB R9,[R1],#80       ;R4 的值作为地址，装入一个字节数据到 R9 低 8 位，高 24 位符号位
                        ;bit[7]扩展，R4+80 回写 R4
LDREQSH R3,[R1]         ;条件执行，R1 的值作为地址，装入半字数据到 R3 低 16 位，高 16 位
                        ;符号位 bit[15]扩展
STRH R5,[R1,#09]!       ;从寄存器 R1 中低 16 位存储到 R1-9 的值指向的存储器中，回写 R1
```

3. 块数据传送指令（LDM、STM）

块数据传送指令也称为多寄存器装入/存储指令，它可以实现多个寄存器与存储器多个单元之间的数据传送。LDM 指令从存储器装入数据到寄存器；STM 指令保存寄存器内容到存储器。允许使用一条指令传送 16 个寄存器中任何一个子集或全部寄存器，但不允许寄存器的个数为 0。

（1）指令编码格式

LDM 和 STM 指令编码格式如图 2.10 所示。

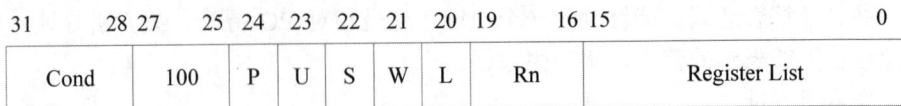

31		28	27		25	24	23	22	21	20	19		16	15		0
Cond			100			P	U	S	W	L	Rn			Register List		

[15:0]寄存器列表

[19:16]基址寄存器

[20]装入/存储位

　　0=存入存储器　　1=从存储器装入

[21]回写位

　　0=不回写　　1=写地址到基址寄存器

[22]PSR与强制用户位

　　0=不装入PSR或用户方式　　1=装入PSR或强制用户方式寄存器

[23]加/减位

　　0=从基址寄存器减偏移量　　1=从基址寄存器加偏移量

[24]先/后索引位

　　0=传送后加或减偏移量　　1=先加或减偏移量再传送

[31:28]条件域

图 2.10　块数据传送指令编码格式

（2）指令含义

块数据传送指令用于装入（LDM）或存储（STM）当前方式可见寄存器组的一个子集或全部寄存器，通常用于堆栈操作（基址寄存器为 R13）和存储器块传送（基址寄存器不使用 R13）。

① 堆栈操作

Cortex-A9 支持 4 种类型的堆栈，分别为满递减堆栈、空递减堆栈、满递增堆栈和空递增堆栈。用 LDM 或 STM 指令进行堆栈操作时，基址寄存器使用 R13，指令对应的后缀分别是 FD、ED、FA 和 EA。其中：

❖　F：满堆栈。

❖　E：空堆栈。

❖　D：递减。

❖　A：递增。

例如，设 SP=0x2000，回写位 W=1，使用 STM 指令操作 R2、R5 和 R6 的内容依次入栈，不同类型的堆栈传送过程如图 2.11~图 2.14 所示。

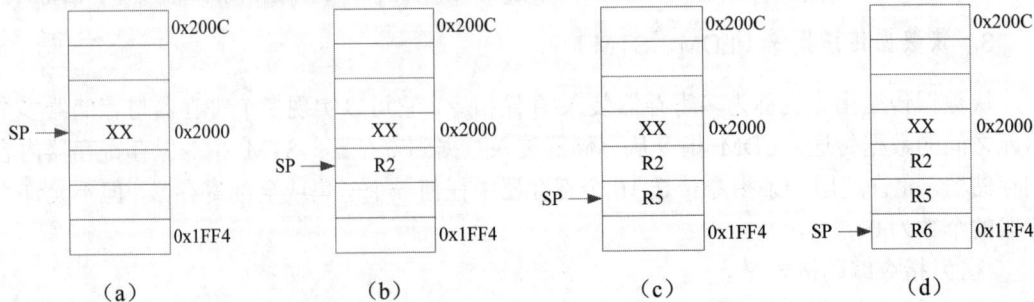

（a）　　　　　　　　　（b）　　　　　　　　　（c）　　　　　　　　　（d）

图 2.11　满递减堆栈

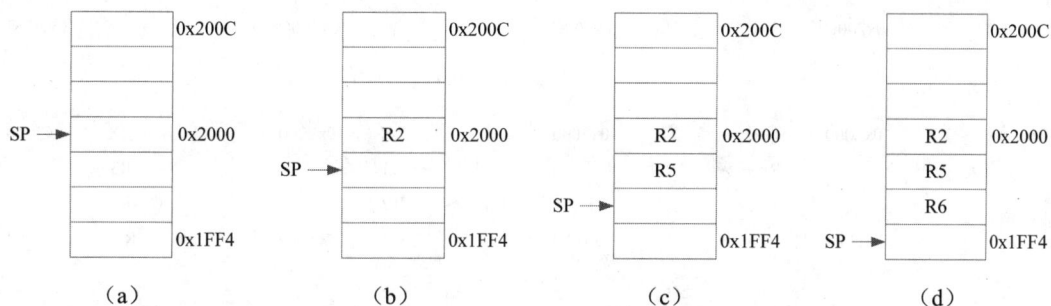

图 2.12　空递减堆栈

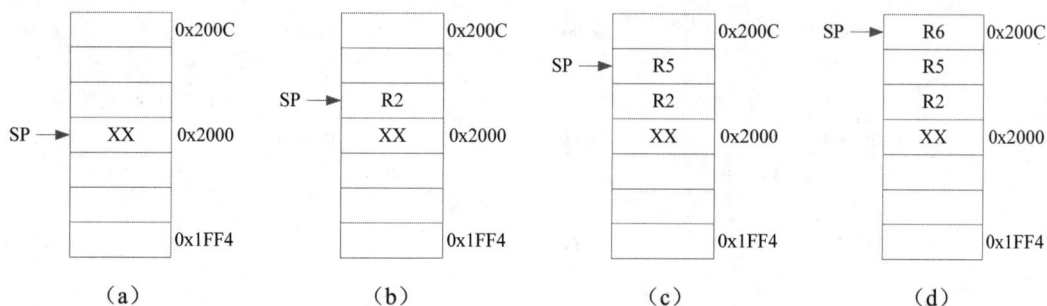

图 2.13　满递增堆栈

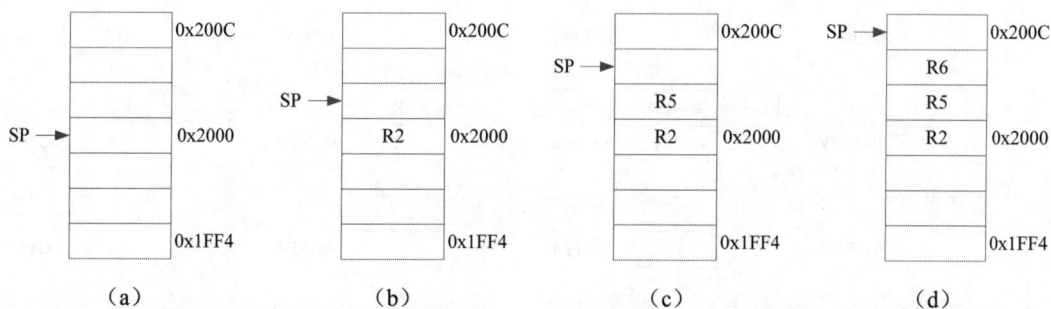

图 2.14　空递增堆栈

② 存储器块传送

当 LDM 或 STM 指令不使用 R13 作为基址寄存器，可实现块数据传送，指令对应 4 个后缀 DB、DA、IB 和 IA，分别定义了先/后索引减、增量。其中：

❖ I：表示增量。

❖ D：表示减量。

❖ A：表示后索引。

❖ B：表示先索引。

例如，设 Rn=0x2000，回写位 W=1，使用 STM 指令操作 R3、R9 和 R10 的内容依次入栈，不同类型的堆栈传送过程如图 2.15~图 2.18 所示。

图 2.15　先索引减量

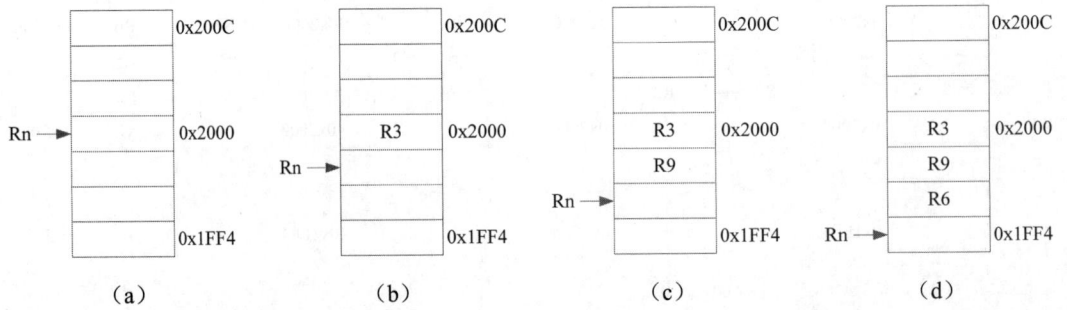

图 2.16　后索引减量

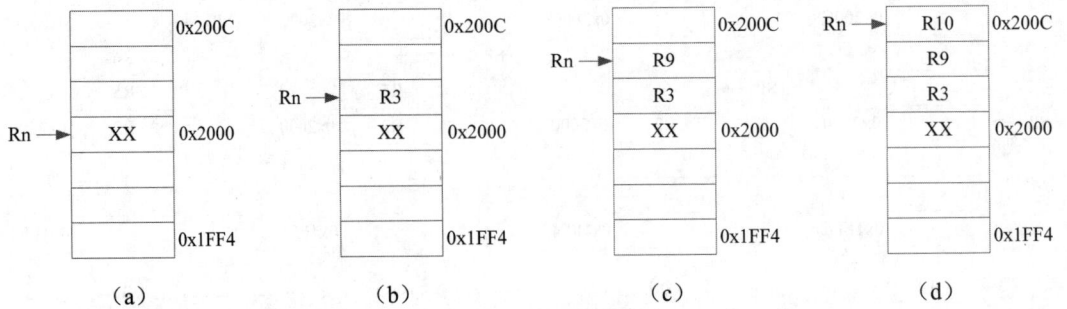

图 2.17　先索引增量

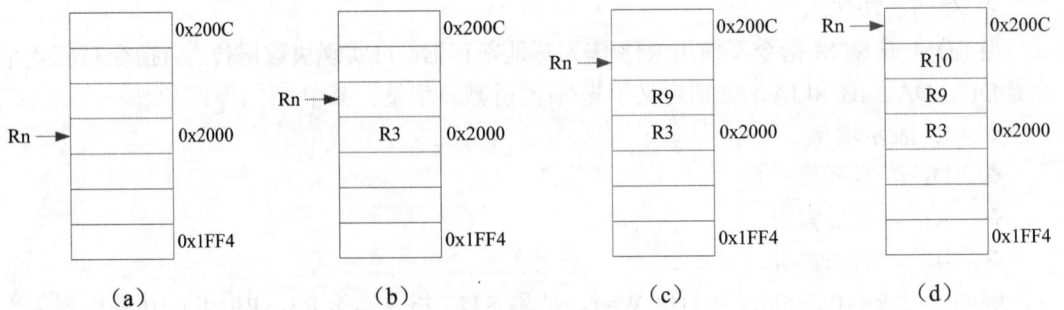

图 2.18　后索引增量

（3）指令语法格式

```
<LDM|STM>{cond}{FD|ED|FA|EA|IA|IB|DA|DB}Rn{!},<RList>{^}
```

其中：

❖　LDM：表示从存储器装入寄存器。

❖　STM：表示寄存器数据传送到存储器。

❖　<cond>：为指令执行的条件码。

❖　Rn：表示基址寄存器编号。

❖　{!}：表示回写与否。出现!表示回写，否则不回写。

❖　<RList>：表示用大括号括起来的寄存器列表。

❖　{^}：如果从出现^表示设置指令编码中的 S 位，执行装入 PC 的同时装入 CPSR，
或者在特权方式下时强制传送用寄存器组。

（4）指令举例

LDMFDSP!,{R0, R1, R2}	;把 sp 指向的 3 个连续地址段（应该是 3*4=12 字节（因为 R0、R1、 ;R2 都是 32 位））中的数据复制到 r0、r1、r2 这 3 个寄存器中去， ;SP 值更新
STMFDSP!,{R0}	;把 R0 保存到堆栈（sp 指向的地址）中，SP 值更新
LDMIA R0!,{R3~R9}	;加载 R0 指向的地址处的多个字数据，保存到 R3~R9 中，R0 值更新

4. 单个数据交换指令（SWP）

ARM 微处理器支持数据交换指令，这些指令用于在存储器和寄存器之间交换数据，数据交换指令包括 SWP（字数据交换指令）和 SWPB（字节数据交换指令）。

（1）指令含义

单个数据交换指令的执行是由一个存储器读和跟随着的一个存储器写操作共同完成的，它们被绑在一起，直到这两个操作完成前处理器不能被中断，与此同时存储器管理器被告知，把这两个操作看作是不可分割的。

交换的地址由基址寄存器 Rn 的内容确定。处理器首先读交换地址确定的存储器的内容，然后写源寄存器 Rm 内容到同一内存寄存器，这时指定的寄存器的内容写入存储器，而从存储器读出的数据装入同一个寄存器。

在指令执行读和写期间，LOCK 信号变高，送存储器管理器，使得两个操作绑在一起。

（2）指令语法格式

SWP 的语法格式如下：

```
SWP {cond}   Rd,Rm,[Rn]
```

其中：

❖　{cond}：表示条件助记符。

❖　{B}：出现 B 为字节交换，否则为字交换。

❖　Rd：目的寄存器。

❖　Rm：源的寄存器 1。

❖   Rn：源的寄存器 2。

指令中，Rd、Rm 和 Rn 不能为 R15，SWP 指令用于将源的寄存器 2 所指向的存储器中字节或字数据传送到目的寄存器，同时将源的寄存器 1 的内容传送到源的寄存器 2 所指向的存储器中，显然，当源的寄存器 1 和目的寄存器为同一个寄存器时，指令交换寄存器和存储器的内容。

（3）使用举例

SWP R0,R1,[R2]   ;将 R2 所指向的存储器中的字数据送到 R0，同时将 R1 中的内容，送到 R2 所
                    ;指向的存储器中
SWPB R0,R0,[R2]   ;将 R2 所指向的存储器中的一个字节数据送到 R0，R0[31:8]位清零，同时将
                    ;R0 中的内容，送到 R2 所指向的存储器单元

2.2.6   异常产生指令

ARM 微处理器支持的异常指令有 SWI 指令（软件中断指令）和 BKPT 指令（断点中断指令）。

1．SWI

SWI 的语法格式如下：

SWI{cond}   immed_24

其中，immed_24 为 24 位的立即数，值为 0~16777215 的整数，表示软中断号（服务类型）。

SWI 指令用于产生软件中断指令，以便用户程序能调用操作系统的系统例程。操作系统在 SWI 的异常处理程序中提供相应的系统服务。指令中 24 位的立即数指定用户程序调用系统例程的类型，相应参数通过通用寄存器传递，当指令中 24 位的立即数被忽略时，用户程序调用系统例程由通用寄存器 R0 的内容决定，同时，参数通过其他通用寄存器传递。

例如：

SWI 0x02   ;调用操作系统编号为 02 的系统例程

2．BKPT

BKPT 指令的语法格式如下：

BKPT   immed_16

其中，immed_16 为 16 位的立即数。

BKPT 指令用于产生软件断点中断，可用于程序的调试。

2.2.7   协处理器指令

ARM 处理器可支持多达 16 个协处理器指令，用于各种协处理器操作，在程序执行过

程中，每个协处理器只执行针对自身的协处理器指令，忽略 ARM 处理器和其他协处理器的指令。当一个协处理器硬件不能执行属于它的协处理器指令时，Cortex-A9 会产生一个未定义指令异常中断。

ARM 协处理器指令主要用于 ARM 处理器初始化、ARM 协处理器的数据处理操作、ARM 处理器的寄存器和协处理器的寄存器之间传送数据、ARM 协处理器的寄存器和存储器之间传送数据。对于后续介绍的全部协处理器指令，如果不存在指定的协处理器，Exynos4412 中将引起未定义指令陷阱产生，这些协处理器指令，能够由未定义指令陷阱程序来仿真。

1. 协处理器数据操作指令（CDP）

协处理器数据操作指令 CDP 用于通知协处理器执行某些协处理器的内部操作。协处理器执行结果无须返回 Cortex-A9，Cortex-A9 也不用等待协处理器操作完成。

CDP 指令一般用于初始化协处理器，对 ARM 寄存器和存储器无任何影响。

CDP 指令也可用于指定浮点运算协处理器的两个寄存器中的数，进行某种浮点运算，结果放在协处理器的第三个寄存器中。

（1）指令含义

CDP 指令中指定的协处理器，将执行<experssionl>域规定的 cn 和 cm 操作，结果存 cd。

指令中除了 p#固定用于指定协处理器号以外，其他的域可能在不同的协处理器中会重新定义它的用途。

p#域用于指定协处理器号，范围为0~15，每个协处理器对应一个编号。除了 p#域指定的协处理器，其他协处理器将忽略这条协处理器指令。

（2）指令语法格式

CDP 的语法格式如下：

```
CDP {cond}   p# ,<experssion1>,cd,cn,cm{,<experssion2>}
```

其中：

- ❖　{cond}：表示条件助记符。
- ❖　p#：指定的协处理器号。
- ❖　<experssion1>：计算后得到一个常数，作为协处理器操作码。
- ❖　cd,cn,cm：分别代表协处理器寄存器编号。
- ❖　<experssion2>：计算后得到一个常数，作为协处理器辅助操作码。

（3）指令举例

```
CDP   p2,11,c2,c3,c4            ;协处理器 2 进行操作码 11 规定的动作,对 CR3 和 CR4 进行操作,
                               ;结果存 CR2
CDP   p3,6,c2,c3,c4,2          ;协处理器 2 进行操作码 11 规定的动作,对 CR3 和 CR4 进行操作,
                               ;结果存 CR2
```

2. 协处理器数据传送指令（LDC、STC）

协处理器数据传送指令用于存储器和协处理器寄存器之间的直接传送数据。

（1）指令含义

LDC 指令用于将存储器的一个字或多个字数据读出，送协处理器寄存器。

STC 指令用于将协处理器的一个或多个寄存器的内容送存储器。

Cortex-A9 提供存储器地址，协处理器提供或访问数据，并且控制传送的字数。

（2）指令语法格式

LDC 和 STC 的语法格式如下：

```
<LDC|STC >{cond}{L}  p#, cd, <Address>
```

其中：

① LDC：从存储器装入数据，直接送协处理器寄存器。

② STC：从协处理器寄存器来的数据，直接存入存储器。

③ {cond}：表示条件助记符。

④ {L}：出现 L 时长传送（N=1），否则表示短传送（N=0）。

⑤ p#：指定的协处理器号。

⑥ cd：代表协处理器寄存器编号。

⑦ <Address>：可以是如下 3 种情况。

❖ 由表达式（experssion）产生的地址

汇编器将试图产生一条指令，用 PC 作为基址寄存器，并使用一个适当的立即数偏移量，通过计算表达式，确定一个地址。这是相对 PC 寻址、先索引寻址。如果该偏移量超过能够寻址的范围，将产生错误。

❖ 先索引方式指定

➢ [Rn]：0 偏移量。

➢ [Rn,<#expression>]{!}：其中<#expression>作为字节偏移量。

❖ 后索引方式指定

➢ [Rn],<#expression>：其中<#expression>作为字节偏移量。

➢ {!}：如果出现，表示回写基址寄存器（设置 W=1）。

➢ Rn：Cortex-A9 寄存器编号。

▶ **注意**：如果 Rn 指定 R15，考虑到 Cortex-A9 的流水线，汇编器将从偏移量中减去 8。

另外，指令汇编格式中，地址偏移量以字节表示，而指令编码格式中偏移量的域是以字表示，汇编器将进行调整。

（3）指令举例

```
LDC p2,c2,table1        ;用 PC 相对寻址，从 table1 装入一个字，送协处理器 2 的 CR2 寄存器
STCEQL p3,c2,[R8,#20]!  ;条件执行，存协处理器 3 的 CR2 寄存器的内容到存储器，地址为 R8+20
                        ;字节，回写 R8，长传送
LDC p5,c1,[R1]          ;读取 R1 指向的存储器单元中的数据，送协处理器 5 的 CR1 寄存器
LDC p6,c1,[R3,#8]       ;读取 R3+8 指向的存储器单元中的数据，送协处理器 6 的 CR1 寄存器
```

3. 协处理器寄存器传送指令（MRC、MCR）

MRC 指令用于从协处理器寄存器向 Cortex-A9 寄存器传送信息。

MCR 指令用于从 Cortex-A9 寄存器向协处理器寄存器传送信息。

MRC 指令一个用处是直接传送控制信息到 Cortex-A9 的 CPSR 中的条件码标志。例如，在协处理器内两个浮点值比较的结果，能够传送到 CPSR。

（1）指令含义

① 协处理器域

指令中 p#域用于指定与哪个协处理器寄存器传送数据。<experssion1>、cn、<experssion2>和 cm 域仅由协处理器使用，这里的解释只是习惯用法，当协处理器的功能不兼容时，也允许有其他解释。

② R15 的使用

当 Cortex-A9 中的 R15 作为目的操作数，由协处理器寄存器传送到 R15 时，传送的 bit[31:28]被分别复制到 CPSR 的 N、Z、C 和 V 标志位，传送的其他位被忽略，PC 和 CPSR 的其他位不受影响。

当 Cortex-A9 中 R15 作为源寄存器，传送到协处理器寄存器时，保存的值是 PC+12。

（2）指令语法格式

MCR 和 MRC 的语法格式如下：

```
<MCR|MRC >{cond} p# , <experssion1> , Rd, cn,cm <experssion2>
```

其中：

❖　MCR：从协处理器寄存器传送到 Cortex-A9 寄存器。

❖　MRC：从 Cortex-A9 寄存器传送到协处理器寄存器。

❖　{cond}：表示条件助记符。

❖　p#：指定的协处理器号。

❖　<experssion1>：计算后得到一个常数，作为协处理器操作码。

❖　Rd：Cortex-A9 寄存器编号。

❖　cn,cm：分别代表协处理器寄存器编号。

❖　<experssion2>：计算后得到一个常数，作为协处理器辅助操作码。

（3）指令举例

```
MRC p2,1,R9,c3,c6          ;要求协处理器 2，对协处理器寄存器 CR3 和 CR6
                           ;执行操作 1 规定的动作，并传送结果返回到 Cortex-A9 的 R9
MRCEQ p5,4,R2,c4,c5,6      ;条件执行，要求协处理器 5，对协处理器寄存器 CR4 和 CR5
                           ;执行操作 4（辅助操作码 6）规定的动作，并传送结果返回到
                           ;Cortex-A9 的 R2
MCR p12,2,R2,c5,C9,4       ;要求 Cortex-A9 的 R2 内容送协处理器 12 寄存器 CR5
                           ;执行操作 2（辅助操作码 4）规定的动作，结果放 CR9
```

4. 未定义指令

（1）指令含义

如果指令编码格式中 bit[31:28]表示的条件为真，则未定义指令执行，未定义指令陷阱

将产生。

（2）指令语法格式

汇编器没有产生这条指令的助记符，但目前为止，这条指令不被执行。将来为了某些特殊的用途，适合的助记符将被加入汇编器。

本章小结

本章系统地讲述了在 Cortex-A9 处理器上使用的 ARM 指令集的编码格式、指令含义、指令语法格式和应用举例。

通过本章内容的学习，要求掌握 Cortex-A9 处理器上使用的 ARM 指令集各指令的含义和用法；能够理解简单的由汇编指令编写的程序，能够编写简单的汇编程序。

课外练习

一、填空题

1．0X09&0X31 的运算结果是_____。

2．寄存器 R15 除了可以做通用寄存器外，还可以做_____。

3．条件码 GE 的含义是_____。

4．堆栈工作方式 FD 的含义是_____。

5．存储器块操作方式 IB 的含义是_____。

二、简答题

1．简述 ARM 指令集的主要能力。

2．简述程序计数器 PC、连接寄存器 LR、堆栈指针 SP、CPSR 和 SPSR 的用法。

3．简述 Cortex-A9 处理器如何从 ARM 状态切换到 Thumb 状态。

4．简述 B、BL 和 BX 的异同点。

5．简述对 CPSR 相关内容进行修改的步骤。

6．简述单个数据传送指令 LDR 和 STR 指令中回写/不回写，先/后缩印的含义。

7．简述 LDM/STM 指令堆栈操作中，后缀 FD、ED、FA 及 EA 的含义。

8．简述 LDM/STM 指令块操作中，后缀 IA、IB、DA 及 DB 的含义。

9．简述软件中断指令 SWI 指令编码格式中 bit[23:0]的通常含义。

参阅书目

1．杨福刚．ARM Cortex-A9 多核嵌入式系统开发教程[M]．西安：西安电子科技大学出版社，2016．

2．华清远见嵌入式学院，刘洪涛，等．ARM 嵌入式系统结构与接口技术（Cortex-A9 版）[M]．北京：人民邮电出版社，2017．

3．华清远见嵌入式学院，秦山虎，刘洪涛，等．ARM 处理器开发详解——基于 ARM Cortex-A9 处理器的开发设计[M]．北京：电子工业出版社，2016．

4．张石．ARM Cortex-A9 嵌入式技术教程[M]．北京：机械工业出版社，2018．

5．刘彦文．嵌入式系统原理及接口技术[M]．北京：清华大学出版社，2011．

@ 网络链接

1．https://blog.csdn.net/newtonnl/article/details/49180177

2．https://my.oschina.net/u/920274/blog/2958788

第 3 章　ARM 汇编语言程序设计

本章主要内容

1．ARM 伪操作。
2．ARM 伪指令。
3．ARM 汇编语言结构化程序设计。
4．汇编语言和 C 语言混合编程。

ARM 汇编语言（Assembly Language）是 ARM CPU 所能接受的最底层唯一语言（所有的高级语言最终都要转换成汇编语言，然后汇编成 processor instruction codes）。ARM 汇编的核心是 ARM 指令集。理解 ARM 汇编有助于理解底层 processor 内部的工作原理，有助于对高级语言的优化。由于 ARM 汇编小而快的特点，经常被用在 processor 的初始化配置中（常见于 bootloader、kernel 的初始化代码）。在第 2 章中系统学习了 ARM 指令系统，本章从 ARM 汇编伪指令、ARM 汇编语言结构化程序设计、混合语言编程等几个方面对 ARM 处理器汇编语言进行学习。

3.1　ARM 伪操作

伪操作，即没有对应的机器码的指令，用于告诉汇编程序如何进行汇编指令，它既不控制机器的操作也不被汇编成机器代码，只能为汇编程序所识别并指导汇编程序如何进行。伪操作按照不同的功能可以分为符号定义伪操作、数据定义伪操作、报告伪操作、条件编译伪操作和杂项伪操作。

3.1.1　数据定义伪操作

数据定义伪操作符主要包括 LTORG、MAP、DCB、FIELD、SPACE、DCQ 和 DCW 等，主要用于数据表定义、文字池定义、数据空间分配等。常用的有 DCB/DCQ/DCW 分配一段字节/双字/字内存单元，并且将它们初始化。

3.1.2　符号定义伪操作符

符号定义伪操作符包括 GBLA、GBLL、GBLS、LCLA、CN、CP、DN、FN、RLIST 和 SETA 等，用于定义 ARM 汇编程序的变量，对变量进行赋值，以及定义寄存器名称等。其中用于全局变量声明的 GBLA、GBLL、GBLS 和局部变量声明的 LCAL、LCLL、LCLS

伪操作较为常用。

3.1.3　报告伪操作符

报告伪操作符包括 ASSERT、INFO 和 OPT 等，主要用于汇编报告等。其中比较常用的有 ASSERT，表示断言错误。

3.1.4　条件汇编伪操作符

条件汇编伪操作符包括 IF、ELSE、ENDIF、WHIL、WEND、MACRO 和 MEND 等，主要用于条件汇编、宏定义、重复汇编控制等操作。

3.1.5　杂项伪操作

杂项伪操作符包括 AREA、ALIGN、ENTRY、EQU、EXPORT、GLOBAL、IMPORT、CODE16 和 CODE32 等。这些伪指令在汇编程序设计中较为常用，如段定义、入口点设置等伪指令。常用的伪操作主要有以下几条。

- ❖ AREA：用来定义段。
- ❖ ALIGN：用来设定边界对齐。
- ❖ CODE16/CODE32：用来指定指令集。
- ❖ ENTRY：指定程序入口。
- ❖ END：汇编结束。

3.2　ARM 伪指令

ARM 汇编器支持 ARM 伪指令，伪指令在汇编阶段被编译成 ARM 指令或者 Thumb 指令，即伪指令是在汇编阶段对其进行替换。ARM 伪指令包括 ADR、ADRL 和 LDR 等。

3.2.1　ADR 伪指令

ADR 伪指令的功能是装入一个相对程序或相对寄存器的地址到一个寄存器。

1.　格式

```
ADR{condition} Register,expression
```

其中：

- ❖ Register：是被装入的寄存器。
- ❖ expression：是一个基于 PC 或寄存器的表达式，计算产生一个在 255 字节内的非字边界对齐的地址及一个在 1020 字节内的字边界对齐的地址。地址可以是指令或基址寄存器之前或之后的地址。

2. 应用

使用中，ADR 总是被汇编成一条指令。汇编器试图产生一条 ADD 或 SUB 指令，装入地址。如果不能用一条指令构造地址，则产生错误，汇编失败。

如果 expression 是相对程序的，计算产生的地址必须与 ADR 伪指令在同一个区域。

3. 应用举例

```
Test1   mov  r1,#0              ;PC 的值是当前指令的地址加 8
        ADR  r2,Test1          ;产生指令"SUB r2,PC,#0xC"
```

3.2.2 ADRL 伪指令

ADRL 伪指令的功能也是装入一个相对程序或相对寄存器的地址到一个寄存器，但 ADRL 比 ADR 装入的地址范围更大，因为 ADRL 汇编时产生两条数据处理指令。

1. 格式

LDRL{condition} Register,expression

其中：

❖ Register：是被装入的寄存器。
❖ expression：是一个基于 PC 或寄存器的表达式，计算产生一个在 64KB 内的非字边界对齐的地址及一个 256KB 内的字边界对齐的地址。

2. 应用举例

```
start   mov  r0,#10
        ADR  r2,start+50000    ;产生指令"ADD r2,PC,#0xC0F0"
                               ;ADD R2,r2,#254
```

3.2.3 LDR 伪指令

LDR 伪指令的功能也是装入一个 32 位的常数或地址到一个寄存器。

1. 格式

LDR{condition} Register,=[expression|lable1-expression]

其中：

❖ Register：是被装入的寄存器。
❖ expression：由计算产生一个数值常量，如果 expression 值在 MOV 或 MVN 指令规定的范围内，汇编产生相应的指令；如果 expression 值不在 MOV 或 MVN 指令规定的范围内，汇编器把数值放在文字池，并产生一个相对程序的 LDR 指令，从文字池中读这个常数。从 PC 到文字池中保存该常数的地址的偏移量必须小于 4KB，要确定在对应范围内存在一个文字池。

❖ lable1-expression：是一个相对程序或者外部表达式，汇编器保存 lable1-expression 值到一个文字池，并产生一个相对程序的 LDR 指令，从文字池中装入该值。从 PC 到文字池中保存该值的地址的偏移量 4KB，要确定在对应范围内存在一个文字池。

如果 lable1-expression 是一个外部表达式，或者不是当前区域的常数，汇编器在目标文件放一个连接器可识别的重定位指示符。

2. 应用

使用 LDR 伪指令主要有两个目的：一是当一个立即数的值由于超过了范围，不能用 MOV 或 MVN 装入一个寄存器时，用 LDR 指令产生一个文字池常数；二是装入一个相对程序或者外部的地址到一个寄存器。

3. 应用举例

```
        LDR   r0,#0x3FF              ;装入 0x3FF 到 r0
LDR    r2,=#start                   ;装入 start 地址到 r2
```

▶ **注意：** ADR 和 LDR 这两个都是伪指令。ADR 是小范围的地址读取伪指令，相当于 PC 寄存器或其他寄存器的小范围转移；LDR 是大范围的读取地址伪指令，相当于 PC 寄存器或其他寄存器的长转移。

3.3　ARM 汇编语言结构化程序设计

3.3.1　汇编语言的程序格式

在 ARM（Thumb）汇编语言程序中，通常以段为单位来组织代码。段是具有特定名称且功能相对独立的指令或数据序列。根据段的内容，分为代码段和数据段。一个汇编程序至少应该有一个代码段，当程序较长时，可以分割为多个代码段和数据段。一个汇编语言程序段的基本结构如下：

```
1    AREA Init, CODE, READONLY      ;只读的代码段 Init
2    ENTRY                          ;程序入口点
3    start LDR R0,= 0X3FF5000
4    LDR R1,= 0XFF                  ;或 "MOV R1,#0XFF"
5    STR R1,[R0]
6    LDR R0,= 0X3FF5008
7    LDR R1,= 0X01                  ;或 "MOV R1,#0X01"
8    STR R1,[R0]
```

```
9    …
10   END                              ;段结束
```

每一个汇编程序段都必须有一条伪指令 END，指示代码段的结束。

3.3.2 汇编语言分支程序

具有两个或两个以上可选执行路径的程序叫作分支程序。执行到分支点时，应有条件指令或条件转移指令，根据当前 CPSR 中的状态标志值选择路径。

1. 普通分支程序

（1）使用带有条件码的指令实现的分支程序段

```
CMP     R5,#10
MOVNE R0,R5
MOV     R1,R5
```

（2）用条件转移指令实现的分支程序段

```
        CMP     R5,#10
        BEQ     doequal
        MOV     R0,R5
doequal MOV     R1,R5
```

2. 多分支（散转）程序

程序分支点上有多于两个以上的执行路径的程序叫作多分支程序。利用条件测试指令或跳转表可以实现多分支程序。

例：编写一个程序段，判断寄存器 R1 中数据是否为 10、15、12、22。如果是，则将 R0 中的数据加 1；否则将 R0 设置为 0XF。

```
MOV     R0,#0
TEQ     R1,#10                       ;条件测试指令
TEQNE   R1,#15                       ;NE 则执行"TEQ   R1,#15"
TEQNE   R1,#12
TEQNE   R1,#22
ADDEQ   R0,R0,#1                     ;EQ 则执行"ADD   R0,R0,#1"
MOVNE   R0,#0XF
```

多分支程序的每个分支所对应的是一个程序段时，常常把各个分支程序段的首地址依次存放在一个叫作跳转地址表的存储区域，然后在程序的分支点处使用一个可以将跳转表中的目标地址传送到 PC 的指令来实现分支。

```
    MOV     R0,N                     ;N 为表项序号 0~2
ADR     R5,JPTAB
LDR     PC,[R5,R0,LSL #2]            ;每一个跳转目标地址占 4 个字节
    JPTAB                           ;跳转表
DCD     FUN0
```

```
DCD    FUN1
DCD    FUN2
FUN0
...        ;分支 FUN0 的程序段
FUN1
...        ;分支 FUN1 的程序段
FUN2
...        ;分支 FUN2 的程序段
```

3. 带 ARM/Thumb 状态切换的分支程序

系统提供了一条专用的、可以实现 4GB 空间范围内的绝对跳转交换指令 BX。

PC 寄存器中的目标地址的最低位一定是 0（指令按 4 字节或 2 字节对齐），只需提供目标地址的高 31 位即可，最低位可用来表示状态切换信息。BX 指令 Rm 中的目标地址及 ARM/Thumb 选择位如图 3.1 所示。

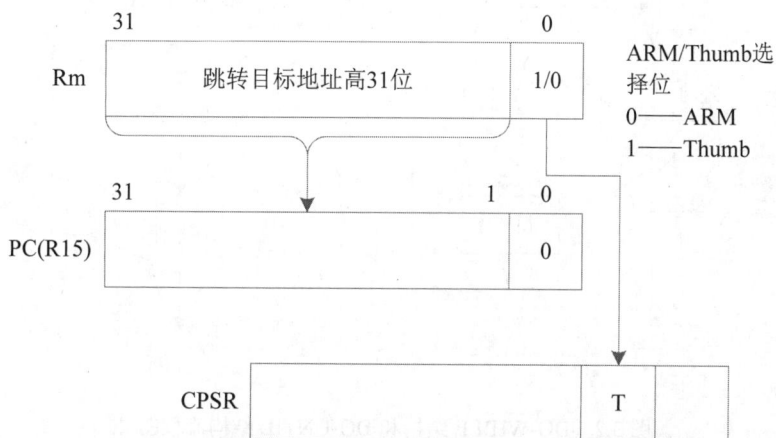

图 3.1　BX 指令 Rm 中的目标地址及 ARM/Thumb 选择位

（1）从 ARM 指令程序段跳转到 Thumb 指令程序

```
;ARM 指令程序
CODE32                      ;以下为 ARM 指令程序段
...
ADR R0, Into_Thumb + 1      ;目标地址和切换状态传送至 R0
BX R0                       ;跳转
...                         ;其他代码

                            ;Thumb 指令程序
CODE16                      ;以下为 Thumb 指令程序段
Into_Thumb   ...            ;目标
```

（2）从 Thumb 指令程序段跳转到 ARM 指令程序

```
                            ;Thumb 指令程序
CODE16                      ;以下为 Thumb 指令程序段
```

```
...
ADR R5, Back_to_ARM                ;目标地址送至 R5
BX R5                              ;跳转
...                               ;其他代码

                                  ;ARM 指令程序
CODE32                            ;以下为 ARM 指令程序段
Back_to_ARM  ...                  ;目标
```

3.3.3 汇编语言循环程序

循环程序有 DO-WHILE 结构和 DO-UNTIL 两种结构，流程图如图 3.2 所示。

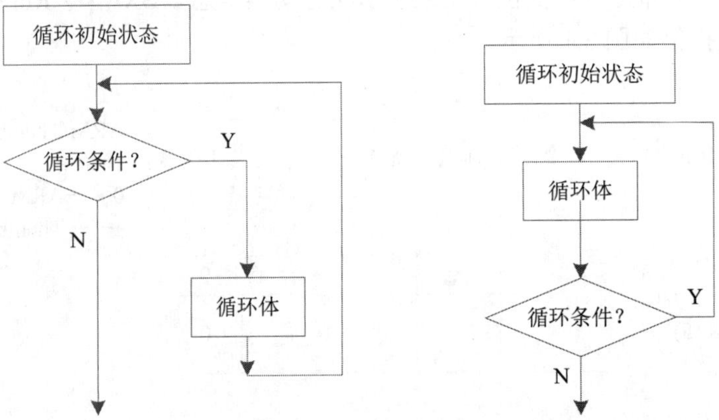

（a）　　　　　　　　　　　（b）

图 3.2　DO-WHILE 结构和 DO-UNTIL 结构流程图

在汇编语言程序设计中，常用的是 DO-UNTIL 结构循环程序。

例 1：

```
  MOV   R1,#10
LOOP     ...
     SUBS R1,R1,#1
BNE    LOOP
```

例 2：编写一个程序，把首地址为 DATA_SRC 的 80 个字的数据复制到首地址为 DATA_DST 的目标数据块中。

```
     LDR R1, = DATA_SRC           ;源数据块首地址
     LDR R0, = DATA_DST           ;目标数据块首地址
     MOV R10, #10                 ;循环计数器赋值
LOOP     LDMIA   R1!, {R2-R9}
     STMIA   R0!, {R2-R9}
     SUBS    R10, R10, #1
     BNE LOOP
```

3.3.4　汇编语言子程序调用

为进行识别，子程序的第 1 条指令之前必须赋予一个标号，以便其他程序可以用这个标号调用子程序。在 ARM 汇编语言程序中，主程序一般通过 BL 指令来调用子程序。该指令在执行时完成如下操作：

（1）将子程序的返回地址存放在连接寄存器 LR 中。

（2）同时将程序计数器 PC 指向子程序的入口点。

（3）为使子程序执行完毕能返回主程序的调用处，子程序末尾处应有 MOV、B、BX、LDMFD 等指令，并在指令中将返回地址重新复制到 PC 中。

```
MOV PC, LR
B LR
```

在调用子程序的同时，也可以使用 R0~R3 来进行参数的传递和从子程序返回运算结果。使用 BL 指令调用子程序的汇编语言源程序的基本结构如下：

```
AERA   Init, CODE, READONLY
ENTRY
start      LDR   R0, = 0X3FF5000
LDR   R1, = 0XFF
STR   R1, [R0]
 LDR   R0, = 0X3FF5008
LDR   R1, = 0X01
STR   R1, [R0]
BL   PR
        ...

PR      ...
    MOV PC,LR                    ;返回主程序
    ...
    END
```

子程序中堆栈的使用（子程序需要的寄存器与主程序使用的寄存器发生冲突时）：

```
STMFD R13!, {R0-R12,LR}      ;压入堆栈
...                          ;子程序代码
LDMFD R13!, {R0-R12,PC}      ;弹出堆栈并返回
```

3.4　汇编语言和 C 语言的混合编程

在嵌入式系统开发中，目前使用的主要编程语言是 C 和汇编。在大规模的嵌入式软件

中，例如含有 OS，大部分的代码都是用 C 编写的，主要是因为 C 语言的结构比较好，便于人的理解，而且有大量的支持库。但是很多地方还是要用到汇编语言，例如开机时硬件系统的初始化，包括 CPU 状态的设定、中断的使能、主频的设定以及 RAM 的控制参数及初始化，一些中断处理方面也可能涉及汇编。另外一个使用汇编的地方就是一些对性能非常敏感的代码块，这是不能依靠 C 编译器的生成代码，而要手工编写汇编，达到优化的目的。而且，汇编语言是和 CPU 的指令集紧密相连的，作为涉及底层的嵌入式系统开发，熟练对应汇编语言的使用也是必需的。下面将介绍 C 语言与 ARM 汇编语言的混合编程。

3.4.1　GUN ARM 内联汇编

在 C 语言中内嵌的汇编指令包含大部分的 ARM 和 Thumb 指令，不过其使用与汇编文件中的指令有些不同，存在一些限制，主要有下面几个方面：

（1）不能直接向 PC 寄存器赋值，程序跳转要使用 B 或者 BL 指令。

（2）在使用物理寄存器时，不要使用过于复杂的 C 表达式，避免物理寄存器冲突。

（3）R12 和 R13 可能被编译器用来存放中间编译结果，计算表达式值时可能将 R0 到 R3、R12 及 R14 用于子程序调用，因此要避免直接使用这些物理寄存器。

（4）一般不要直接指定物理寄存器，而让编译器进行分配。

内嵌汇编使用的标记是 __asm 或者 asm 关键字。内嵌汇编的语法格式如下：

```
__asm
{
    instruction [; instruction]
    …
    [instruction]
}
```

程序实例：

```
#include <stdio.h>
void my_strcpy(const char *src, char *dest)
{
    char ch;
    __asm
    {   loop:
        ldrb    ch, [src], #1
        strb    ch, [dest], #1
        cmp     ch, #0
        bne     loop    }
}
```

C 和汇编之间的值传递是用 C 的指针来实现的。

3.4.2 汇编和 C 语言的相互调用

1. C 语言中调用 ARM 汇编函数

在 C 中调用汇编文件中的函数，要做的主要工作有两个：一是在 C 中声明函数原型，并加 extern 关键字；二是在汇编中用 EXPORT 导出函数名，并用该函数名作为汇编代码段的标识，最后用"mov pc,lr"返回。

ARM 汇编程序：

```
    AREA Scopy,CODE32,READONLY
    EXPORT strcpy
strcpy
    LDRB R2,[R1],#1
    STRB R2,[R0],#1
    CPM R2,#0
    BNE strcpy
    MOV PC,LR
    END
```

C 语言程序：

```
#include <stdio.h>
extern void mystrcpy(char *des, char *src);
int main(int argc, char *argv[])
{
    char strsrc[100] = "hello";
    char strdes[100] = {0};
    printf("copy string:%s\n", strsrc);
    mystrcpy(strdes, strsrc);
    printf("%s:%s\n", strsrc, (const char *)strdes);
    return 0;
}
```

2. ARM 汇编程序中调用 C 语言函数

汇编程序的设计要遵守 ATPCS，保证程序调用时参数的正确传递。在汇编程序中使用 IMPORT 伪操作声明将要调用的 C 程序函数，在调用 C 程序时，要正确设置入口参数，然后使用 BL 调用。

C 语言程序：

```
int sum(int a, int b, int c)
{return a + b +c; }
```

ARM 汇编程序：

```
    AREA function,CODE,READONLY
    ENTRY
    IMPORT sum
```

```
    MOV R0,#1 ;参数 a
    MOV R1,#2 ;参数 b
    MOV R3,#3 ;参数 c
    BL sum
STOP B $
    END
```

📖 本章小结

本章介绍了 ARM 程序设计的过程与方法，包括伪操作、伪指令、汇编语言编程、汇编和 C 语言混合编程等内容。这些内容是嵌入式编程的基础。

✍ 课外练习

1．ADR 和 LDR 的用法有什么区别？
2．汇编代码中如何调用 C 代码中定义的函数？
3．C 代码中如何调用汇编代码中定义的函数？

📖 参阅书目

1．杨福刚．ARM Cortex-A9 多核嵌入式系统开发教程[M]．西安：西安电子科技大学出版社，2016．

2．华清远见嵌入式学院，刘洪涛，等．ARM 嵌入式系统结构与接口技术（Cortex-A9 版）[M]．北京：人民邮电出版社，2017．

3．华清远见嵌入式学院，秦山虎，刘洪涛，等．ARM 处理器开发详解——基于 ARM Cortex-A9 处理器的开发设计[M]．北京：电子工业出版社，2016．

4．张石．ARM Cortex-A9 嵌入式技术教程[M]．北京：机械工业出版社，2018．

5．刘彦文．嵌入式系统原理及接口技术[M]．北京：清华大学出版社，2011．

@ 网络链接

1．https://blog.csdn.net/sinat_27421407/article/details/78823057
2．https://blog.csdn.net/p942554868/article/details/70213002

第4章 时钟管理

本章主要内容

1. Exynos4412 的时钟体系和工作过程。
2. 特殊功能寄存器及系统时钟的配置方法。

4.1 Exynos4412 的时钟体系

Exynos4412 处理器内集成了时钟管理单元（Clock Management Unit，CMU），CMU_XXX 表示"XXX 模块内的 CMU"，包括 CMU_CPU、CMU_DMC、CMU_TOP、CMU_LEFTBUS、CMU_RIGHTBUS 及 CMU_ISP。

1. Exynos4412 的时钟域

不同的模块往往工作在不同的频率下，一个芯片上采用单时钟设计几乎是不可能实现的，在 SoC 设计中通常采取多时钟域设计，Exynos4412 处理器的时钟域有 5 个，如图 4.1 所示。

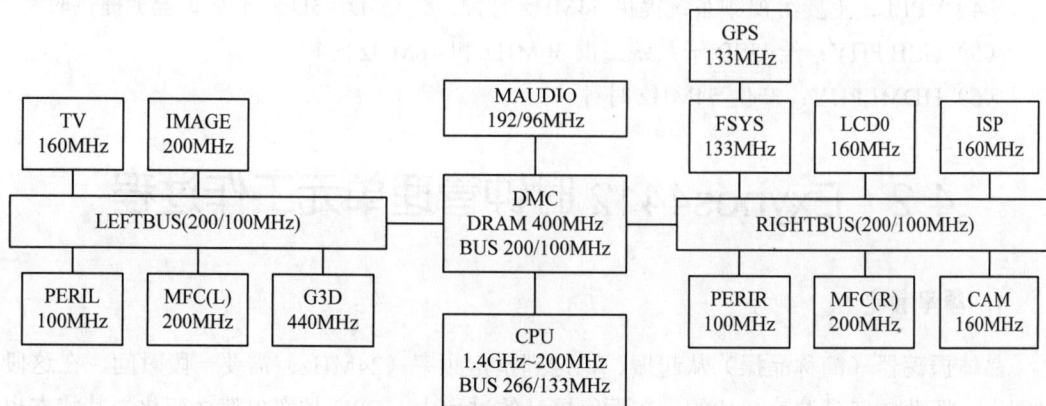

图 4.1 Exynos4412 的时钟域

这 5 个时钟域介绍如下（下文中的 BLK 表示 block，即模块）。

（1）CPU_BLK：内含 Cortex-A9 MPCore 处理器、L2 cache 控制器和 CoreSight（调试用），由 CMU_CPU 产生时钟。

（2）DMC_BLK：内含 DRAM 内存控制器（DMC）、安装子系统（Security sub system）和通用中断控制器（Generic Interrupt Controller，GIC），由 CMU_DMC 产生时钟。

（3）LEFTBUS_BLK 和 RIGHTBUS_BLK：LEFTBUS 和 RIGHTBUS 子块包含一个时钟为 200MHz 的全局数据总线。全局数据总线在 DRAM 和各个子块之间传输数据。它同样包含时钟为 100MHz 的全局外围总线。可以使用 100MHz 的时钟频率在寄存器通道上。

（4）MAUDIO_BLK：内含 MAUDIO_BLK、连接在 LEFTBUS 上的模块和连接在 RIGHTBUS 上的模块，由 CMU_TOP 产生时钟。

（5）异步总线桥，连接不同的功能块。

2. Exynos4412 的时钟源

Exynos4412 有 3 个初始时钟源，分别如下。

（1）XRTCXTI 引脚：接 32.768KHz 的晶振，用于实时时钟（RTC）。

（2）XXTI 引脚：接 12MHz~50MHz 的晶振，用于向系统提供时钟，也可以不接。

（3）XUSBXTI 引脚：接 24MHz 的晶振，用于向系统提供时钟。

3. Exynos4412 的锁相环

Exynos4412 内有 4 个锁相环（Phase Lock Loop，PLL）：APLL、MPLL、EPLL 和 VPLL；2 个 PHY（即物理层，一般指与外部信号接口的芯片）：USB PHY 和 HDMI PHY。

（1）APLL：用于 CPU_BLK；作为 MPLL 的补充，它也可以给 DMC_BLK、LEFTBUS_BLK、RIGHTBUS_BLK 和 CMU_TOP 提供时钟。

（2）MPLL：用于 DMC_BLK、LEFTBUS_BLK、RIGHTBUS_BLK 和 CMU_TOP。

（3）EPLL：主要给音频模块提供时钟。

（4）VPLL：主要给视频系统提供 54MHz 时钟，给 G3D（3D 图形加速器）提供时钟。

（5）USB PHY：给 USB 子系统提供 30MHz 和 48MHz 时钟。

（6）HDMI PHY：产生 54MHz 时钟。

4.2 Exynos4412 时钟管理单元工作过程

1. 频率锁定

晶体振荡器（简称晶振）从起振、稳定到指定频率（24MHz）需要一段时间，在这段时间内，振荡频率是波动起伏的。在频率提升的过程中，CPU 频率也随之变化，其状态也是不稳定的。所以此时用 PLL 将 CPU 频率锁定一段时间（Lock Time），在这段时间内，时钟频率也会调整到稳定状态。

2. 倍频

当 CPU 能够获取稳定的时钟时，就需要对时钟进行倍频了，由于外部晶振（24MHz）不足以满足 CPU 和其他模块工作频率的需求，需要将其抬升以后才能供这些模块使用，因此锁定频率后，还需要设置一个倍频因子，抬升从外部晶振输入的时钟频率。

3. 分　频

倍频后接着就是分频了，稳定的时钟通过锁相环会输出更大倍数的频率，假设该频率为 1.4GHz，CPU 可以工作于 1.4GHz，但是其他模块不能工作于这么高的频率，所以要把频率降下来。这就涉及分频器的设置，通过设置分频相关寄存器中不同的位，即可实现分频。

在选用倍频、分频值时，由于 M、P 及 S 的值需要满足一些限制条件，官方强烈推荐使用芯片手册（Table7-2-7-4）里给出的推荐取值。其中，APLL & MPLL 的 MPS 值如表 4.1 所示，EPLL 的 MPS 值如表 4.2 所示，VPLL 的 MPS 值如表 4.3 所示。

表 4.1　APLL&MPLL 的 MPS 值

FIN（MHz）	Target FOUT（MHz）	P	M	S	FOUT（MHz）
24	200	3	100	2	200
24	300	4	200	2	300
24	400	3	100	1	400
24	500	3	125	1	500
24	600	4	200	1	600
24	700	3	175	1	700
24	800	3	100	0	800
24	900	4	150	0	900
24	1000	3	125	0	1000
24	1100	6	275	0	1100
24	1200	4	200	0	1200
24	1300	6	325	0	1300
24	1400	3	175	0	1400

表 4.2　EPLL 的 MPS 值

FIN（MHz）	Target FOUT（MHz）	P	M	S	K	FOUT（MHz）
24	90	2	60	3	0	90
24	180	2	60	2	0	180
24	180.6	3	90	2	19661	180.6
24	200	3	100	2	0	200
24	400	3	100	1	0	400
24	408	2	68	1	0	408
24	416	3	104	1	0	416

表 4.3　VPLL 的 MPS 值

FIN（MHz）	Target FOUT（MHz）	P	M	S	K	FOUT（MHz）
24	100	3	100	3	0	100
24	160	3	160	3	0	160
24	266	3	133	2	0	266
24	350	3	175	2	0	350
24	440	3	110	1	0	440

4. Exynos4412 中 PLL 的设置方法

Exynos4412 时钟管理单元对外部接入的晶振经过多路选择、倍频和分频后，最终得到 CPU 及各个单元所需的时钟频率。在 Exynos4412 的手册中，给出了上述 5 个模块的时钟配置框图，ARMCLK 时钟频率产生原理框图如图 4.2 所示。根据官方推荐使用 24MHz 外部晶振作为它们的时钟源。理论上讲，4 个 PLL 均可以在 22MHz~1400MHz 之间自由设置，但是 Exynos4412 手册推荐的频率范围如下：

```
/*_____*/
APLL & MPLL：200MHz～1400MHz
EPLL：90MHz～416MHz
VPLL：100MHz～440MHz
/*_____*/
```

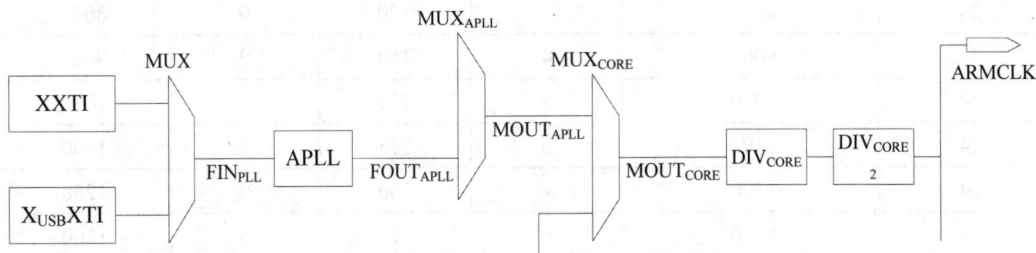

图 4.2　ARMCLK 时钟频率产生原理框图

下面以 ARMCLK 的频率配置过程为例，介绍 CMU 时钟配置的过程。其余模块配置过程类似。

Exynos4412 的 CMU_CPU 模块的时钟配置图如图 4.2 所示，由图可见，ARMCLK 的时钟频率来自 APLL，APLL 的时钟来源可以是 XXTI 引脚上接的晶振，也可以是 $X_{USB}XTI$ 引脚上接的晶振，通过配置多路复用开关来选择输入的晶振，这个 MUX 的输入被称为 APLL 输出频率 FIN_{PLL}。通过设置 APLL 相关寄存器，可以把 FIN_{PLL} 提高到某个频率（假设 1.4GHz），输出引脚的频率为 $FOUT_{APLL}$。CPU 可以直接工作于 1.4GHz，但其他模块不能工作于这么高的频率，所以需要进一步分频，把频率降下来。对于 ARMCLK 分支来说，还需经过 MUX_{APLL}（输出为 $MOUT_{APLL}$）、MUX_{CORE}（输出为 $MOUT_{CORE}$）两个多路复用开关以及 DIV_{CORE} 和 DIV_{CORE2} 两个分频器分频以后才能得到 ARMCLK 所需的时钟。

其中，设置 PLL 的步骤如下。

（1）设置 PLL_LOCKTIME。PLL 频率从小变到指定频率需要一段时间，当 PLL 频率在变化时，比如由复位后初始的 400MHz 升到 1000MHz，这时，首先要把 CPU 的频率锁定，因为这个过程中 CPU 的频率是变化的，频率变化，CPU 的状态就无法确定，所以，此时需要用 PLL_LOCKTIME 寄存器将 CPU 频率锁定一段时间，直到频率输出稳定为止。芯片手册上显示 APLL 最大的锁定时间为 100us（Table60-9），如果外部晶振是 24MHz，100us 换算成 tick 就是 2400 个 tick，所以：

APLL_LOCK（地址：0x1004_4000）寄存器：0x960。

MPLL_LOCK（地址：0x1004_0008）寄存器：0x190。

EPLL_LOCK（地址：0x1003_C010）寄存器：0xBB8。

VPLL_LOCK（地址：0x1003_C020）寄存器：0x190。

（2）设置倍频和分频值。APLL、MPLL、EPLL 和 VPLL 的时钟流程图涉及以下 3 个概念。

❖　MUX：多路复用，即从多个输入源中选择一个。

❖　PLL：把低频率的输入时钟提高后输出。

❖　DIV：分频器，把高频率的输入时钟降频后输出。

由 APLL、MPLL、EPLL 和 VPLL 的时钟流程图可知，它的时钟来源可以是 XXTI 引脚上接的晶振，也可以是 $X_{USB}XTI$ 引脚上接的晶振，通过图 4.2 左边的 MUX 来选择，这个 MUX 的输出被称为 FIN_{PLL}。

通过设置 APLL 的寄存器（根据公式选择参数值），可以把 FIN_{PLL} 提高为某个频率输出，假设为 1.4GHz，在图上它被命名为 $FOUT_{APLL}$。后面还有多个 DIV，可以设置对应的寄存器把频率降下来。CPU 可以工作于 1.4GHz，但是其他模块不能工作于这么高的频率，所以要把频率降下来。可通过设定对应寄存器的 P、M、S 3 个值实现，不同的搭配最终产生不同的频率。

对于 APLL 和 MPLL，已知 M、P、S 及 K 的值，可以根据如下公式算出 PLL 的输出时钟：

$$FOUT = M*FIN / (P \times 2 \wedge S) \tag{4-1}$$

对于 EPLL 和 VPLL，已知 M、P、S 及 K 的值，可以根据式（4-2）算出 PLL 的输出时钟：

$$FOUT = (M + K/65536)*FIN / (P \times 2 \wedge S) \tag{4-2}$$

其中，M：MDIV，P：PDIV，S：SDIV。根据式（4-1）或式（4-2），可以选择 M、P 及 S 的值来计算 FOUT。

（3）使能 PLL。

（4）设置 MUX。选择 PLL 输入时钟。如果当前正在使用该 PLL，那么先设置 MUX 改用其他时钟源或禁止使用此 PLL，设置完 PLL 后再设置 MUX 改回原来的 PLL 用的时钟源。简单地说，先设置，再启动，后使用。

（5）等待 PLL 稳定。如果 PLL 输出稳定了，那么 PLL_CON0 的 Bit[29]会由 0 变为 1。可以通过查询该位来确定 PLL 的输出是否稳定。

4.3 特殊功能寄存器

Exynos4412 的 4 个 PLL 的寄存器功能是相似的，这些寄存器可以分为 5 类，寄存器偏移地址及功能如表 4.4 所示。

表 4.4 寄存器偏移地址及功能

寄存器偏移地址	功　　能
0x000-0x1FF	控制 PLL 锁定时间
0x200-0x4FF	MUX 的选择、输出使能、状态
0x500-0x6FF	分频系数、状态
0x700-0x8FF	保留
0x900-0x9FF	整个 IP 功能模块或者某个功能模块使能
0xA00-0xAFF	CLOCKOUT 相关设置，供测试时钟用

以 APLL 为例，相关寄存器如下。

（1）用于设置 APLL 锁相环的锁频时间（APLL_LOCK）

基地址：0x1004_0000，偏移地址：0x4000，复位值：0x0000_0FFF

APLL_LOCK 寄存器用于设置 APLL 锁相环的锁频时间，具体功能如表 4.5 所示。

表 4.5 APLL_LOCK 寄存器

APLL_LOCK	位	类　　型	描　　述	复　位　值
RSVD	[31:16]	—	保留	0x0
PLL_LOCKTIME	[15:0]	RW	用于指定 PLL 的锁定时间	0xFFF

▶ **说明**：设置 APLL 的参数并使能它后，APLL 并不能立刻输出稳定的时钟，它需要经历一个锁定的时间（lock time）。APLL 的最大锁定时间是（270 × PDIV）个周期。所以 APLL_LOCK 设置为（270 × PDIV）即可。PDIV 在后面的 APLL_CON1 寄存器中介绍。

（2）用于设置倍分频稀疏（APLL_CON0）

基地址：0x1004_0000，偏移地址：0x4100，复位值：0x0064_0300

APLL_CON0 寄存器用于控制 APLL 的使能和锁定，同时用于设置 APLL 的倍分频值，具体功能如表 4.6 所示。M、P、S 的值不能随意选取，需要满足一些限制条件（请参考芯片手册），建议根据表 4.1 中推荐的参考值进行设置，然后依据 M、P、S 的值，可以计算出 APLL 的输出时钟频率。

表 4.6 APLL_CON0 寄存器

APLL_CON0	位	类　型	描　述	复 位 值
ENABLE	[31]	RW	用于使能 PLL 1：使能　　0：禁止	0x0
RSVD	[30]	-	保留	0x0
LOCKED	[29]	R	只读位，用于显示 PLL 的锁定状态 1：锁定（表示 PLL 输出已稳定） 0：未锁定	0x0
RSVD	[28]	-	保留	0x0
FSEL	[27]	RWX	用于选择哪种输出供测试用 1：$F_{vco\_out}=F_{vco}$　　0：$F_{vco\_out}=F_{REF}$	0x0
RSVD	[26]	-	保留	0x0
MDIV	[25:16]	RWX	M 分频值	0x64
RSVD	[15:14]	-	保留	0x0
PDIV	[13:8]	RWX	P 分频值	0x3
RSVD	[7:3]	-	保留	0x0
SDIV	[2:0]	RWX	S 分频值	0x0

（3）APLL_CON1

基地址：0x1004_0000，偏移地址：0x4104，复位值：0x0080_3800

APLL_CON1 寄存器用于设置 BYPASS 模式，即 APLL 是直接输出 FIN 时钟，还是提升频率后再输出时钟；也用于设置 AFC（自动频率控制）功能，暂时无须理会。该寄存器取默认值即可。

（4）时钟源选择（CLK_SRC_CPU）

基地址：0x1004_0000，偏移地址：0x4200，复位值：0x0000_0000

CLK_SRC_CPU 寄存器用于时钟源选择，具体功能如表 4.7 所示。

表 4.7 CLK_SRC_CPU 寄存器

CLK_SRC_CPU	位	类　型	描　述	复 位 值
RSVD	[31:25]	-	保留	0x0
MUX_MPLL_USER_SEL_C	[24]	RW	控制 MPLL 的输入源选择 1：选择 FINPLL 0：选择 FOUTMPLL	0x0
RSVD	[23:21]	-	保留	0x0
MUX_HPM_SEL	[20]	RW	控制 MUXHPM 0：MOUTAPLL 1：SCLKMPLL	0x0

续表

CLK_SRC_CPU	位	类 型	描 述	复 位 值
RSVD	[19:17]	-	保留	0x0
MUX_CORE_SEL	[16]	RW	控制 MUXCORE 0：MOUTAPLL 1：SCLKMPLL	0x0
RSVD	[15:1]	-	保留	0x0
MUX_APLL_SEL	[0]	RW	控制 MPLL 的输入源选择 1：FOUTMPLL 0：FINPLL	0x0

CLK_SRC_CPU 参考图 4.2 中的 APLL 时钟流程图。

① BIT[0]控制第 1 个 MUX（即 MUX_{APLL}），用于选择是 FIN 还是 APLL 的输出时钟，这个输出被称为 $MOUT_{APLL}$。

② BIT[16]控制第 2 个 MUX（即 MUX_{CORE}），用于选择 $MOUT_{APLL}$ 还是 $SCLK_{MPLL}$。其中 $SCLK_{MPLL}$ 由下面的 MUX_{MPLL} 控制。

③ BIT[24]控制第 3 个 MUX（即 MUX_{MPLL}），用于选择 FIN_{PLL} 还是 $FOUT_{MPLL}$，这个输出被称为 $SCLK_{MPLL}$。其中，$FOUT_{MPLL}$ 来自 MPLL 的输出。

④ BIT[20]控制第 4 个 MUX（即 MUX_{HPM}），用于选择 $MOUT_{APLL}$ 还是 $SCLK_{MPLL}$。

（5）CLK_MUX_STAT_CPU

基地址：0x1004_0000，偏移地址：0x4200，复位值：0x0111_0001

CLK_MUX_STAT_CPU 寄存器用于标识 CLK_SRC_CPU 寄存器里所设置的 MUX 状态。具体功能如表 4.8 所示。

表 4.8 CLK_MUX_STAT_CPU 寄存器

CLK_MUX_STAT_CPU	位	类 型	描 述	复 位 值
RSVD	[31:27]	-	保留	0x0
MPLL_SEL_C	[26:24]	R	MUXMPLL 信号选择状态 001：FINMPLL 010：FOUTMPLL 1xx：多路开关处于状态改变中	0x1
RSVD	[23]	-	保留	0x0
HPM_SEL	[22:20]	R	MUXHPM 信号选择状态 001：MOUTAPLL 010：SCLKMPLL 1xx：多路开关处于状态改变中	0x1
RSVD	[19]	-	保留	0x0

续表

CLK_MUX_STAT_CPU	位	类　型	描　述	复 位 值
CORE_SEL	[18:16]	R	MUXCORE 信号选择状态 001：MOUTAPLL 010：SCLKMPLL 1xx：多路开关处于状态改变中	0x1
RSVD	[15:8]	-	保留	0x0
RSVD	[7:3]	-	保留	0x0
APLL_SEL	[2:0]	R	MUXAPLL 信号选择状态 001：FINPLL 010：MOUTAPLLFOUT 1xx：多路开关处于状态改变中	0x1

（6）重新选择时钟源

CLK_DIV_CPUn 寄存器用于重新选择时钟源，并分频。

① CLK_DIV_CPU0，其具体功能如表 4.9 所示。

基地址：0x1004_0000，偏移地址：0x4500，复位值：0x0000_0000

表 4.9　CLK_DIV_CPU0 寄存器

CLK_DIV_CPU0	位	类　型	描　述	复 位 值
RSVD	[31]	-	保留	0x0
CORE2_RATIO	[30:28]	RW	DIVCORE2 时钟分频因子 ARMCLK = DOUTCORE/(CORE2_RATIO + 1)	0x0
RSVD	[27]	-	保留	0x0
APLL_RATIO	[26:24]	RW	DIVAPLL 时钟分频因子 SCLKAPLL = MOUTAPLL/(APLL_RATIO + 1)	0x0
RSVD	[23]	-	保留	0x0
PCLK_DBG_RATIO	[22:20]	RW	DIVPCLK_DBG 时钟分频因子 PCLK_DBG = ATCLK/(PCLK_DBG_RATIO + 1)	0x0
RSVD	[19]	-	保留	0x0
ATB_RATIO	[18:16]	RW	DIVATB 时钟分频因子 ATCLK = MOUTCORE/(ATB_RATIO + 1)	0x0
RSVD	[15]	-	保留	0x0
PERIPH_RATIO	[14:12]	RW	DIVPERIPH 时钟分频因子 PERIPHCLK = DOUTCORE/(PERIPH_RATIO + 1)	0x0
RSVD	[11]	-	保留	0x0
COREM1_RATIO	[10:8]	RW	DIVCOREM1 时钟分频因子 ACLK_COREM1 = ARMCLK/(COREM1_RATIO +1)	0x0

续表

CLK_DIV_CPU0	位	类　型	描　　述	复　位　值
RSVD	[7]	-	保留	0x0
COREM0_RATIO	[6:4]	RW	DIVCOREM0 时钟分频因子 ACLK_COREM0 = ARMCLK/(COREM0_RATIO +1)	0x0
RSVD	[3]	-	保留	0x0
CORE_RATIO	[2:0]	RWX	DIVCORE 时钟分频因子 DIVCORE_OUT = MOUTCORE/(CORE_RATIO +1)	0x0

② CLK_DIV_CPU1，其具体功能如表 4.10 所示。

基地址：0x1004_0000，偏移地址：0x4504，复位值：0x0000_0000

表 4.10　CLK_DIV_CPU1 寄存器

CLK_DIV_CPU1	位	类　型	描　　述	复　位　值
RSVD	[31]	-	保留	0x0
CORES_RATIO	[30:28]	RW	DIVCORES 时钟分频因子 ACLK_CORES = ARMCLK/(CORES_RATIO + 1)	0x0
RSVD	[27]	-	保留	0x0
HPM_RATIO	[26:24]	RWX	DIVHPM 时钟分频因子 SCLK_HPM = DOUTCOPY/(HPM_RATIO + 1)	0x0
RSVD	[23]	-	保留	0x0
COPY_RATIO	[22:20]	RWX	DIVCOPY 时钟分频因子 DOUTCOPY = MOUTHPM/(COPY_RATIO + 1)	0x0

参考上面的 APLL 时钟流程图，以 CPU 的工作频率 ARMCLK 为例，根据图 4.2 计算 ARMCLK 的频率：

$$ARMCLK = MUXCORE \text{ 的输出}/DIVCORE/DIVCORE2$$
$$= MOUTCORE / (CORE\_RATIO + 1) / DIVCORE2$$
$$= MOUTCORE / (CORE\_RATIO + 1) / (CORE2\_RATIO + 1)$$

其中 MUXCORE 的输出，在 MUXAPLL 为 1、MUXCORE 为 0 时，等于 "MDIV × FIN / (PDIV × 2 ^ SDIV)，即 APLL 的输出 FOUT"。

（7）判断设置分频参数后，分频器输出是否已经稳定

CLK_DIV_STAT_CPUn 寄存器用于判断设置分频参数后，分频器输出是否已经稳定。

① CLK_DIV_STAT_CPU0，其具体功能如表 4.11 所示。

基地址：0x1004_0000，偏移地址：0x4600，复位值：0x0000_0000

表 4.11 CLK_DIV_STAT_CPU0 寄存器

CLK_DIV_STAT_CPU0	位	类　型	描　述	复 位 值
RSVD	[31:29]	-	保留	0x0
DIV_CORE2	[28]	R	DIVCORE2 状态 0 = 稳定 1 = 不稳定	0x0
RSVD	[27:25]	-	保留	0x0
DIV_APLL	[24]	R	DIVAPLL 状态 0 = 稳定 1 = 不稳定	0x0
RSVD	[23:21]	-	保留	0x0
DIV_PCLK_DBG	[20]	R	DIVPCLK_DBG 状态 0 = 稳定 1 = 不稳定	0x0
RSVD	[19:17]	-	保留	0x0
DIV_ATB	[16]	R	DIVATB 状态 0 = 稳定 1 = 不稳定	0x0
RSVD	[15:13]	-	保留	0x0
DIV_PERIPH	[12]	R	DIVPERIPH 状态 0 = 稳定 1 = 不稳定	0x0
RSVD	[11:9]	-	保留	0x0
DIV_COREM1	[8]	R	DIVCOREM1 状态 0 = 稳定 1 = 不稳定	0x0
RSVD	[7:5]	-	保留	0x0
DIV_COREM0	[4]	R	DIVCOREM0 状态 0 = 稳定 1 = 不稳定	0x0
RSVD	[3:1]	-	保留	0x0
DIV_CORE	[0]	R	DIVCORE 状态 0 = 稳定 1 = 不稳定	0x0

② CLK_DIV_STAT_CPU1，其具体功能如表 4.12 所示。

基地址：0x1004_0000，偏移地址：0x4600，复位值：0x0000_0000

表 4.12　CLK_DIV_STAT_CPU1 寄存器

CLK_DIV_STAT_CPU1	位	类　型	描　述	复 位 值
RSVD	[31]	-	保留	0x0
DIV_CORES	[30:28]	R	DIVCORES 状态 0 = 稳定 1 = 不稳定	0x0
RSVD	[27]	-	保留	0x0
DIV_HPM	[26:24]	R	DIVHPM 状态 0 = 稳定 1 = 不稳定	0x0
RSVD	[23]	-	保留	0x0
DIV_COPY	[22:20]	R	DIVCOPY 状态 0 = 稳定 1 = 不稳定	0x0

（8）模块电源控制（CLK_GATE_IP_CPU）

基地址：0x1004_0000，偏移地址：0x4900，复位值：0xFFFF_FFFF

CLK_GATE_IP_CPU 寄存器用于模块电源控制，具体功能如表 4.13 所示。

表 4.13　CLK_GATE_IP_CPU 寄存器

CLK_GATE_IP_CPU	位	类　型	描　述	复 位 值
RSVD	[31:2]	-	保留	0xFFFF_FFF3
CLK_CSSYS	[1]	R	CoreSight and SecureJTAG 的所有时钟门控 0 = 屏蔽 1 = 不屏蔽	0x1
CLK_HPM	[0]	R	Gating all clocks for HPM 0 = 屏蔽 1 = 不屏蔽	0x1

CLK_GATE_IP_CPU 用于控制是否给某个模块提供时钟，暂时不用理会。

4.4　应用实例

按照 PLL→MUX→分频器的顺序举例说明。

1. PLLLOCKTIME

APLL_LOCK（地址：0x1004_4000）寄存器写入 0x00000960

MPLL_LOCK（地址：0x1004_0008）寄存器写入 0x00000190

EPLL_LOCK（地址：0x1003_C010）寄存器写入 0x00000BB8

VPLL_LOCK（地址：0x1003_C020）寄存器写入 0x00000190

2. PLL

APLL 1000MHz:APLL_CON0:0x1004_4100 寄存器写入 0x807D0300

　　　　　　APLL_CON1:0x1004_4104 bit[22]寄存器写入 0，默认值

▶ **注意：** 此时 APLL 一般不设置到 1400MHz。因为 ARM_CORE 从 APLL 取时钟，但是此时电源管理芯片上电默认只给 ARM_CORE 提供 1.1V 的电压，反查手册后发现在 1.1V 下，ARM 核最高只能运行在 1000MHz，要想运行在 1400MHz，需要设置电源管理芯片输出 1.4V 电压。

MPLL 800MHz:MPLL_CON0:0x10040108 寄存器写入 0x80640300

　　　　　MPLL_CON1:0x1004010C bit[22]写入 0，默认值

EPLL 400MHz:EPLL_CON0:0x1003C110 寄存器写入 0x80640301

　　　　　EPLL_CON1:0x1003C114 寄存器写入 0x66010000，默认值

　　　　　EPLL_CON2:0x1003C118 寄存器写入 0x00000080，默认值

VPLL 100MHz:VPLL_CON0:0x1003C120 寄存器写入 0x80640303

　　　　　VPLL_CON1:0x1003C124 寄存器写入 0x66016000，默认值

　　　　　VPLL_CON2:0x1003C128 寄存器写入 0x00000080，默认值

3. MUX

CMU_CPU:CLK_SRC_CPU :0x10044200 寄存器写入 0x01000001

CMU_DMC:CLK_SRC_DMC :0x10040200 寄存器写入 0x00011000

CMU_TOP:CLK_SRC_TOP0:0x1003C210 寄存器写入 0x00000110

　　CLK_SRC_TOP1:0x1003C214 寄存器写入 0x00011000

CMU_LEFTBUS:CLK_SRC_LEFTBUS :0x10034200 寄存器写入 0x00000010

CMU_RIGHTBUS:CLK_SRC_RIGHTBUS:0x10038200 寄存器写入 0x00000010

4. 分频器

（1）LEFTBUS

CLK_DIV_LEFTBUS:0x10034500 寄存器写入 0x00000013

这样，

ACLK_GDL = 200MHz

ACLK_GPL = 100MHz

（2）RIGHTBUS

CLK_DIV_RIGHTBUS:0x10038500 寄存器写入 0x00000013

这样，

ACLK_GDR = 200MHz

ACLK_GPR = 100MHz

（3）DMC

CLK_DIV_DMC0:0x10040500 寄存器写入 0x00111113

CLK_DIV_DMC1:0x10040504 寄存器写入 0x01011113

这样，

ACLK_ACP = 200MHz

PCLK_ACP = 100MHz

SCLK_DPHY = 400MHz

SCLK_DMC（DDR 时钟）= 400MHz

ACLK_DMCD = 200MHz

ACLK_DMCP = 100MHz

SCLK_G2D_ACP = 200MHz

SCLK_C2C = 400MHz

ACLK_C2C = 200MHz

SCLK_PWI = 12MHz

（4）CPU

CLK_DIV_CPU0:0x10044500 寄存器写入 0x01143730

CLK_DIV_CPU1:0x10044504 寄存器写入 0x00000004

（5）TOP

CLK_DIV_TOP:0x1003C510 寄存器写入 0x01205473

至此，时钟所有配置结束。

本章小结

本章主要讲述了 Exynos4412 的时钟体系，包括时钟发生器、结构框图、时钟源的选择、锁相环以及时钟控制逻辑等内容。要求读者通过对本章的学习，了解 Exynos4412 的时钟体系和工作过程；掌握通过设置 PLL 改变系统时钟的方法；掌握各模块时钟的配置方法，以及能够针对具体的应用方案，对相关寄存器进行配置，从而实现相应方案。

课外练习

一、简答题

1. Exynos4412 有几种外部输入时钟？分别是什么？各自的服务对象是什么？

2. Exynos4412 的 5 个模块分别是什么？

3. 以 PCLK 时钟频率（即 ACLK_100）的配置为例，参考 Exynos4412 的编程手册画出其产生的过程，并通过编程将其配置为 100MHz 的时钟频率输出。

二、计算题

1. 已知 Fin=24MHz，APLL_CON0=0xA0AF0300，计算 APLL 频率（请写出计算过程）。

2. 已知 Fin=24MHz，VPLL_CON0 = A0AF0302，计算 VPLL 频率（写出计算过程）。

参阅书目

1. 杨福刚. ARM Cortex-A9 多核嵌入式系统开发教程[M]. 西安：西安电子科技大学出版社，2016.

2. 华清远见嵌入式学院，刘洪涛，等. ARM 嵌入式体系结构与接口技术（Cortex-A9 版）[M]. 北京：人民邮电出版社，2017.

3. 刘彦文. 嵌入式系统原理及接口技术[M]. 北京：清华大学出版社，2011.

网络链接

1. https://blog.csdn.net/lizuobin2/article/details/52850908?utm_source=blogxgwz1

2. https://blog.csdn.net/u013779722/article/details/71057316

3. https://blog.csdn.net/obobodog/article/details/38585687

第 5 章　GPIO 端口及中断控制

本章主要内容

1．Exynos4412 I/O 端口概述、特殊功能寄存器、初始化方法，PWM 定时器应用。

2．Exynos4412 中断控制器概述，GIC 中断架构，中断机制，外部中断控制器原理，特殊功能寄存器，初始化方法，外部中断应用举例。

5.1　GPIO 端口

General Purpose Input/Output（GPIO）也就是通用 I/O 接口。

5.1.1　GPIO 端口概述

Exynos4412 包含 286 个 General Purpose Input/Output（GPIO）端口引脚，分为 42 组通用端口，分别介绍如下。

- ❖ GPA0（8 个），GPA1（6 个）：共 14 个输入/输出端口，可用于 3 路 UART（带流控制），1 路 UART（不带流控制），或者 2 路 I2C。
- ❖ GPB：8 个输入/输出端口，用于 2 路 SPI 或者 2 路 I2C 或者 IEM。
- ❖ GPC0（5 个），GPC1（5 个）：共 10 路输入/输出端口，用于 2 路 I2S，或者 2 路 PCM，或者 AC97，SPDIF，I2C，或者 SPI。
- ❖ GPD0（4 个），GPD1（4 个）：共 8 路输入/输出端口，用于 PWM，2 路 I2C，或者 LCD I/F，MIPI。
- ❖ GPM0（8 个），GPM1（7 个），GPM2（5 个），GPM3（8 个），GPM4（8 个）：共 36 路输入/输出端口，用于 CAM I/F，或者 TS I//F，HSI，或者 Trace I/F。
- ❖ GPF0（8 个），GPF1（8 个），GPF2（8 个），GPF3（6 个）：共 30 路输入/输出端口，用于 LCD I/F。
- ❖ GPJ0（8 个），GPJ1（5 个）：共 13 路输入/输出端口，可用于 CAM I/F。
- ❖ GPK0（7 个），GPK1（7 个），GPK2（7 个），GPK3（7 个）：共 28 路输入/输出端口，用于 4 路 MMC（4 位 MMC），或者 2 路 MMC（8 位 MMC），或者 GPS 调试 I/F。
- ❖ GPL0（7 个），GPL1（2 个）：共 9 路输入/输出，可用于 GPS I/F。
- ❖ GPL2（8 个）：8 路输入/输出端口，可用于 GPS 调试 I/F 或者键盘 I/F。
- ❖ GPX0（8 个），GPX1（8 个），GPX2（8 个），GPX3（8 个）：共 32 路输入/

输出端口，用于外部唤醒，或者键盘 I/F。

▶ **注意：** 这是在活动的区域内的。

❖ GPZ（7 个）：7 个输入/输出端口，用于低功耗 I2S 或者 PCM。
❖ GPY0（6 个），GPY1（4 个），GPY2（6 个）：16 路输入/输出端口，用于 EBI 控制信号（SROM，NF，One NAND）。
❖ GPY3（8 个），GPY4（8 个），GPY5（8 个），GPY6（8 个）：32 路输入/输出存储端口，用于 EBI（欲获得 EBI 更多配置信息，参看 Exynos4412 手册第 5 章和第 6 章）。
❖ GPV0（8 个），GPV1（8 个），GPV2（8 个），GPV3（8 个），GPV4（2 个）：共 34 路输入/输出存储端口，用于 C2C 服务的接收、发送端口。

1. GPIO 的特性

GPIO 的特性包含下面内容。
❖ 控制 172 路外部中断。
❖ 控制 32 路不唤醒中断。
❖ 252 路多功能输入/输出端口。
❖ 控制引脚状态和睡眠模式（除了 GPX0、GPX1、GPX2 和 GPX3）。

2. GPIO 端口功能

GPIO 功能模块图如图 5.1 所示，其中 GPIO 包含活动部分和关闭部分两部分。

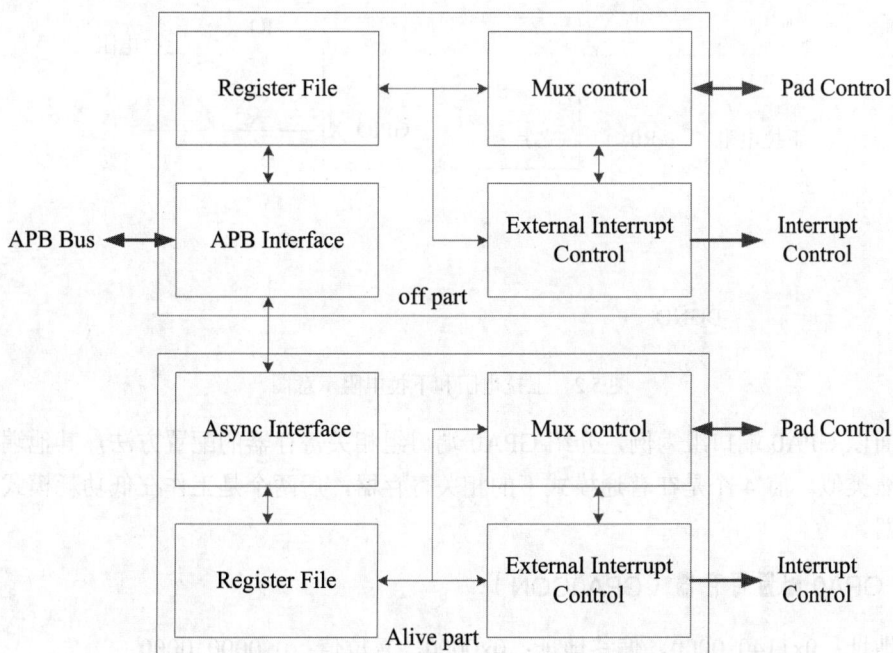

图 5.1　GPIO 功能模块图

在活动部分，对睡眠模式提供电压支持，这是不同的。因此睡眠期间活动部分保持它们的值。

5.1.2 特殊功能寄存器

5.1.2.1 特殊功能寄存器含义

GPIO 端口控制寄存器多达 476 个（见 Exynos4412 手册第 6 章），除了 GPX0-GPX3（每端口组只有涉及前 4 个寄存器）每个 GPIO 端口组相关的寄存器有以下 6 个。

（1）端口引脚控制寄存器（GPXCON X=A0-V4）。

（2）端口数据寄存器（GPXDAT X=A0-V4）。

（3）端口引脚上/下拉设置寄存器（GPXPUD X=A0-V4）。

（4）端口引脚驱动能力寄存器（GPXDRV X=A0-V4）。

（5）低功耗模式引脚功能控制寄存器（GPXCONPDN X=A0-V4）。

（6）低功耗引脚上/下拉电阻设置寄存器（GPXPUDPDN X=A0-V4）。

所谓上拉电阻、下拉电阻如图 5.2 所示。上拉电阻、下拉电阻的作用在于，当 GPIO 引脚处于第三态时，它的电平由上拉电阻、下拉电阻确定。

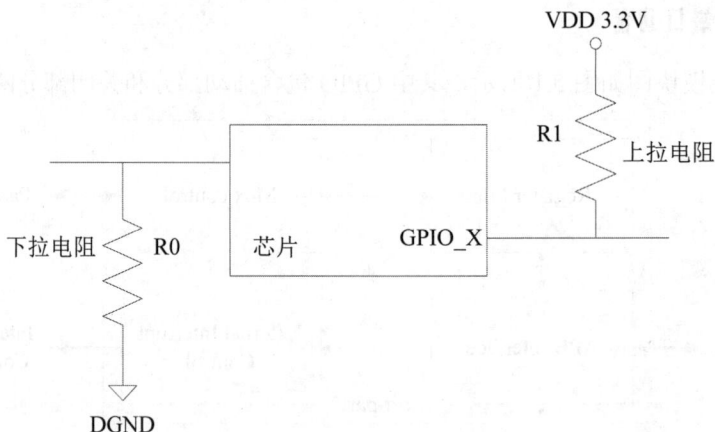

图 5.2 上拉电阻和下拉电阻示意图

下面以 GPA0 端口组为例，介绍 GPA0 端口组相关寄存器的配置方法，其他端口组的配置方法类似。前 4 个是在普通模式下的相关寄存器，后两个是工作在低功耗模式下的相关寄存器。

1. GPA0 配置寄存器（GPA0CON）

基地址：0x1140_0000，偏移地址：0x0000，复位值：0x0000_0000

GPA0CON 用于配置 GPA0 端口各引脚的功能，具体功能如表 5.1 所示。

表 5.1　GPA0CON 寄存器

GPA0CON	位	类　　型	描　　述	复　位　值
GPA0CON[7]	[31:28]	RW	0x0 = 输入 0x1 = 输出 0x2 = UART_1_RTSn 0x3 = I2C_2_SCL 0x4 ~ 0xE = 保留 0xF = EXT_INT1[7]	0x00
GPA0CON[6]	[27:24]	RW	0x0 = 输入 0x1 = 输出 0x2 = UART_1_CTSn 0x3 = I2C_2_SDA 0x4 ~ 0xE = 保留 0xF = EXT_INT1[6]	0x00
GPA0CON[5]	[23:20]	RW	0x0 = 输入 0x1 = 输出 0x2 = UART_1_TXD 0x3 ~ 0xE = 保留 0xF = EXT_INT1[5]	0x00
GPA0CON[4]	[19:16]	RW	0x0 = 输入 0x1 = 输出 0x2 = UART_1_RXD 0x3 ~ 0xE = 保留 0xF = EXT_INT1[4]	0x00
GPA0CON[3]	[15:12]	RW	0x0 = 输入 0x1 = 输出 0x2 = UART_0_RTSn 0x3 ~ 0xE = 保留 0xF = EXT_INT1[3]	0x00
GPA0CON[2]	[11:8]	RW	0x0 = 输入 0x1 = 输出 0x2 = UART_0_CTSn 0x3 ~ 0xE = 保留 0xF = EXT_INT1[2	0x00
GPA0CON[1]	[8:4]	RW	0x0 = 输入 0x1 = 输出 0x2 = UART_0_TXD 0x3 ~ 0xE = 保留 0xF = EXT_INT1[1]	0x0
GPA0CON[0]	[3:0]	RW	0x0 = 输入 0x1 = 输出 0x2 = UART_0_RXD 0x3 ~ 0xE = 保留 0xF = EXT_INT1[0]	0x0

2. GPA0 端口数据寄存器（GPA0DAT）

基地址：0x1140_0000，偏移地址：0x0004，复位值：0x0000_0000

GPA0DAT 寄存器用于存储 GPA0 端口 8 个引脚的输入/输出电平，具体功能如表 5.2 所示。

表 5.2　GPA0DAT 寄存器

GPA0DAT	位	类　　型	描　　述	复　位　值
RSVD	[31:8]	-	保留	0x0000
GPA0DAT[7:0]	[7:0]	RWX	当配置成输入引脚时，相应的位决定了引脚的状态（高/低电平）；当配置成输出引脚时，引脚的状态（高/低电平）决定了相应位的值；当配置为其他功能时，读到的是不确定的值	0x00

3. GPA0 端口引脚上/下拉设置寄存器（GPA0PUD）

基地址：0x1140_0000，偏移地址：0x0008，复位值：0x0000_5555

GPA0PUD 寄存器用于启用或禁止各个引脚内部的上拉/下拉电阻，具体功能如表 5.3 所示。

表 5.3　GPA0PUD 寄存器

GPA0PUD	位	类　　型	描　　述	复　位　值
RSVD	[31:16]	RW	保留	0x0000
GPA0PUD[n] n = 0~7	[2n + 1:2n]	RW	0x0 = 禁止上/下拉电阻 0x1 = 使能下拉电阻 0x2 = 保留 0x3 = 使能上拉电阻	0x5555

4. GPA0 端口引脚驱动能力寄存器（GPA0DRV）

基地址：0x1140_0000，偏移地址：0x000C，复位值：0x0000_0000

GPA0DRV 寄存器用于配置 GPA0 中 8 个引脚的驱动能力，驱动能力可以提升至 1 倍、2 倍、3 倍或 4 倍，具体功能如表 5.4 所示。

表 5.4　GPA0DRV 寄存器

GPA0DRV	位	类　　型	描　　述	复　位　值
RSVD	[31:16]	RW	保留	0x0000
GPA0DRV[n] n = 0~7	[2n + 1:2n]	RW	0x0 = 1x　　0x2 = 2x 0x1 = 3x　　0x3 = 4x	0x0000

5. GPA0 低功耗模式引脚功能控制寄存器（GPA0CONPDN）

基地址：0x1140_0000，偏移地址：0x0010，复位值：0x0000_0000

GPA0CONPDN 寄存器可将 GPA0 中 8 个引脚配置为输出 0、输出 1、输入或前一电平状态，具体功能如表 5.5 所示。

表 5.5　GPA0CONPDN 寄存器

GPA0CONPDN	位	类　型	描　　述	复　位　值
RSVD	[31:16]	RW	保留	0x0000
GPA0[n]	[2n + 1:2n] n = 0~7	RW	0x0 = 输出 0　0x1 = 输出 1 0x2 = 输入　　0x3 = 前一电平状态	0x0000

6. GPA0 低功耗引脚上/下拉设置寄存器（GPA0PUDPDN）

基地址：0x1140_0000，偏移地址：0x0014，复位值：0x0000_0000

GPA0PUDPDN 寄存器用于配置省电模式下 GPA0 中 8 个引脚的上拉/下拉电阻的启用或禁止，具体功能如表 5.6 所示。

表 5.6　GPA0PUDPDN 寄存器

GPA0DAT	位	类　型	描　　述	复　位　值
RSVD	[31:16]	RW	保留	0x0000
GPA0[n]	[2n + 1:2n] n = 0~7	RW	0x0 = 禁止上/下拉电阻 0x1 = 使能下拉电阻 0x2 = 保留 0x3 = 使能上拉电阻	0x0000

5.1.2.2　特殊功能寄存器的封装

在嵌入式裸机开发中，特殊功能寄存器（Special Function Register，SFR）操作是最核心的内容，每个片内外设都有对应的 SFR，用于存放相应功能部件的控制命令、数据或状态等信息，每个嵌入式开发者都应该掌握特殊功能寄存器的封装。在确定了特殊功能寄存器地址之后，具体的封装方法如下：

（1）一对一直接封装：所用端口组的所有寄存器，逐个寄存器进行宏定义。例如：

```
#define GPA0CON    (*(volatile unsigned int *)0x11400000)
```

其中：

❖　0x11400000：一个十六进制的数据。

❖　volatile：是 C 语言中的类型修饰符，用它修饰的类型变量，每次读取时都是从内存单元中读取，而不是直接使用放在高速缓存或寄存器中的备份，从而可以保证对特殊地址的稳定访问。

❖　(unsigned int*)：表示强制类型转换，把数据 0x11400000 强制转换成一个指向

unsigned int 类型变量的指针。即(volatile unsigned int *)0x11400000 指向了内存中从 0x11400000 地址开始的连续的 4 个字节空间。

❖ (*(volatile unsigned int *)0x11400000)：表示取 0x11400000 地址开始的连续的 4 个字节空间里的数据。

这样封装之后，我们可以像访问 unsigned int 变量一样访问特殊功能寄存器。

GPA0CON = (GPA0CON & ~(0xF<<0))|1<<0;//将 GPA0 的第 0 个引脚设置为输出功能

（2）结构体封装：将一个端组的所有寄存器封装成一个结构体，每个端口组对应一个结构体变量。例如：

```
typedef struct{
                unsigned int CON;
                unsigned int DAT;
                unsigned int PUD;
                unsigned int DEV;
                unsigned int CONPDN;
unsigned int PUDPDN;
} gpa0
#define GPA0    (*(volatile gpa0 *)0x11400000)
```

用 typedef 关键字声明了一个结构体类型 gpa0，数据 0x11400000 强制类型转换成一个从 0x11400000 地址开始的连续的存放一个 gpa0 类型变量的指针，GPA0 就是结构体名，则结构体第一个成员 CON 的地址为 0x11400000，第二个成员 DAT 的地址为 0x11400004，以此类推，PUDPDN 的地址就为 0x114000014。这样结构体内容所有成员的偏移量刚好和相应寄存器的偏移地址一致，我们就可以用访问结构体变量成员的方式访问寄存器。

GPA0.CON = (GPA0.CON & ~(0xF<<0))|1<<0;//将 GPA0 的第 0 个引脚设置为输出功能

（3）使用集成开发环境。嵌入式开发中我们把常用的寄存器写到一个头文件中，头文件中通常采用前两种封装方式中的一种，每次使用时直接包含即可，很多集成开发环境会提供这样的特殊功能寄存器头文件，单击鼠标右键就可以添加响应的头文件。

5.1.3　GPIO 端口初始化

1. I/O 工作在普通模式步骤

（1）封装特殊功能寄存器
可以一对一直接封装、结构体封装或者使用集成开发环境。例如：

#define <Exynos4412.h>

（2）配置 GPA0CON
确定每个引脚的功能，即输入、输出还是其他功能。
例如：配置 GPA0_4 引脚输出

GPA0CON = (GPA0CON & ~(0xF<<16))|0x01<<16; //设置 GPA0_4 引脚为输出功能

（3）配置 GPA0DAT

如果引脚被配置成输出功能，可以向 GPA0DAT 寄存器对应位写入数据，则对应引脚就会输出相应的数据。例如，如果 GPA0DAT = 0xFF00，则 GPA0 的高四位输出高电平，低四位输出低电平；如果引脚被配置成输入功能，可以从 GPA0DAT 对应位读取数据，读回的数据就是当前引脚的电平状态，例如，如果 GPA0DAT == 0xFF00，则 GPA0 的高四位引脚状态为高电平，低四位引脚状态为低电平。

（4）配置 GPA0PUD

Exynos4412 芯片内部为每个引脚设置了上拉电阻和下拉电阻，GPA0PUD 决定了 GPA0 的各引脚是否连接上/下拉电阻。

（5）配置 GPA0DRV

根据和引脚连接的外设电气特性，设置引脚合适的驱动电流，原则上，既能满足正常驱动，又不浪费功耗，默认情况下为 1 倍驱动电流，对于普通的发光二极管已够用，该寄存器可以不配置。

2. I/O 工作在低功耗模式步骤

在普通模式 I/O 初始化步骤的基础上，还需要 GPA0CONPDN 和 GPA0PUDPDN 两个寄存器。

5.1.4　GPIO 端口程序应用举例

通过前面章节的学习，了解了 GPIO 的功能、Exynos4412 芯片 GPIO 的特殊功能寄存器、特殊功能寄存器配置及初始化方法，本节通过简单的例子来学习 Exynos4412 的 GPIO 应用。

例：Exynos4412 连接一个发光二极管，如图 5.3 所示，发光二极管 LED0 和 GPA0_1 相连，试编程控制发光二极管闪烁。

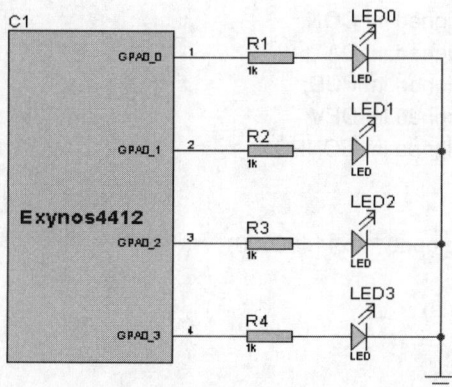

图 5.3　Exynos4412 连接 LED 原理图

首先查看原理图，观察电路图，确定需要在 I/O 口输出高电平才能使发光二极管亮；

反之发光二极管熄灭。

控制发光二极管 LED0 闪烁的代码如下：

1. 采用直接一对一封装方式实现

```c
#define GPA0CON    (*(volatile unsigned int *)0x11400000);    //封装寄存器 GPA0CON
#define GPA0DAT    (*(volatile unsigned int *)0x11400004);    //封装寄存器 GPA0DAT
#define GPA0PUD    (*(volatile unsigned int *)0x11400008);    //封装寄存器 GPA0PUD
//延时函数
static void delay_ms(int ms)
{
    int i,j;
    while(ms--)
    {   for(i=0;i<5;i++)
            for(j=0;j<514;j++); }
}
//主函数 main()
int main()
{   //初始化
    GPA0CON = (GPA0CON & ~(0xF<<4))|0x01<<4;        //设置 GPA0_1 引脚为输出功能
    GPA0PUD = (GPA0CON & ~(0x3<<2));                //设置 GPA0_1 引脚禁止上下拉
    GPA0DAT = GPA0DAT& (~(0x1<<1));                 //熄灭 LED0
    while(1)
    {   GPA0DAT = GPA0DAT|(0x1<<1);                 //GPA0_1 输出高电平, 点亮 LED0
        delay_ms(1000);
        GPA0DAT = GPA0DAT& (~(0x1<<1));             //GPA0_1 输出低电平, 熄灭 LED0
        delay_ms(1000);
    }
}
```

2. 采用结构体封装方式实现

```c
typedef struct{
                    unsigned int CON;
                    unsigned int DAT;
                    unsigned int PUD;
                    unsigned int DEV;
                    unsigned int CONPDN;
unsigned int PUDPDN;
} gpa0
#define GPA0    (*(volatile gpa0 *)0x11400000)
//延时函数
static void delay_ms(int ms)
{
    int i,j;
    while(ms--)
    {   for(i=0;i<5;i++)
            for(j=0;j<514;j++);
    }
```

```
}
//主函数 main()
int main()
{    //初始化
    GPA0.CON = (GPA0.CON & ~(0xF<<4))|0x01<<4;    //设置 GPA0_1 引脚为输出功能
    GPA0.PUD = (GPA0.CON & ~(0x3<<2));             //设置 GPA0_1 引脚禁止上下拉
    GPA0.DAT = GPA0.DAT& (~(0x1<<1));             //熄灭 LED0
    while(1)
    {    GPA0.DAT = GPA0.DAT|(0x1<<1);             //GPA0_1 输出高电平，点亮 LED0
        delay_ms(1000);
        GPA0.DAT = GPA0.DAT& (~(0x1<<1));         //GPA0_1 输出低电平，熄灭 LED0
        delay_ms(1000);
    }
}
```

结果可以看到 LED0 灯有规律闪烁。

5.1.5 GPIO 端口编程控制实验

1. 实验目的

（1）了解 GPIO 功能。

（2）掌握 Exynos4412 芯片 GPIO 的配置方法。

2. 实验原理

（1）硬件连接，如图 5.3 所示。

（2）特殊功能寄存器。

① 端口引脚控制寄存器（GPXCON X=A0-V4），具体内容如表 5.1 所示。

② 端口数据寄存器（GPXDAT X=A0-V4），具体内容如表 5.2 所示。

③ 端口引脚上/下拉设置寄存器（GPXPUD X=A0-V4），具体内容如表 5.3 所示。

④ 端口引脚驱动能力寄存器（GPXDRV X=A0-V4），具体内容如表 5.4 所示。

3. 实验内容

Exynos4412 连接 4 个 LED 灯，4 个发光二极管 LED0~LED3，分别和 GPA0_0~GPA0_3 对应相连，试用 4 个发光二极管做流水灯，如图 5.3 所示。

4. 实验代码

```
typedef struct{
        unsigned int CON;
        unsigned int DAT;
        unsigned int PUD;
        unsigned int DEV;
        unsigned int CONPDN;
        unsigned int PUDPDN;
```

```
} gpa0
#define GPA0    (*(volatile gpa0 *)0x11400000)
//延时函数
static void delay_ms(int ms)
{
    int i,j;
    while(ms--)
    {    for(i=0;i<5;i++)
            for(j=0;j<514;j++);
    }
}
//主函数 main()
int main()
{    //初始化
    GPA0.CON = (GPA0.CON & ~(0xFFFF))|0x1111;        //设置 GPA0_1 引脚为输出功能
    GPA0.PUD = (GPA0.CON & ~(0x3F));        //设置 GPA0_1 引脚禁止上下拉
    while(1)
    {    GPA0.DAT = GPA0.DAT& (~(0xF));     //熄灭 LED0（GPA0_3 输出低电平，熄灭 LED3）
        GPA0.DAT = GPA0.DAT|(0x1<<0);        //GPA0_0 输出高电平，点亮 LED0
        delay_ms(1000);
        GPA0.DAT = GPA0.DAT& (~(0xF));        //GPA0_0 输出低电平，熄灭 LED0
        GPA0.DAT = GPA0.DAT|(0x1<<1);        //GPA0_1 输出高电平，点亮 LED1
        delay_ms(1000);
        GPA0.DAT = GPA0.DAT& (~(0xF));        //GPA0_1 输出低电平，熄灭 LED1
        GPA0.DAT = GPA0.DAT|(0x1<<2);        //GPA0_2 输出高电平，点亮 LED2
        delay_ms(1000);
        GPA0.DAT = GPA0.DAT& (~(0xF));        //GPA0_2 输出低电平，熄灭 LED2
        GPA0.DAT = GPA0.DAT|(0x1<<3);        //GPA0_3 输出高电平，点亮 LED3
        delay_ms(1000);
    }
}
```

5. 实验结果

LED0~LED4 循环流水灯。

5.2 中断控制

5.2.1 中断控制器概述

Exynos4412 中集成了通用中断控制器（Generic Interrupt Controller，GIC，型号 PL390）和中断组合器，主要是因为 Contex-A9 是多核处理器，GIC 用来选择使用哪个 CPU 接口，包括 160 个中断控制源。

1. GIC 中断类型

（1）软中断（SGI）：Exynos4412 最多支持 16 个 SGI 中断。

（2）私有外部中断（PPI）：该中断只会送给某一个 CPU 来处理，这是一个外设中断，有边沿触发和电平触发两种方式，Exynos4412 最多支持 16 个 SPI 中断。

（3）公共外部中断（SPI）：也是外设中断，这个中断可以被 GIC 送调度给任何 CPU 来处理，Exynos4412 最多支持 128 个 SPI 中断。

2. GIC 中断状态

GIC 负责维护每个中断的状态标志，Exynos4412 的中断有 4 个状态。

（1）未激活（Inactive）

中断没有发生。

（2）登记（Pening）

表示中断已经发生，一个从中断源传送到 GIC 的外设中断或者一个 SIG 中断正在等待被 GIC 传送到目标 CPU。

（3）激活（Active）

表示中断正在被 CPU 响应。

（4）激活并登记（Active and Pending）

表示 CPU 正在响应一个中断，而 GIC 还有一个来自同一个中断源的中断在排队。

中断状态转移图如图 5.4 所示。

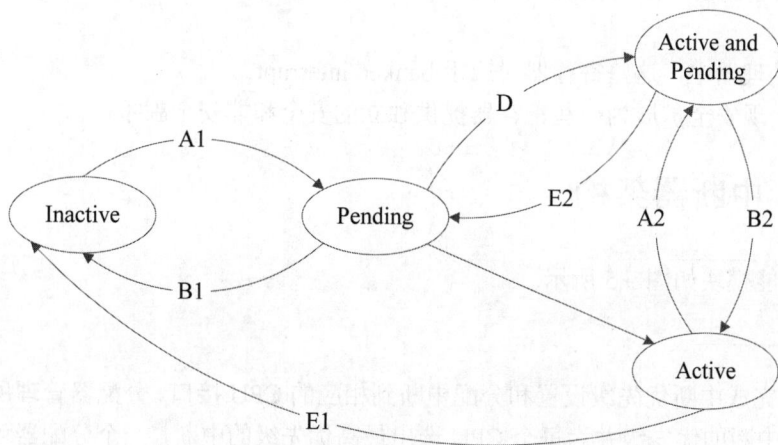

图 5.4　中断状态转移图

3. 中断处理模型

在多核处理器架构中，有以下两种处理中断的模型。

（1）1-N 模型，只有一个 CPU 处理中断。系统需要通过一种机制决定哪个 CPU 处理该中断。

（2）N-N 模型，所有 CPU 都收到该中断。当一个处理器应答该中断时，只有当前 CPU

上的对应中断挂起状态被清除，其他 CPU 上的中断挂起状态仍然保持。

GIC 支持外设中断（PI，硬件中断）和 SGI 中断，在 MP（Multi-Processors，多核）系统中的处理方式不同。SGI 使用 N-N 模型，当中断被某一个处理器应答后，不会对其他 CPU 接口产生影响。PI 则使用 1-N 模型，此时当中断被某一个处理器应答后，其他目标处理器上中断挂起队列中将清除该中断。

4．伪中断

可能 GIC 向处理器发出的不再需要中断信号。因此，当处理器确认中断时，GIC 返回一个特殊的中断 ID，该 ID 将中断标识为伪中断。这是由于：

（1）中断状态的变化。

（2）软件重新编程 GIC，使得中断的处理要求发生变化。

（3）正在处理 1-N 模型的中断并且其他处理器已确认中断。

5．分组（Banking）

（1）中断分组

在多 CPU 中断系统中，对于 PPIs 和 SGIs，GIC 可以有多个中断共用相同中断 ID，称为被分组中断（banked interrupt），这类中断由中断 ID 和相关联的 CPU 接口的组合来唯一标识。

（2）寄存器分组

寄存器分组是指同一个寄存器有多个副本和它具有相同地址，主要在以下两种情况中出现：

（1）在多处理器中，这些寄存器对应于 banked interrupt。

（2）GIC 实现安全扩展为一些寄存器提供独立的安全和非安全副本。

5.2.2 GIC 中断器架构

GIC 主要功能模块如图 5.5 所示。

1．分配器

分配器主要完成中断优先级设置和分配中断到相应的 CPU 接口。分配器管理所有的中断源，决定每个中断的优先级并为每个 CPU 选出最高优先级的中断，一个分配器可以支持 8 个 CPU，分配器提供如下编程接口。

（1）使能登记中断能够传递到 CPU，是中断总开关，通过设置 ICCDCR 实现。

（2）使能和禁止任意中断，通过设置 ICDISERn/ICDICERn 实现。

（3）设定任意中断优先级，通过设置 ICDIPRn 实现。

（4）设置任意中断的目标微处理器，通过设置 ICDIPTRn 实现。

（5）设置中断为电平触发或边沿触发，通过设置 ICDICFRn 实现。

（6）传递任意 SGI 到一个或多个目标处理器，通过设置 ICDSGIR 实现。

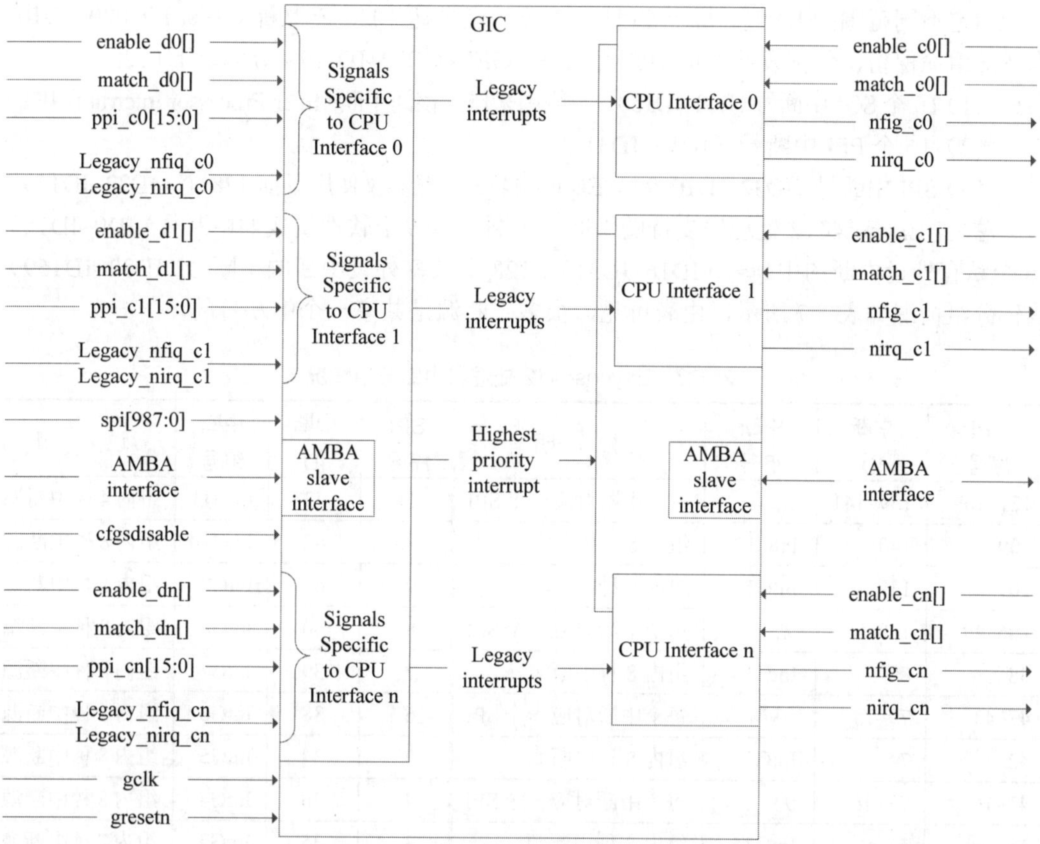

图 5.5 GIC 框图

（7）查看任意中断的状态，通过读取 ICDISERn/ICDICERn 实现。

（8）提供软件方式设置或清除任意外设中断的登记状态，通过设置 ICDISPRn/ICDICPRn 实现。

2. CPU 接口

CPU 接口主要完成中断优先级屏蔽或抢占处理，每个 CPU 接口为连接到 GIC 上的处理器提供接口，CPU 接口提供如下编程接口。

（1）使能通知微处理器中断请求，通过设置 ICCICR_CPUn 实现。

（2）应答中断，通过设置 ICCIAR_CPUn 实现。

（3）指示中断处理完成，通过设置 ICCEOIR_CPUn 实现。

（4）设置微处理器中断优先级屏蔽，通过设置 ICCPMR_CPUn 实现。

（5）定义微处理器中断抢占策略。

（6）为微处理器决定最高优先级的登记中断，通过设置 ICCHPIR_CPUn 实现。

3. 中断分组表

Exynos4412 处理器所有的中断源都可以使用唯一的 ID 号来确认。GIC 为不同类型的中断指定不同范围的 ID 值。每个 CPU 接口可处理多达 1020 个中断，中断 ID1020~ID1023 为特殊用途保留，包括发布假的中断信号等。GIC 将 ID0~ID1019 分为以下几组。

（1）16 个 SGI 中断号（ID0~ID15），一般用来作为核间中断（Inter-Processor Interrupt，IPT）。

（2）16 个 PPI 中断号（ID16~ID31）。

（3）SPI 中断号（ID32~ID1019），Exynos4412 处理器仅使用了前 128 个（ID32~ID159）。

总之，Exynos4412 处理器支持的 160 个中断中，16 个软件生成的中断号（ID0~ID15）、16 个私有外设中断的中断号（ID16~ID31）、128 个共享外设中断的中断号（ID32~ID159），具体分组情况如表 5.7 所示，由表可见，很多中断源是共享一个中断号的。

表 5.7　Exynos4412 处理器中断分组情况

SPI 序号	中断 ID	中断 组号	说　明	SPI 序号	中断 ID	中断 组号	说　明
127~109	159~141	无	每个中断对应一个 SPI	11	43	IntG11	组内 4 种中断源
109	140	IntG17	组内 8 种中断源	10	42	IntG10	组内 8 种中断源
107	139	IntG16	组内 8 种中断源	9	41	IntG9	组内 8 种中断源
106~49	138~81	无	每个中断对应一个 SPI	8	40	IntG8	组内 8 种中断源
48	80	IntG18	组内 8 种中断源	7	39	IntG7	组内 8 种中断源
47~43	79~75	无	每个中断对应一个 SPI	6	38	IntG6	组内 8 种中断源
42	74	IntG19	组内 8 种中断源	5	37	IntG5	组内 8 种中断源
41~16	73~48	无	每个中断对应一个 SPI	4	36	IntG4	组内 8 种中断源
15	47	IntG15	组内 8 种中断源	3	35	IntG3	组内 7 种中断源
14	46	IntG14	组内 7 种中断源	2	34	IntG2	组内 7 种中断源
13	45	IntG13	组内 6 种中断源	1	33	IntG1	组内 4 种中断源
12	44	IntG12	组内 8 种中断源	0	32	IntG0	组内 4 种中断源

5.2.3　Exynos4412 中断机制

Exynos4412 的中断处理主要涉及如下问题。

（1）GIC 如何识别中断，包括软件如何编程 GIC 配置和控制中断，GIC 处理每个 CPU 接口中断的状态机，CPU 在异常模式下如何与 GIC 交互等。

（2）优先级，包括配置和控制每个中断的优先级，挂起中断的执行顺序，配置中断是否对目标机可见，中断优先级屏蔽，优先级分组，抢占当前激活状态的中断等。

1．GIC 中断识别

GIC 识别中断的过程如下。

（1）读寄存器 ICDICTR 的值。其中 ICDICTR 的位域 ITLinesNumber 指示了 GIC 支持的最大 SPI 数目。GIC 支持的中断总数为 32*(ITLinesNumber+1)。

（2）GIC 根据 ICDISER 中的值来使能和区分中断源。其中，SGI 的中断 ID15~ID0 对应于 ICDISER0 的位[15:0]；PPI 的中断 ID31~ID16 对应于 ICDISER0 的位[31:16]；从
ICDISER1 起，每个 ICDISERn（n=1~3）的 32 位用来设置 SPI 的中断 ID。写 1 到相应的位，
则使能该中断送达 CPU 接口；读相应的位，则禁止将相应的中断送达 CPU 接口。

（3）写 0 到 ICDDCR 的某位，则禁止将相应的中断传递给 CPU 接口。

（4）对于每一个 ICDISER，写 0xFFFFFFFF 到 ICDISER，然后读其中的各位，为 1
的位标识相应的中断 ID。

（5）类似的，也可以通过读取 ICDICER 来获取相应的中断信息。写 0xFFFFFFFF 到
ICDICER，禁用所有中断。然后读 ICDICER，相应位为 1，表示中断被使能了。写 1 到相
应的位，则相应的位重新被使能。

2．中断控制

（1）中断使能

对于一个外设中断（PI），可以通过如下方法使能或清除中断。

① 写 1 到 ICDISER 寄存器相应的位使能一个中断。

② 写 1 到 ICDICER 寄存器相应的位禁用一个中断。

通过对上述两个寄存器进行写操作，可以控制中断是否被分配器转送到 CPU 接口，但
并不能阻止中断改变状态。设置和清除中断的挂起状态，须通过如下方式。

① 对于外设中断，可以通过如下方式控制。

❖　写 1 到 ICDISPR 寄存器相应位，即可将相应中断设置为挂起状态。

❖　写 1 到 ICDICPRn 寄存器相应位，即可清除相应中断的挂起状态。

当中断采用电平触发方式时，一旦硬件产生中断请求，写 ICDICPRn 寄存器相应位，
对该中断的挂起状态不产生任何影响；如果处理器对 ICDISPR 的相应位写 1，则不管当前
硬件的中断信号是否已经发出，都不会影响该中断的变化。

当中断采用电平触发方式时，一旦硬件产生中断请求，向 ICDISPR 寄存器相应位写 1，
则不管当前硬件的中断信号是否发出，都不会影响该中断的变化。

② 对 SGI，GIC 忽略对 ICDISPR 和 ICDICPRn 的写操作。

（2）找到激活或挂起状态的中断

通过读 ICDISPR 或 ICDICPRn 寄存器中的相应位，处理器可以找到挂起的中断；通过
读 ICDABRn 寄存器的相应位，可以获得激活状态的中断。当中断为挂起或激活状态时，
ICDISPR 或 ICDICPRn 寄存器的相应位为 1。如果中断处于激活并挂起状态，那么这两个
寄存器的相应位都为 1。对于 SGI，相应的 ICDISPR 和 ICDICPRn 寄存器的值为 1。

3．中断优先级

（1）抢占

在一个激活中断被处理完之前，CPU 接口支持更高级优先级的中断送达并占用目标处
理器，但满足如下两个条件。

① 该中断的优先级高于当前 CPU 接口被屏蔽中断的优先级。

② 该中断的组优先级高于正在当前 CPU 接口处理的中断优先级。

抢占（Premmption）发生在处理器应答一个新的中端并开始执行新中断的相应服务程序，原来的中断被抢占，这种情况类似于中断嵌套。

（2）优先级屏蔽

寄存器 ICCPMR 中定义了目标处理器的优先级阀值。GIC 仅上报那些优先级高于这个阈值的挂起中断。初始值为 0，会屏蔽所有中断，因此初始化程序时需要初始化该值。

（3）优先级分组

为了增强系统控制中断的能力，GIC 支持优先级分组，将中断优先级寄存器入口分为两个子区域：组优先级区域和组内优先级区域。中断异常的抢占仅由组优先级决定，也就是由所谓的上层区域决定。例如，当处理器正在运行中断 1 的服务程序时，另外一个具有相同的组优先级的中断 2 产生了请求，那么中断异常 2 将不会抢占中断异常 1，因为它们的组优先级相同。

如果组优先级相同的两个中断同时被挂起，那么它们的处理顺序是由子优先级决定的，并且它们之间不能发生嵌套（及抢占），只能等一个执行完毕后才能执行另一个。

如果组优先级和子优先级都相同，那么中断将按照中断向量表中中断号的顺序从小到大依次被处理。

据此，总结得出：

① 组优先级高的（数值越小，优先级越高，反之越低）才能抢占组优先级低的中断。

② 组优先级相同的中断之间不能相互抢占。

③ 组内优先级由子优先级决定。

因此，这里讲的组优先级即上下文中提到的抢占式优先级，而子优先级即分组后组内中断的优先级。

优先级分组的具体实现是通过寄存器 ICCBPR（Binary Point Register）实现的，即将 ICCBPR 寄存器的 32 位分为两个域：组优先级域（Group Priority）和组内优先级域（SubPriority）。当决定抢占时，组优先级相同的中断被视为优先级相同，不考虑组内优先级，那就意味着每个优先级组内只能有一个中断可以被激活。所以，组优先级又被称为抢占级别（Preemption Level）。

GIC 使用组优先级决定挂起中断是否由足够的优先级抢占当前激活状态的中断，原则如下。

① 如果发生抢占，则该挂起中断的组优先级一定比当前激活状态的中断组优先级高，也就是说，挂起中断的组优先级域的值小于当前激活状态的中断组优先级域的值。

② 如果当前 CPU 接口没有激活中断，则最高优先级的挂起中断将被传递至各处理器，而不考虑组优先级。

4. 通用中断处理

分配器负责维护 CPU 接口上 4 种类型的中断状态（未激活状态、挂起状态、激活状态及激活并且挂起状态）。当处理器获取到一个中断异常时，分配器读取中断应答寄存器（Interrupt Acknowledge Register，ICCIAR）来应答中断。这个读取返回一个中断 ID，该

ID 被用于选择正确的中断处理程序。当 GIC 识别这个读取后，将中断的状态从挂起切换到激活或者激活并挂起状态。如果当前没有中断挂起，则返回一个伪中断的预定义 ID。

如果一个中断被激活，中断控制器将 IRQ 输入报告给当前处理器，这意味着中断复位例程现在可以重新使能中断。这使得较高中断优先级的中断到来可以抢占当前中断的处理。

当中断服务例程完成中断处理后，硬件通过写 GIC 中断结束寄存器（End of Interrupt Register，ICCEOIR）来发消息，标识中断已经响应。直到这一过程完成，属于正在响应的中断（并且任何较低优先级的中断）的新信号都不会被检测到。

GIC 中断处理的具体流程（见图 5.6）如下：

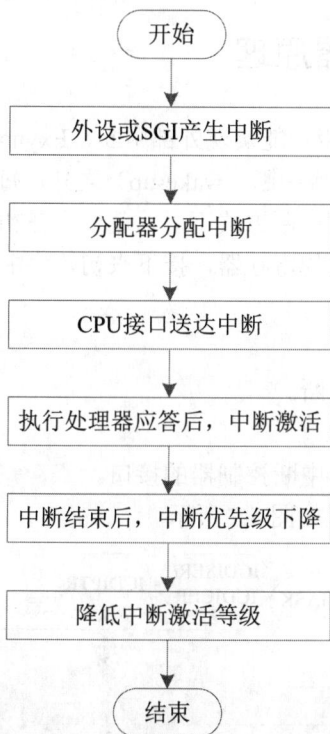

开始

外设或SGI产生中断

分配器分配中断

CPU接口送达中断

执行处理器应答后，中断激活

中断结束后，中断优先级下降

降低中断激活等级

结束

图 5.6　中断处理流程

（1）当 GIC 识别出一个中断请求，GIC 决定该中断是否被使能，若没有被使能，则对 GIC 无影响。

（2）对于每个被使能的挂起中断，由分配器决定目标处理器分配给一个或多个处理器。

（3）对于每个处理器，分配器依据每个中断优先级信息决定最高优先级的挂起中断，并将该中断传递给目标 CPU 接口。

（4）CPU 将收到中断的优先级与处理器中在执行中断的优先级进行比较。这种比较需要综合考虑优先级屏蔽寄存器的设置、当前的抢占策略设置和当前处理器中激活中断优先级等情况。综合比较后，如果该中断确实具有最高的优先级，GIC 将向处理器发送该中断的中断处理请求。

（5）当处理器收到中断请求后，读取其 CPU 接口中的 ICCIAR 寄存器来应答该中断。通过读取 ICCIAR，处理器获取到该中断的 ID（对于 SGI，还有源处理器的 ID）。中断 ID 将被用来查找正确的中断服务程序。GIC 读取并识别出新的中断 ID 后，将改变该中断的状态：如果该中断已经为激活状态，其挂起状态仍维持，此时，该中断状态将从挂起状态转化为挂起并且激活状态；否则，其中断状态将从挂起变为激活。

（6）当处理器完成中断处理后，通过写 ICCEOIR 通知 GIC 处理已经完成。GIC 将为相应的 CPU 接口改变该中断的状态：从激活状态变为未激活状态，或者从激活并且挂起状态变为挂起状态。

5.2.4　外部中断控制器原理

Exynos4412 使用的引脚复用功能实现外部中断，Exynos4412 处理器 I/O 端口，除了 GPY0~GPY6 以及 GPX0 用于唤醒中断（wake-up）之外，每个端口都对应一组中断，端口中的每个引脚都可以工作在外部中断方式下。这就要求在初始化中断控制器之前先要初始化这些和引脚以及外部中断相关的寄存器，接下来初始化中断控制器的主要内容如下。

（1）全局使能中断控制器。

（2）使能对应中断源。

（3）选择 CPU 核处理该中断。

（4）配置该中断优先级。

（5）打开选择的 CPU 核与中断控制器的接口。

综上所述涉及的寄存器配置如图 5.7 所示。

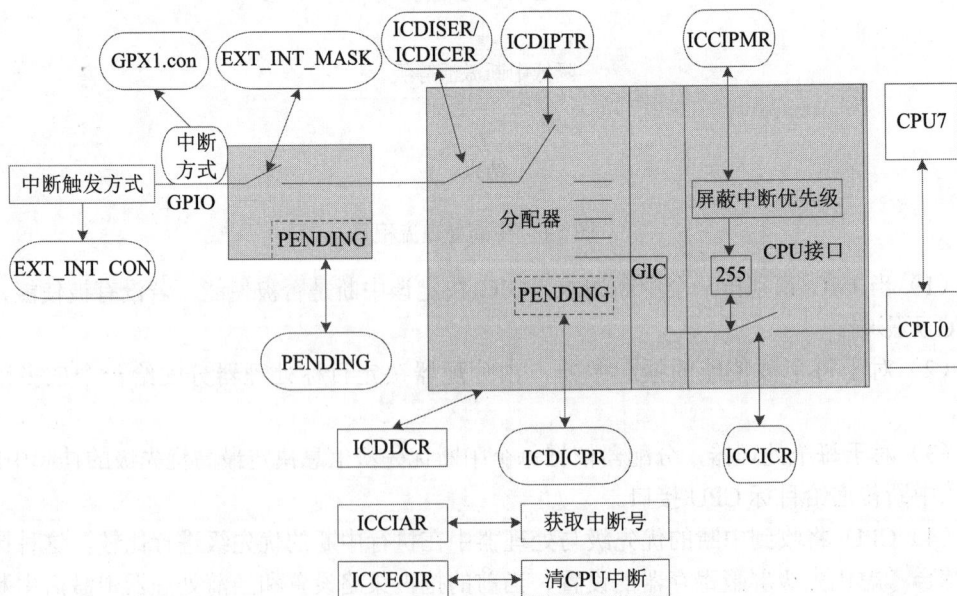

图 5.7　外部中断逻辑结构图

总结下来，外部中断的控制流程如下。

（1）设置 GPIO 控制器。

（2）设置中断控制器。

（3）进入中断服务程序。

前面两步设置好，就可以等待中断的发生了，当中断发生时，ARM 内核的处理过程如下四大步三小步（硬件自动完成）。

① 复制 CPSR 到 SPSR_<mode>。

② 设置适当的 CPSR 位：

❖　改变处理器状态进入 ARM 态。

❖　改变处理器模式进入相应的异常模式。

❖　设置中断禁止位禁止相应中断（如果需要）。

③ 保存返回地址到 LR_<mode>。

④ 设置 PC 为相应的异常向量。

（4）清除中断标志位。

5.2.5　特殊功能寄存器

1. 通用中断控制器（GIC）相关寄存器

（1）分配器、CPU 接口配置寄存器

① 中断通道使能寄存器（ICCICR_CPUn，n=0~3）

ICCICR_CPUn 寄存器是用来对 CPU2、CPU3 通道使能的寄存器，通过该类寄存器配置 CPU 到其连接处理器的中断总开关。对于四核的 Exynos4412 来说，ICCICR_CPUn（n=0~3），用于使能/禁止 4 个处理器（CPU0~CPU3）。其具体功能如表 5.8 所示。

地址 = 0x1048_0000，0x1048_4000，0x1048_8000，0x1048_C000

表 5.8　ICCICR_CPUn 寄存器

ICCICR_CPUn	位	类　　型	描　　述	复 位 值
RSVD	[31:1]	-	保留	0x0
Enable	[0]	RW	全局使能所有中断信号通过特定的中断接口，到达相连接的处理器 0：禁止　　1：使能	0x0

② 中断响应寄存器（ICCIAR_CPUn，n=0~3）

ICCIAR_CPUn 寄存器的低 10 位用来标识需要 CPU 处理的中断 ID，中断处理函数中通过对中断响应寄存器 ICCIAR 读取，获得中断 ID，然后处理相关中断，也作为 ARM 核心对 GIC 发来的中断信号的应答。其具体功能如表 5.9 所示。

地址 = 0x1048_000C，复位值 = 0x0000_03FF（ICCIAR_CPU0）

地址 = 0x1048_400C，复位值 Value = 0x0000_03FF（ICCIAR_CPU1）

地址 = 0x1048_800C，复位值 = 0x0000_03FF（ICCIAR_CPU2）

地址 =0x1048_C00C，复位值 = 0x0000_03FF（ICCIAR_CPU3）

表 5.9 ICCIAR_CPUn 寄存器

ICCIAR_CPUn	位	类 型	描 述	复 位 值
RSVD	[31:13]	-	保留	0x0
CPUID	[12:10]	R	对于 SGI 有效，该位标识响应中断的 CPU 号码	0x0
ACKINTID	[9:0]	R	标识需要 CPU 处理的中断 ID	

③ 中断输出寄存器（INTERRUPT_OUT_CPUn，n=0~3）

INTERRUPT_OUT_CPUn 寄存器用于设置或标识第 n 个 CPU 输出异常中断 nIRQ 和 nFIQ 的状态。其具体功能如表 5.10 所示。

地址 = 0x1048_0044，复位值 = 0x0000_0000（INTERRUPT_OUT_CPU0）

地址 = 0x1048_4044，复位值 = 0x0000_0000（INTERRUPT_OUT_CPU1）

地址 = 0x1048_8044，复位值 = 0x0000_0000（INTERRUPT_OUT_CPU2）

地址 = 0x1048_C044，复位值 = 0x0000_0000（INTERRUPT_OUT_CPU3）

表 5.10 INTERRUPT_OUT_CPUn 寄存器

INTERRUPT_OUT_CPUn	位	类 型	描 述	复 位 值
RSVD	[31:2]	-	保留	0x0
set_nfiq_c	[1]	RW	读操作，标识第 n 个 CPU 输出 nfiq_c 的状态 写操作，设置第 n 个 CPU 输出 nfiq_c 的状态 0：nfiq_c 为低电平 1：nfiq_c 为高电平 其中，c 表示 CPU，n=0~3	0x0
set_nirq_c	[0]	RW	读操作，标识第 n 个 CPU 输出 nirq_c 的状态 写操作，设置第 n 个 CPU 输出 nirq_c 的状态 0：nirq_c 为低电平 1：nirq_c 为高电平 其中，c 表示 CPU，n=0~3	

④ 中断目标 CPU 配置寄存器（ICDIPTRm_CPUn，m=0~39，n=0~3）

该类寄存器共 40 个，ICDIPTRm_CPUn 寄存器用来配置将中断（160 个中断）发送到哪个 CPU 处理。其具体功能如表 5.11 所示。

基地址：0x1049_0000

表 5.11　ICDIPTRm_CPUn 寄存器

ICDIPTRm_CPUn	位	类　　型	描　　述	复　位　值
CPU targets，byte offset 3	[31:24]	RW	每个中断用 8 位来配置它的目标 CPU，每位对应一个 CPU。对应关系如下： 0bxxxxxxx1- CPU interface 0	0x0
CPU targets，byte offset 3	[23:16]	RW	0bxxxxxx1x- CPU interface 1 0bxxxxx1xx- CPU interface 2	0x0
CPU targets，byte offset 3	[15:8]	RW	0bxxxx1xxx- CPU interface 3 0bxxx1xxxx- CPU interface 4 0bxx1xxxxx- CPU interface 5	0x0
CPU targets，byte offset 3	[7:0]	RW	0bx1xxxxxx- CPU interface 6 0b1xxxxxxx- CPU interface 7	0x0

ICDIPTRm_CPUn 寄存器和 SPI、PPI 中断对应关系，如图 5.8 所示。例如中断信号 SPI16 对应的是 ICDIPTR4_CPU0[3:0]，设置为 2，表示中断送到 CPU1。

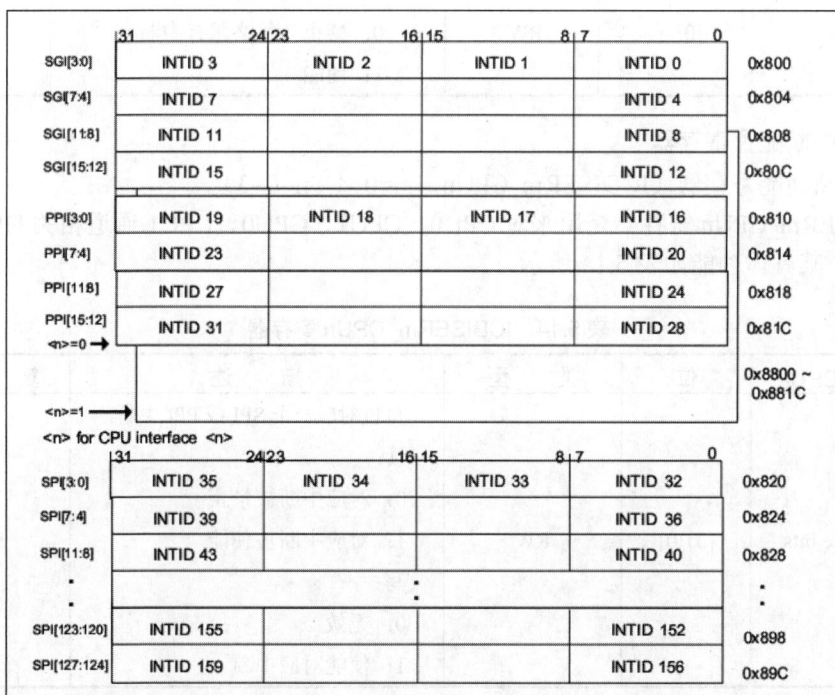

图 5.8　ICDIPTRm_CPUn 寄存器和 SPI、PPI 中断对应关系

⑤ 中断触发方式标识或设置寄存器（ICDICFRm_CPUn，m=0~9，n=0~3）

该类寄存器共 10 个，用于对 160 个中断的触发方式标识或设置。其具体功能如表 5.12 所示。

表 5.12　ICDICFRm_CPUn 寄存器

ICCICR_CPUn	位	类　型	描　述	复　位　值
Int_config, filed F	[2F + 1:2F]	R	高位[2F + 1]: 0：电平触发 1：边沿触发 低位[2F]：保留	0x0

该寄存器对于 SGIs 和 PPIs，相应位是只读的；对于 SPI，相应位可读写。

⑥ GIC 中断使能寄存器（ICDDCR）

地址 = 0x1049_0000，复位值 = 0x0000_0000

ICDDCR 是用来控制 GIC 中断控制器的使能。其具体功能如表 5.13 所示。

表 5.13　ICDDCR 寄存器

ICDDCR	位	类　型	描　述	复　位　值
RSVD	[31:1]	-	保留	0x0
Enable	[0]	RW	GIC 中断控制器的使能 0：禁止（忽略所有中断） 1：使能	0x0

（2）中断配置寄存器

① 中断使能寄存器（ICDISERm_CPUn，m=0~4，n=0~3）

ICDISERm_CPUn 寄存器是用来对 CPU0、CPU1、CPU0、CPU1 通道相关的中断使能的寄存器，其具体功能如表 5.14 所示。

表 5.14　ICDISERm_CPUn 寄存器

ICCICR_CPUn	位	类　型	描　述	复　位　值
Set_enable bits	[31:0]	RW	每位对应一个 SPI 或 PPI 中断， 读： 0：对应中断被禁止 1：对应中断被使能 写： 0：无效 1：使能对应中断	0x0

ICDISERm_CPUn 寄存器和 SPI、PPI 中断对应关系，如图 5.9 所示。例如 GIC 中断号为 26 的中断信号，根据对应关系图，编程将 ICDISER1_CPU0 对应的 26 位置 1，使能 CPU0 对 SPI26 号中断信号。这样 SPI26 中断信号就可以到达 CPU0 了。

② 中断清除寄存器（ICDICERm_CPUn，m=0~4，n=0~3）

通过向该类寄存器的相应位写入 1，能够禁止相应位的中断转达到 CPU，其具体功能如表 5.15 所示。

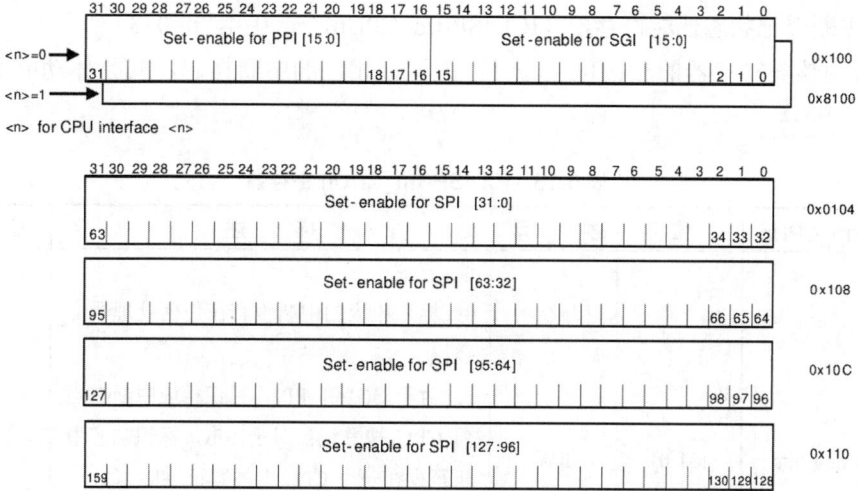

图 5.9 ICDISERm_CPUn 寄存器和 SPI、PPI 中断对应关系

表 5.15 ICDICERm_CPUn 寄存器

ICDICERm_CPUn	位	类 型	描 述	复 位 值
Set_enable bits	[31:0]	RW	每位对应一个 SPI 或 PPI 中断， 读： 0：对应中断被禁止 1：对应中断被使能 写： 0：无效 1：清除对应中断	0x0

分配器没有提供寄存器控制中断号小于等于 16 的中断，因为 SGI 中断总是使能。
ICDICERm_CPUn 寄存器和中断号的映射关系如图 5.10 所示。

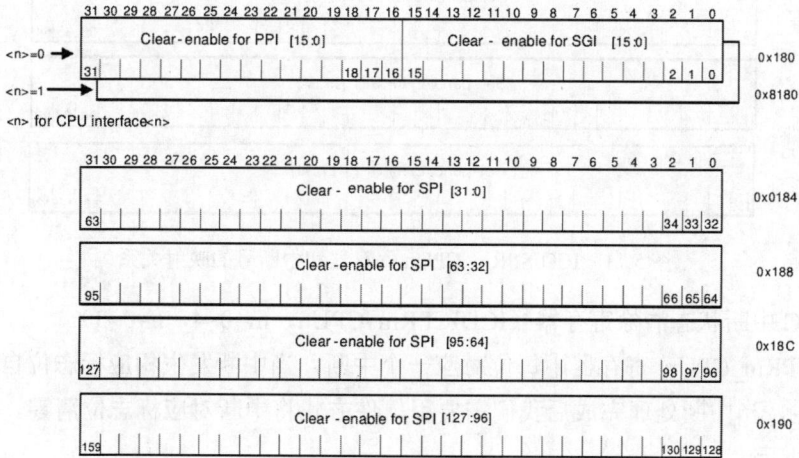

图 5.10 ICDICERm_CPUn 寄存器和中断号的映射关系

③ 中断登记状态使能寄存器（ICDISPRm_CPUn，m=0~4，n=0~3）

通过向该类寄存器的相应位上写 1，能够使相应的中断挂起，其具体功能如表 5.16 所示。

表 5.16　ICDISPRm_CPUn 寄存器

ICDISPRm_CPUn	位	类　型	描　　述	复　位　值
Set-pending bits	[31:0]	RW	读： 0：标识相应的中断没有在任何处理器上登记 1：对于 SGI 和 PPI，标识相应中断在当前 CPU 被登记；对于 SPI，标识响应中断至少在一个 CPU 上被登记 写：（对于 SGI 无效，对于 SPI 和 PPI） 0：无效 1：从之前的未激活状态变成登记状态，或者从激活状态，变成激活并登记状态	0x0

ICDISPRm_CPUn 寄存器和中断号的映射关系如图 5.11 所示。

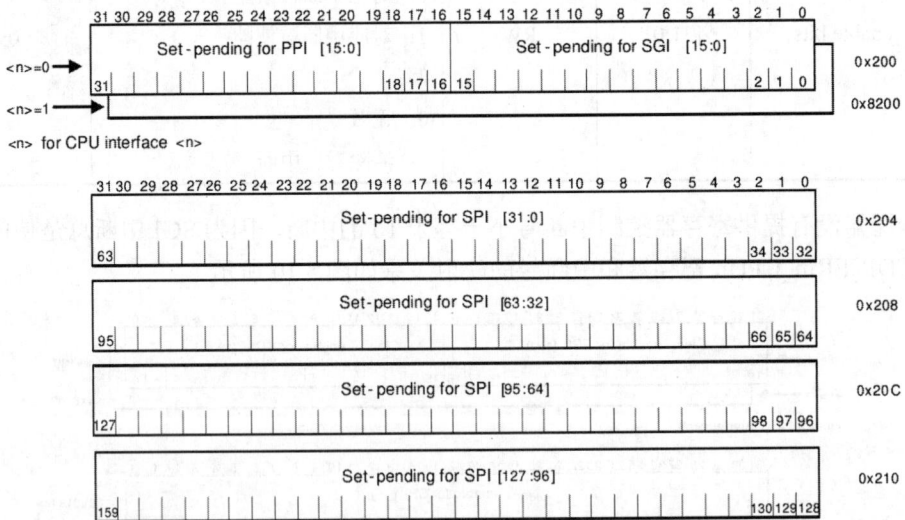

图 5.11　ICDISPRm_CPUn 寄存器和中断号的映射关系

④ GIC 中断状态清除寄存器（ICDICPRm_CPUn，m=0~4，n=0~3）

ICDICPRm_CPUn 寄存器中每位对应一个中断，当中断发生相应标志位自动置 1，标识中断发生，当中断处理完成后我们需要用软件方式将中断对应标志位清零。其具体功能如表 5.17 所示。

表 5.17　ICDICPRm_CPUn 寄存器

ICDICPRm_CPUn	位	类　　型	描　　述	复　位　值
Set-pending bits	[31:0]	RW	读： 0：标识相应的中断没有在任何处理器上登记 1：对于 SGI 和 PPI，标识相应中断在当前 CPU 被登记；对于 SPI，标识响应中断至少在一个 CPU 上被登记 写：（对于 SGI 无效，对于 SPI 和 PPI） 0：无效 1：从之前的登记状态变成未激活状态，或者从激活并登记状态，变成激活状态	0x0

ICDICPRm_CPUn 寄存器和中断号的映射关系如图 5.12 所示。

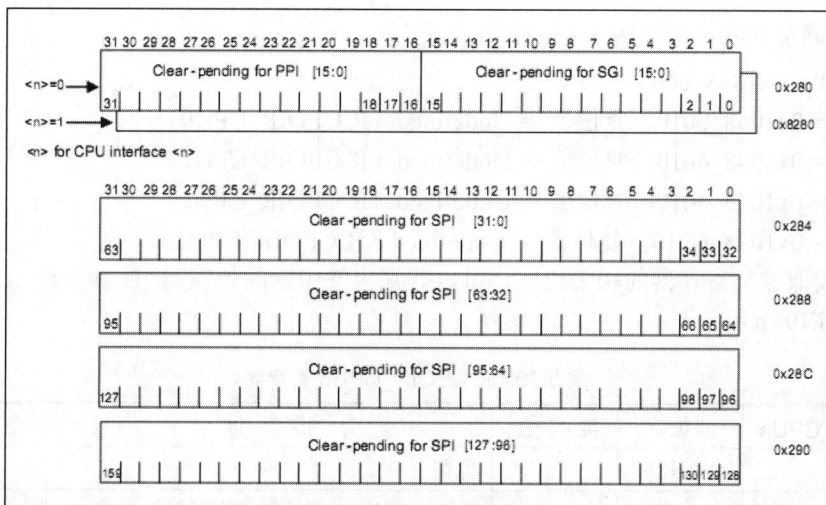

图 5.12　ICDICPRm_CPUn 寄存器和中断号的映射关系

⑤ 中断激活寄存器（ICDABRm_CPUn，m=0~4，n=0~3）

中断系统的激活包括激活和激活并挂起两种状态。通过读操作位可以查询相应位对应的中断是否处于激活状态；通过向相应位上写 1，可以将相应位的中断改变成激活状态。其具体功能如表 5.18 所示。

表 5.18　ICDABRm_CPUn 寄存器

ICDABRm_CPUn	位	类　　型	描　　述	复　位　值
Clearing-pending bits	[31:0]	RW	0：对应位的中断没有激活 1：对应位的中断处于（或被设置为）激活状态	0x0

ICDABRm_CPUn 寄存器和中断号的映射关系如图 5.13 所示。

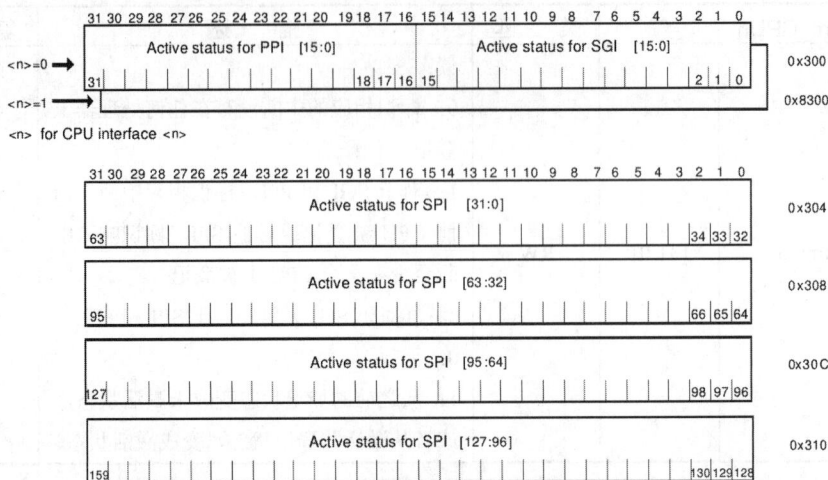

图 5.13　ICDABRm_CPUn 寄存器和中断号的映射关系

⑥ 中断处理结束寄存器（ICCEOIR_CPUn，n=0~3）

基地址：0x1048_0000

地址 = 0x1048_0010，复位值 = Undefined（ICCEOIR_CPU0）

地址 = 0x1048_4010，复位值 = Undefined（ICCEOIR_CPU1）

地址 = 0x1048_8010，复位值 = Undefined（ICCEOIR_CPU2）

地址 = 0x1048_C010，复位值 = Undefined（ICCEOIR_CPU3）

通过读取该类寄存器的相关位域，可以获知应答中断的处理器 ID 和中断 ID，其具体功能如表 5.19 所示。

表 5.19　ICCEOIR_CPUn 寄存器

ICCEOIR_CPUn	位	类　型	描　述	复　位　值
RSVD	[31:13]	-	保留	-
CPUID	[12:10]	W	对 SGI 有效，中断处理结束写入与 ICCIAR 寄存器内一致的 CPU 值	-
EOINTID	[9:0]	W	中断处理结束写入 ICCIAR 寄存器内一致的中断 ID 号，作为中断处理结束信号	-

（3）中断优先级配置类寄存器

① CPU 优先级过滤寄存器（ICCPMR_CPUn，n=0~3）

基地址：0x1048_0000

地址 = 0x1048_0004，复位值 = 0x0000_0000（ICCPMR_CPU0）

地址 = 0x1048_4004，复位值 = 0x0000_0000（ICCPMR_CPU1）

地址 = 0x1048_8004，复位值 = 0x0000_0000（ICCPMR_CPU2）

地址 = 0x1048_C004，复位值 = 0x0000_0000（ICCPMR_CPU3）

ICCPMR_CPUn 寄存器用来设置 CPU0、CPU1、CPU0、CPU1 的中断过滤级别，只有

优先级高于此寄存器设置的屏蔽级别的中断，才可以发送到 CPU。需要注意的是，优先级值越小，级别越高。其具体功能如表 5.20 所示。

表 5.20　ICCPMR_CPUn 寄存器

ICCPMR_CPUn	位	类　型	描　述	复 位 值
RSVD	[31:8]	-	保留	0x0
Priority	[7:0]	RW	CPU 中断屏蔽级别 数值范围：0~255	0x0

② CPU 优先级（ICCBPR_CPUn，n=0~3）
地址 = 0x1048_0008，复位值 = 0x0000_0000（ICCBPR_CPU0）
地址 = 0x1048_4008，复位值 = 0x0000_0000（ICCBPR_CPU1）
地址 = 0x1048_8008，复位值 = 0x0000_0000（ICCBPR_CPU2）
地址 = 0x1048_C008，复位值 = 0x0000_0000（ICCBPR_CPU3）
该类寄存器用于设置子组的位数，其具体功能如表 5.21 所示。

表 5.21　ICCBPR_CPUn 寄存器

ICCBPR_CPUn	位	类　型	描　述	复 位 值
RSVD	[31:3]	-	保留	0x0
Binary point	[2:0]	RW	子组的位数，取值 0~7	0x0

③ CPU 激活中断优先级指示寄存器（ICCRPR_CPUn，n=0~3）
该类寄存器用于指示 CPU 上处于激活状态的最高优先级中断的优先级值，数值越小，优先级越高。其具体功能如表 5.22 所示。

表 5.22　ICCRPR_CPUn 寄存器

ICCRPR_CPUn	位	类　型	描　述	复 位 值
RSVD	[31:8]	-	保留	0x0
Priority	[7:0]	R	指示 CPU 上处于激活状态的最高优先级中断的优先级值	0x0

④ 最高登记中断寄存器（ICCHPIR_CPUn，n=0~3）
通过读取该类寄存器的相关位域，可以获取应答中断的处理器 ID 和中断 ID，其具体功能如表 5.23 所示。

表 5.23　ICCHPIR_CPUn 寄存器

ICCHPIR_CPUn	位	类　型	描　述	复 位 值
RSVD	[31:13]	-	保留	0x0
CPUID	[12:10]	R	该位域指示最高优先级登记中断对应的处理器 ID（CPUID）（仅对 SGI）	0x0
PENDINTID	[9:0]	R	指示登记中断的最高优先级（仅对 SGI）	0x3FF

⑤ 优先级设置寄存器（ICDIPRm_CPUn，m=0~4，n=0~3）

每个 CPU，有 40 个该类寄存器，用于 160 个中断的优先级设置，其具体功能如表 5.24 所示。

表 5.24　ICDIPRm_CPUn 寄存器

ICDIPRm_CPUn	位	类　型	描　　述	复 位 值
Priority, byte offset 3	[31:24]	R		0x0
Priority, byte offset 2	[23:16]	R	设置对应中断的优先级，取值	0x0
Priority, byte offset 1	[15:8]	R	0x00~0xFF，值越小，优先级越高	0x0
Priority, byte offset 0	[7:0]	R		0x0

ICDIPRm_CPUn 寄存器和中断号的映射关系如图 5.14 所示。

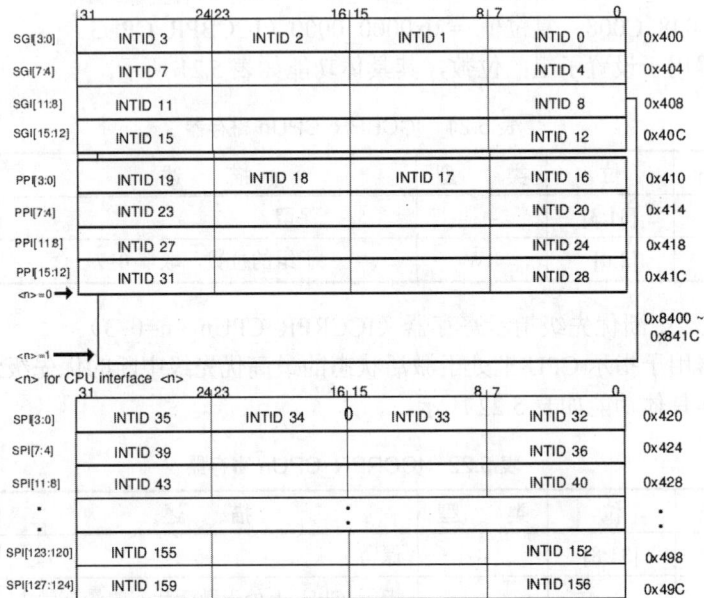

图 5.14　ICDIPRm_CPUn 寄存器和中断号的映射关系

（4）中断状态查询寄存器

① PPI 状态寄存器（PPI_STATUS_CPUn，n=0~3）

该类寄存器存放了相应 CPU 的 16 个 PPI 的状态（高或低电平），其具体功能如表 5.25 所示。

表 5.25　PPI_STATUS_CPUn 寄存器

PPI_STATUS_CPUn	位	类　型	描　　述	复 位 值
RSVD	[31:16]	-	保留	0x0
ppi_status	[15:0]	R	Bit[X] = 0 PPI_CPU[x] 为低 Bit[X] = 1 PPI_CPU [x] 为高	0x0

② SPI 状态寄存器（SPI_STATUSn，n=0~3）

其具体功能如表 5.26 所示。

表 5.26　SPI_STATUSn 寄存器

SPI_STATUSn	位	类　型	描　　述	复 位 值
spi_status	[31:0]	R	Bit[X] = 0 SPI [x] 为低 Bit[X] = 1 SPI [x] 为高	0x0

（5）软件中断产生寄存器 ICDSGIR

地址 = 0x1049_0F00，复位值 = Undefined

其具体功能如表 5.27 所示。

表 5.27　ICDSGIR 寄存器

ICDSGIR	位	类　型	描　　述	复 位 值
RSVD	[31:26]	-	保留	-
Target List Filter	[25:24]	W	00：发送中断到 CPUTargetList 指定的 CPU 接口 01：发送中断到除请求中断的 CPU 外的其余 CPU 接口 10：发送中断仅到请求中断的 CPU 接口 11：保留	-
CPUTarget List	[23:16]	W	当 CPUTargetList=00 时，该位域确定分配器发送中断达到的 CPU 接口，CPUTarget List[7:0]中的每一位对应一个 CPU 接口，如 CPUTarget List[0]对应用 CPU 接口 0。设置该位为 1，则中断发送到相应的 CPU 接口	-
SATT	[15]	W	0：当 SGI 被配置成安全模式时，发送由 SGIINTID 域指定 SGI 到指定的 CPU 接口 1：当 SGI 被配置成非安全模式时，发送由 SGIINTID 域指定 SGI 到指定的 CPU 接口	-
RSVD	[14:4]	-	保留	-
SGINTID	[3:0]	W	指定软件中断的 ID 值（0~15）	-

2. 外部中断相关寄存器

每组外部中断都对应 EXT_INTXCON、EXT_INTX_FLTCON0 或 EXT_INTX_FLTCON1、EXT_INTX_MASK、EXT_INTX_PEND 以及 EXT_INTX_FIXPRI 等 5 个寄存器。下面以 INT1 为例介绍相关的寄存器，其他组中断寄存器完全相似。

（1）外部中断控制寄存器 EXT_INT1CON

地址 = 0x1140_7000，复位值 = 0x0000_0000

EXT_INT1CON 寄存器用来设置 EXT_INT1 各引脚的外部中断触发方式，其具体功能如表 5.28 所示。

表 5.28　EXT_INT1CON 寄存器

EXT_INT1CON	位	类　型	描　　　述	复　位　值
RSVD	[31]	-	保留	0x0
EXT_INT1_CON[7]	[30:28]	RW	设置 EXT_INT1_ [7]的触发方式 000：低电平触发 001：高电平触发 010：下降沿触发 011：上升沿触发 100：双边沿触发 101~111：保留	0x0
RSVD	[27]	-	保留	0x0
EXT_INT1_CON[6]	[26:24]	RW	设置 EXT_INT1_ [6]的触发方式 000：低电平触发 001：高电平触发 010：下降沿触发 011：上升沿触发 100：双边沿触发 101~111：保留	0x0
RSVD	[23]	-	保留	0x0
EXT_INT1_CON[5]	[23:16]	RW	设置 EXT_INT1_ [5]的触发方式 000：低电平触发 001：高电平触发 010：下降沿触发 011：上升沿触发 100：双边沿触发 101~111：保留	0x0
RSVD	[23]	-	保留	0x0
EXT_INT1_CON[4]	[23:16]	RW	设置 EXT_INT1_ [4]的触发方式 000：低电平触发 001：高电平触发 010：下降沿触发 011：上升沿触发 100：双边沿触发 101~111：保留	0x0
RSVD	[15]	-	保留	0x0

续表

EXT_INT1CON	位	类　型	描　述	复 位 值
EXT_INT1_CON[3]	[14:12]	RW	设置 EXT_INT1_ [3]的触发方式 000：低电平触发 001：高电平触发 010：下降沿触发 011：上升沿触发 100：双边沿触发 101~111：保留	0x0
RSVD	[11]	-	保留	0x0
EXT_INT1_CON[2]	[10:8]	RW	设置 EXT_INT1_ [2]的触发方式 000：低电平触发 001：高电平触发 010：下降沿触发 011：上升沿触发 100：双边沿触发 101~111：保留	0x0
RSVD	[7]	-	保留	0x0
EXT_INT1_CON[1]	[6:4]	RW	设置 EXT_INT1_ [1]的触发方式 000：低电平触发 001：高电平触发 010：下降沿触发 011：上升沿触发 100：双边沿触发 101~111：保留	0x0
RSVD	[3]	-	保留	0x0
EXT_INT1_CON[0]	[2:0]	RW	设置 EXT_INT1_ [0]的触发方式 000：低电平触发 001：高电平触发 010：下降沿触发 011：上升沿触发 100：双边沿触发 101~111：保留	0x0

（2）外部中断滤波配置寄存器 EXT_INT1_FLTCON0（端口低四位）

地址 = 0x1140_8000，复位值 = 0x0000_0000

EXT_INT1_FLTCON0 寄存器用来设置 EXT_INT1[3:0]外部中断是否滤波，以及滤波宽度，其具体功能如表 5.29 所示。

表 5.29　EXT_INT1_FLTCON0 寄存器

EXT_INT1_FLTCON0	位	类　型	描　述	复　位　值
FLTEN1[3]	[31]	RW	FLTEN1[3]滤波使能	0x0
FLTWIDTH1[3]	[30:24]	RW	FLTEN1[3]滤波宽度	0x0
FLTEN1[2]	[23]	RW	FLTEN1[2]滤波使能	0x0
FLTWIDTH1[2]	[22:16]	RW	FLTEN1[2]滤波宽度	0x0
FLTEN1[1]	[15]	RW	FLTEN1[1]滤波使能	0x0
FLTWIDTH1[1]	[14:8]	RW	FLTEN1[1]滤波宽度	0x0
FLTEN1[0]	[7]	RW	FLTEN1[0]滤波使能	0x0
FLTWIDTH1[0]	[7:0]	RW	FLTEN1[0]滤波宽度	0x0

外部中断滤波配置寄存器 EXT_INT1_FLTCON1（端口高四位）

地址 = 0x1140_8001，复位值 = 0x0000_0000

EXT_INT1_FLTCON1 寄存器用来设置 EXT_INT1[7:4]外部中断是否滤波，以及滤波宽度，其具体功能如表 5.30 所示。

表 5.30　EXT_INT1_FLTCON1 寄存器

EXT_INT1_FLTCON1	位	类　型	描　述	复　位　值
FLTEN1[8]	[31]	RW	FLTEN1[8]滤波使能	0x0
FLTWIDTH1[8]	[30:24]	RW	FLTEN1[8]滤波宽度	0x0
FLTEN1[7]	[23]	RW	FLTEN1[7]滤波使能	0x0
FLTWIDTH1[7]	[22:16]	RW	FLTEN1[7]滤波宽度	0x0
FLTEN1[6]	[15]	RW	FLTEN1[6]滤波使能	0x0
FLTWIDTH1[6]	[14:8]	RW	FLTEN1[6]滤波宽度	0x0
FLTEN1[5]	[7]	RW	FLTEN1[5]滤波使能	0x0
FLTWIDTH1[5]	[7:0]	RW	FLTEN1[5]滤波宽度	0x0

（3）外部中断屏蔽寄存器 EXT_INT1_MASK

地址 = 0x1140_9000，复位值 = 0x0000_0000

EXT_INT1_MASK 用来设置 EXT_INT1 的每个外部中断是/否被屏蔽，其具体功能如表 5.31 所示。

表 5.31　EXT_INT1_MASK 寄存器

EXT_INT1_MASK	位	类　型	描　述	复　位　值
RSVD	[31:8]	-	保留	0x000000
EXT_INT1_MASK[7]	[7]	RW	1：屏蔽中断　　0：使能中断	0x0
EXT_INT1_MASK [6]	[6]	RW	1：屏蔽中断　　0：使能中断	0x0
EXT_INT1_MASK[5]	[5]	RW	1：屏蔽中断　　0：使能中断	0x0

续表

EXT_INT1_MASK	位	类 型	描 述		复 位 值
EXT_INT1_MASK [4]	[4]	RW	1：屏蔽中断	0：使能中断	0x0
EXT_INT1_MASK[3]	[3]	RW	1：屏蔽中断	0：使能中断	0x0
EXT_INT1_MASK [2]	[2]	RW	1：屏蔽中断	0：使能中断	0x0
EXT_INT1_MASK[1]	[1]	RW	1：屏蔽中断	0：使能中断	0x0
EXT_INT1_MASK[0]	[0]	RW	1：屏蔽中断	0：使能中断	0x0

（4）外部中断登记寄存器 EXT_INT1_PEND

地址 = 0x1140_A000，复位值 = 0x0000_0000

EXT_INT1_PEND 寄存器用来标识 EXT_INT1 的每个外部中断是/否产生中断请求，其具体功能如表 5.32 所示。

表 5.32　EXT_INT1_PEND 寄存器

EXT_INT1_PEND	位	类 型	描 述		复 位 值
RSVD	[31:8]	-	保留		0x000000
EXT_INT1_ PEND [7]	[7]	RW	1：未触发	0：中断触发	0x0
EXT_INT1_ PEND [6]	[6]	RW	1：未触发	0：中断触发	0x0
EXT_INT1_ PEND [5]	[5]	RW	1：未触发	0：中断触发	0x0
EXT_INT1_ PEND [4]	[4]	RW	1：未触发	0：中断触发	0x0
EXT_INT1_ PEND [3]	[3]	RW	1：未触发	0：中断触发	0x0
EXT_INT1_ PEND [2]	[2]	RW	1：未触发	0：中断触发	0x0
EXT_INT1_ PEND [1]	[1]	RW	1：未触发	0：中断触发	0x0
EXT_INT1_ PEND [0]	[0]	RW	1：未触发	0：中断触发	0x0

（5）外部中断固定优先级寄存器 EXT_INT1_FIXPRI

地址 = 0x1140_0B14，复位值 = 0x0000_0000

EXT_INT1_FIXPRI 寄存器用来标识或设置 EXT_INT1 中的哪个外部中断优先级别最高，其具体功能如表 5.33 所示。

表 5.33　EXT_INT1_FIXPRI 寄存器

XT_INT1_FIXPRI	位	类 型	描 述	复 位 值
RSVD	[31:3]	-	保留	0x0000000
Highest_EINT_NUM	[2:0]	RW	在 0~7 的固定优先级模式，第 0 组（EXT_INT1）中断中优先级别最高的中断号	0x0

5.2.6 外部中断初始化

1. 外设一级（设置 GPIO 控制器）

（1）将 GPX1_1 引脚的上拉和下拉禁止。例如：

GPX1PUD[3:2]= 0b00;

（2）将 GPX1_1 引脚功能设置为中断功能 WAKEUP_INT1[1] --- EXT_INT41[1]。

GPX1CON[7:4] = 0xf

（3）EXT_INT41CON 配置触发电平。
当前配置成下降沿触发：

EXT_INT41CON[6:4] = 0x2

（4）EXT_INT41_FLTCON0 配置中断引脚滤波。
默认就是打开的，不需要配置
（5）EXT_INT41_MASK 中断使能寄存器。
使能 INT41[1]

EXT_INT41_MASK[1] = 0b0

（6）EXT_INT41_PEND 中断状态寄存器。
当 GPX1_1 引脚接收到中断信号，中断发生，中断状态寄存器 EXT_INT41_PEND 相应位会自动置 1。

▶ **注意**：中断处理完成时，需要清除相应状态位。置 1 清 0。

EXT_INT41_PEND[1] =0b1

2. 中断控制器

（1）找到外设中断名称和 GIC 中断控制器对应的名称。
查看芯片手册（本例：Exynos_4412 -- 9.2 表）
WAKEUP_INT1[1] --- EXT_INT41[1] --- INT[9] --- SPI[25]/ID[57]
其对应 INT[9]，中断 ID 为 57，这是非常重要的，在后面的寄存器设置中起很大作用；下面是外设与中断控制器处理具体流程。
（2）GIC 使能。

ICDDCR =1;

使能分配器。
（3）使能相应中断到分配器。

ICDISER.ICDISER1 |= (0x1 << 25);   //57/32 =1...25 取整数（哪个寄存器）和余数（哪位）

ICDISER 用于使能相应中断到分配器，一个 bit 控制一个中断源，一个 ICDISER 可以控制 32 个中断源，这里 INT[9] 对应的中断 ID 为 57，所以在 ICDSER1 中进行设置，57/32 =1 余 25，所以这里在 ICDISER1 第 25 位置 1。

（4）选择 CPU 接口。

设置 SPI[25]/ID[57]由哪个 CPU 处理，当前设置为 CPU0 的 IRQ 中断。

```
ICDIPTR.ICDIPTR14 |= 0x01<<8; //SPI25 中断被送到 CPU0    //57/4 = 14..1 14 号寄存器的[15:8]
```

ICDIPTR 寄存器每 8 个 bit 控制一个中断源。

（5）全局使能 CPU0 中断处理。

```
CPU0.ICCICR |= 0x1;
```

使能中断到 CPU。

（6）优先级屏蔽寄存器，设置 CPU0 能处理所有的中断。

```
CPU0.ICCPMR = 0xFF;
```

5.2.7　外部中断控制应用举例

例：硬件电路连接如图 5.15 所示，按键 K1 连接 Exynos4412 的 GPX1_1 引脚，LED1 连接 Exynos4412 的 GPM0_0 引脚。编程实现 K1 按下一次，LED1 闪烁一次。

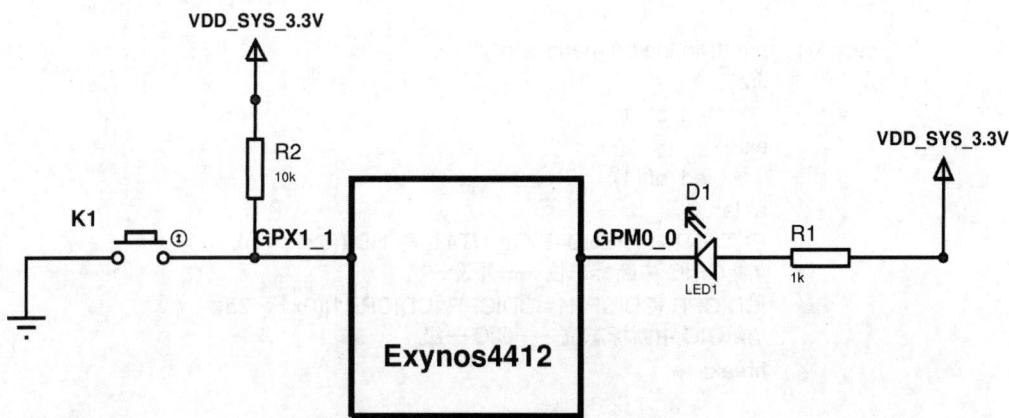

图 5.15　外部中断实例电路原理图

源代码如下：

```
#include "Exynos_4412.h"
Void led_init()
{
        GPM0CON &=~ (0xf<<0);
        GPM0CON |= (0x01<<0);
 }
Void led_off()
```

```
{ GPM0DAT |= 0x01; }
Void led_on()
{ GPM0DAT &= 0xFE; }
Void INT_57_init ()
{        GPX1.CON=GPX1.CON&(~(0xf<<4))|(0xf<<4);              //配置引脚功能为外部中断
         GPX1.PUD=GPX1.PUD&(~(0x3<<2));                       //关闭上下拉电阻
         EXT_INT41_CON=EXT_INT41_CON&(~(0xf<<4))|(0x2<<4);    //外部中断触发方式,将
中断配置为下降沿触发
         EXT_INT41_MASK=EXT_INT41_MASK&(~(0x1<<1));           //使能中断
         ICDDCR=1;                                           //使能分配器
         ICDISER.ICDISER1=ICDISER.ICDISER1|(0x1<<25);        //使能相应中断到分配器
         ICDIPTR.ICDIPTR14=ICDIPTR.ICDIPTR14&(~(0xff<<8))|(0x1<<8);//选择 CPU 接口
         CPU0.ICCPMR=255;                                    //中断屏蔽优先级
         CPU0.ICCICR=1;                                      //使能中断到 CPU
}
voiddelay_ms(unsignedintnum)
{   inti,j;
    for(i=num;i>0;i--)
         for(j=1000;j>0;j--);
}
Void do_irq(void)
{        staticinta=1;
         intirq_num;
         irq_num=CPU0.ICCIAR&0x3ff;                          //获取中断号
         switch(irq_num)
    {
         case57:   printf("in the irq_handler\n");
                   if(a)
                        led_on(1);
                   else
                        led_off(1);
                   a=!a;
                   EXT_INT41_PEND=EXT_INT41_PEND|((0x1<<1));
                   //清 GPIO 中断标志位——外设一级
                   ICDICPR.ICDICPR1=ICDICPR.ICDICPR1|(0x1<<25);
                   //清 GIC 中断标志位——GIC 一级
                   break;
         }
         CPU0.ICCEOIR=CPU0.ICCEOIR&(~(0x3ff))|irq_num;
         //清 CPU 中断标志位——CPU 一级
}
/*
 *   裸机代码, 不同于 LINUX 应用层, 一定加循环控制
 */
int main(void)
{        INT_57_init();
         led_init();
         while(1);
         return0;
```

```
}
/************************************************************************
***start.s
************************************************************************/
.text
.global _start
_start:
                b          reset
                ldr        pc,_undefined_instruction
                ldr        pc,_software_interrupt
                ldr        pc,_prefetch_abort
                ldr        pc,_data_abort
                ldr        pc,_not_used
                ldr        pc,_irq
                ldr        pc,_fiq
_undefined_instruction: .word _undefined_instruction
_software_interrupt: .word _software_interrupt
_prefetch_abort:            .word _prefetch_abort
_data_abort:                  .word _data_abort
_not_used:                    .word _not_used
_irq:                              .word irq_handler
_fiq:                              .word _fiq
reset:
         ldr        r0,=0x40008000
         mcr        p15,0,r0,c12,c0,0          @ Vector Base Address Register
         mrs        r0,cpsr
         bic        r0,r0,#0x1f
         orr        r0,r0,#0xd3
         msr        cpsr,r0                    @ Enable svc mode of cpu
init_stack:
         ldr        r0,stacktop                /*get stack top pointer*/
/********svc mode stack********/
         mov        sp,r0
         sub        r0,#128*4                  /*512 byte   for irq mode of stack*/
/****irq mode stack**/
         msr        cpsr,#0xd2
         mov        sp,r0
         sub        r0,#128*4                  /*512 byte   for irq mode of stack*/
/***fiq mode stack***/
         msr        cpsr,#0xd1
         mov        sp,r0
         sub        r0,#0
/***abort mode stack***/
         msr        cpsr,#0xd7
         mov        sp,r0
         sub        r0,#0
/***undefine mode stack***/
         msr        cpsr,#0xdb
         mov        sp,r0
```

```
                        sub             r0,#0
            /*** sys mode and usr mode stack ***/
                        msr             cpsr,#0x10
                        mov             sp,r0          /*1024 byte   for user mode of stack*/
                        b               main
                .align      4
                /****   swi_interrupt handler   ****/
                /****   irq_handler   ****/
irq_handler:
        sub    lr,lr,#4
        stmfd sp!,{r0-r12,lr}
        bl          do_irq
        ldmfd sp!,{r0-r12,pc}^
stacktop:      .word               stack+4*512
.data
stack:         .space   4*512
```

5.2.8　外部中断控制实验

1.　实验目的

（1）了解 Exynos4412 中断控制器。

（2）掌握 Exynos4412 中断控制器的特殊功能寄存器。

（3）熟练掌握 Exynos4412 外部中断的初始化方法及编程应用。

2.　实验原理

（1）硬件电路连接如图 5.16 所示，按键 K1、K2 分别连接 Exynos4412 的 GPX1_0 和 GPX1_1 引脚，LED1 和 LED2 分别连接 Exynos4412 的 GPM0_0 和 GPM0_1 引脚。

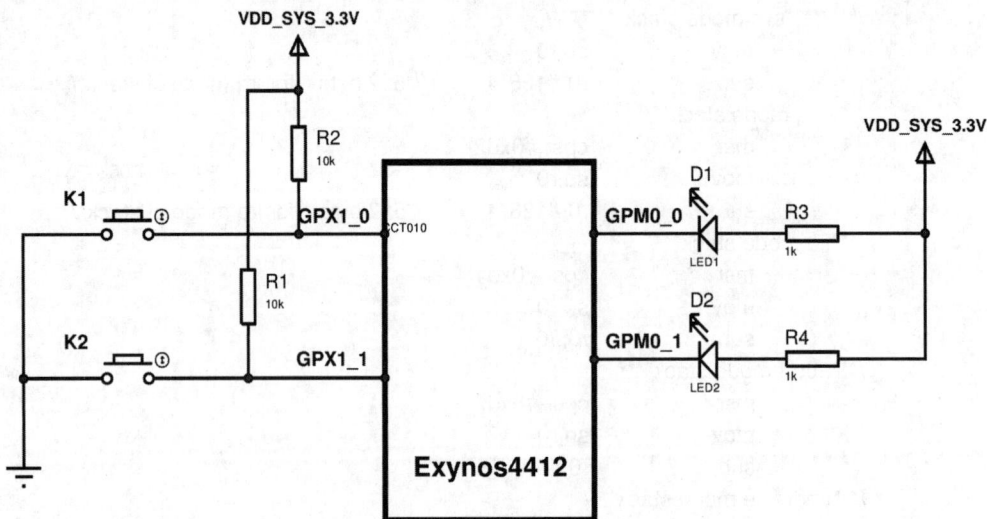

图 5.16　外部中断硬件电路原理图

（2）特殊功能寄存器。

① 端口引脚控制寄存器（GPXCON X=A0-V4），具体内容如表 5.1 所示。

② 端口数据寄存器（GPXDAT X=A0-V4），具体内容如表 5.2 所示。

③ 端口引脚上/下拉设置寄存器（GPXPUD X=A0-V4），具体内容如表 5.3 所示。

④ 端口引脚驱动能力寄存器（GPXDRV X=A0-V4），具体内容如表 5.4 所示。

3. 实验内容

利用外部中断编程实现，对于 LED1 来说，读取 GPX1_0 的状态；高电平时（K1 断开，常态），LED1 熄灭；低电平时（K1 闭合，按下），LED1 灯亮。LED2 灯的亮灭操作与 LED1 灯的设置方式一致。

4. 实验代码

```
#include "Exynos_4412.h"
Void led_init()
{
        GPM0CON &=~((0xf<<0)|(0xf<<4));
        GPM0CON |= (0x01<<4)|(0x01<<0);
 }
Void led_off( int num)
{
    switch(num)
    {
        case1: GPM0DAT |= 0x01;
            break;
        case2: GPM0DAT |= 0x02;
            break;
    }
}
Void led_on(int num)
{
    switch(num)
    {
        case1: GPM0DAT &= 0xFE;
            break;
        case2: GPM0DAT &= 0xFD;
            break;
    }
}
voidINT_init ()
{
    GPX1.CON&=~((0xf<<4))|(0xf<<0);
    GPX1.CON|=( (0xf<<4))|(0xf<<0);                  //配置引脚功能为外部中断
    GPX1.PUD=GPX1.PUD&(~(0xf<<0));                   //关闭上下拉电阻
    EXT_INT41_CON&=~((0xf<<4))|(0xf<<0);
    EXT_INT41_CON|= ((0x0<<4))|(0x0<<0);             //外部中断触发方式，电平触发
    EXT_INT41_MASK=EXT_INT41_MASK&(~(0x11<<0));      //使能中断
```

```
            ICDDCR=1;                                                    //使能分配器
            ICDISER.ICDISER1=ICDISER.ICDISER1|(0x1<<25);                 //使能相应中断到分配器
            ICDIPTR.ICDIPTR14=ICDIPTR.ICDIPTR14&(~(0xff<<8))|(0x1<<8);   //选择 CPU 接口
            CPU0.ICCPMR=255;                                             //中断屏蔽优先级
            CPU0.ICCICR=1;                                               //使能中断到 CPU
}
voiddelay_ms(unsignedintnum)
{
        inti,j;
        for(i=num;i>0;i--)
                for(j=1000;j>0;j--);
}
voiddo_irq(void)
{
        staticinta=1;
        intirq_num;
        irq_num=CPU0.ICCIAR&0x3ff;                                      //获取中断号
        switch(irq_num)
        {
                case56: printf("in the irq_handler\n");
                        if(a)
                                led_on(1);
                        else
                                led_off(1);
                        a=!a;
                        XT_INT41_PEND=EXT_INT41_PEND|((0x1<<1));         //清 GPIO 中断标志位
                        ICDICPR.ICDICPR1=ICDICPR.ICDICPR1|(0x1<<25);    //清 GIC 中断标志位
                        break;
                case57:  printf("in the irq_handler\n");
                        if(a)
                                led_on(2);
                        else
                                led_off(2);
                        a=!a;
                        /*清 GPIO 中断标志位*/
                        EXT_INT41_PEND=EXT_INT41_PEND|((0x11<<0));
                        /*清 GIC 中断标志位*/
                        ICDICPR.ICDICPR1=ICDICPR.ICDICPR1|(0x1<<25);
                        break;
        }
                CPU0.ICCEOIR=CPU0.ICCEOIR&(~(0x3ff))|irq_num;           //清 CPU 中断标志位
}
/*主函数*/
int main(void)
{       INT_init();
        led_init();
        while(1);
        return0;
}
```

5. 实验结果

K1 断开，LED1、LED2 熄灭；K1 闭合，LED1、LED2 灯亮。

本章小结

本章讲述了 Exynos4412 中的 GPIO 端口和多核中断控制器。

在 I/O 端口部分，主要讲述了 I/O 端口概述、I/O 端口控制、I/O 端口特殊功能寄存器、I/O 端口初始化和 I/O 端口编程应用等内容。

I/O 端口特殊功能寄存器中，主要讲述了各组端口的端口配置寄存器（GPXXCON）、端口数据寄存器（GPXXDAT）和端口上/下拉电阻允许/禁止寄存器（GPXXPUD）。

要求读者掌握 I/O 端口的初始化方法及编程应用。

在终端控制部分，主要讲述了多核中断控制器概述、外部中断控制器原理、多核中断控制器特殊功能寄存器、外部中断初始化和外部中断控制应用举例等。要求读者掌握外部中断的初始化方法及编程应用。

课外练习

1．对于 Exynos4412 片内的 GPIO 端口，简要回答以下问题：

（1）Exynos4412 有多少个 I/O 端口？通常每组端口由哪几个特殊功能寄存器组成？每个寄存器的主要用途是什么？

（2）对于端口 B 寄存器组，如何将端口 B 配置为输入端口？

（3）简述 GPxCON 寄存器的用途。

（4）简述 GPxPUD 寄存器的用途。

2．对于 Exynos4412 片内的中断控制器，简要回答以下问题：

（1）简述使能和清除中断的方法。

（2）在 ARM Cortex-A9 结构中，中断可以分为哪 3 类？每一类的特点是什么？

（3）简述 ICDICFR_CPU 寄存器的用途。

（4）简述 EXT_INTxCON 寄存器的用途。

3．解释为什么多个中断源可以共用一个中断 ID？

4．试阐述将 GPB.0 设置为 GPIO 输出高电平的步骤。

5．简述外部中断的初始化步骤。

6．请列出外部中断的中断个数和中断 ID。

参阅书目

1．杨福刚．ARM Cortex-A9 多核嵌入式系统开发教程[M]．西安：西安电子科技大学出版社，2016.

2．华清远见嵌入式学院，刘洪涛，等．ARM 嵌入式系统结构与接口技术（Cortex-A9版）[M]．北京：人民邮电出版社，2017.

3．华清远见嵌入式学院，秦山虎，刘洪涛，等．ARM 处理器开发详解——基于 ARM Cortex-A9 处理器的开发设计[M]．北京：电子工业出版社，2016.

4．张石．ARM Cortex-A9 嵌入式技术教程[M]．北京：机械工业出版社，2018.

5．刘彦文．嵌入式系统原理及接口技术[M]．北京：清华大学出版社，2011.

@ 网络链接

1．http://www.itkeyword.com/doc/0391299127142935x420/arm-4412-exynos4412

2．http://www.eeworld.com.cn/mcu/2018/ic-news101441779.html

3．https://blog.csdn.net/obobodog/article/details/38586941

第 6 章　PWM 定时器及看门狗定时器

本章主要内容

1. Exynos4412 PWM 定时器组成及操作过程，PWM 定时器功能，PWM 定时器特殊功能寄存器，PWM 定时器初始化方法，PWM 定时器应用。

2. Exynos4412 看门狗（WDT）定时器组成及操作过程，看门狗定时器功能，看门狗定时器特殊功能寄存器，看门狗定时器初始化方法，看门狗定时器应用。

6.1　PWM 定时器

6.1.1　PWM 定时器概述

1. 定时器组成

如图 6.1 所示，Exynos4412 有 5 个 32 位的定时器。这些定时器可产生内部中断信号给 ARM 子系统。其中，定时器 0~3 带有脉宽调制（Pulse Width Modulation，PWM）功能；定时器 0 有可选的死区（dead-zone）产生功能。这 4 个定时器的输出信号连接到 Exynos4412 的 XpwmTOUT0~XpwmTOUT3 引脚，输出波形的频率和占空比可编程控制；定时器 4 是一个内部定时器，没有 PWM 功能，输出信号未连接到 Exynos4412 外部引脚；PWM 对定时器 0 有可选的死区发生器（dead-zone generator），以支持大电流设备控制。

定时器使用 APB-PLCK 作为时钟源，定时器 0 与定时器 1 共用一个 8 位预分频器（prescaler），定时器 2、定时器 3 与定时器 4 共用另一个 8 位预分频器，每个定时器都有一个时钟分频器（clock divder），时钟分频器有 5 种分频输出（1/1、1/2、1/4、1/8、1/16），时钟分频系数可通过编程选择。

Exynos4412 片内定时器支持自动重装模式（一次定时结束，以重装值重新开始下次定时）和一次脉冲模式（一次定时结束，停止定时器）。

2. 定时器寄存器组成

如图 6.1 所示，除了定时器 4，定时器 0~3 中每个定时器内部都有下述寄存器。

（1）定时/计数器缓冲寄存器（TCNTBn），程序可读写，用于保存定时/计数器初值。在手动更新允许的情况下，将这个初值送到定时/计数器寄存器 TCNTn，在 TCNTn 中进行递减计数操作。在自动重装允许的情况下，一次计数结束（TCNTn 递减达到 0 时），自动将 TCNTBn 的值装到 TCNTn。

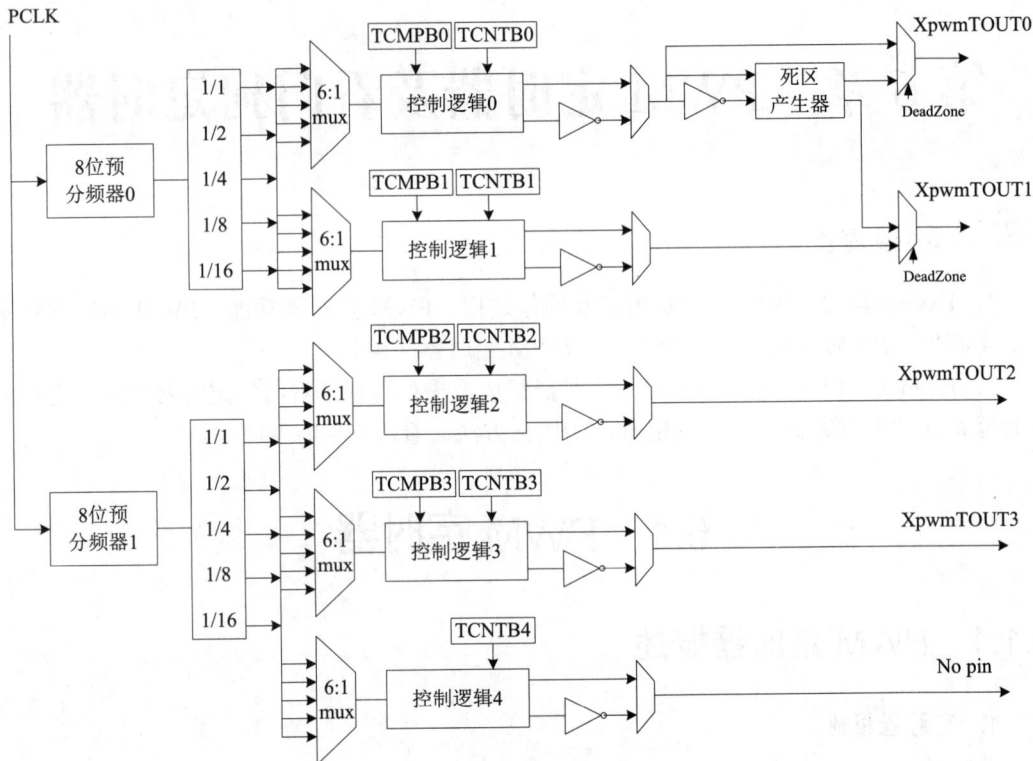

图 6.1   Exynos4412 定时器逻辑结构图

TCNTBn 的值决定了输出信号 TOUTn 的频率。

（2）定时器比较缓冲寄存器 TCMPBn，程序可读写，用于保存定时/计数器比较初值。在手动更新允许的情况下，将这个初值送到定时/计数器比较寄存器 TCMPn，当执行计数的 TCNTn 的值与 TCMPBn 相等时，计数器输出信号 TOUTn 电平由低变高。在自动重装允许的情况下，一次计数结束（TCNTn 递减达到 0 时），自动将 TCMPBn 的值装到 TCMPn。

TCMPBnn 的值决定了输出信号 TOUTn 的占空比。

（3）定时/计数器寄存器（TCNTn），是内部寄存器，程序不可读写，TCNTn 也称为减法计数器、计数器或递减计数器。定时器的计数操作在 TCNTn 中执行。

（4）定时器比较寄存器 TCMPBn，是内部寄存器，程序不可读写，在计数过程中，TCNTn 的值与 TCMPBn 一旦相等，计数器输出信号 TOUTn 电平将由低变高。

（5）定时/计数器观察寄存器（TCNTOn），程序可读写，在计数过程中，如果希望读出 TCNTn 的值，只能通过读 TCNTOn 实现，不能直接读 TCNTn 的值。

3. PWM 定时器的特点

（1）5 个 32 位定时器。

（2）2 个 8 位 PCLK 分频器提供一级预分，5 个 2 级分频器用来预分外部时钟。

（3）可编程选择 PWM 独立通道。

（4）4 个独立的可编程的控制及支持校验的 PWM 通道。

（5）静态配置：PWM 停止。

（6）动态配置：PWM 启动。

（7）支持自动重装模式及触发脉冲模式。

（8）一个外部启动引脚。

（9）两个 PWM 输出可带 Dead-Zone 发生器。

（10）中断发生器。

6.1.2 PWM 定时器功能

1. 基本定时功能

主要工作过程如下。

（1）确定 8 位预分频值和时钟分频选择。

（2）将计数初值写入定时器计数缓冲寄存器（TCNTBn），将比较值写入定时器比较缓冲寄存器（TCMPBn）。

（3）当手动更新允许时，定时器自动将 TCNTBn、TCMPBn 的内容送入定时器技术寄存器（TCNTn）、定时器比较寄存器（TCMPn）。

（4）启动定时器（定时器控制寄存器：TCON 对应的 start/stop 位），计数之前输出信号 TOUTn 引脚为高电平，开始计数 TOUTn 引脚变为低电平。

（5）TCNTn 开始减一计数，计数过程中，当 TCNTn 的值与 TCMPn 的值相等时，TOUTn 引脚输出电平翻转；递减计数器减至 0 后，输出电平再次翻转，完成一个输出周期。这种基于 TCNTBn 和 TCMPBn 的双缓冲特性使定时器在频率和占空比变化时能产生稳定的输出。

每个定时器都有一个专用的由定时器时钟驱动的 16 位递减计数器。当递减计数器的计数值达到 0 时，就会产生定时器中断请求来通知 CPU 定时器操作完成。当定时器递减计数器达到 0 时，如果设置了自动重装功能，相应的 TCNTBn 的值会自动重载到递减计数器中以继续下次操作。但是，如果定时器停止了，比如在定时器运行时清除 TCON 中定时器使能位，TCNTBn 的值不会被重载到递减计数器中。

例：定时器操作如图 6.2 所示。

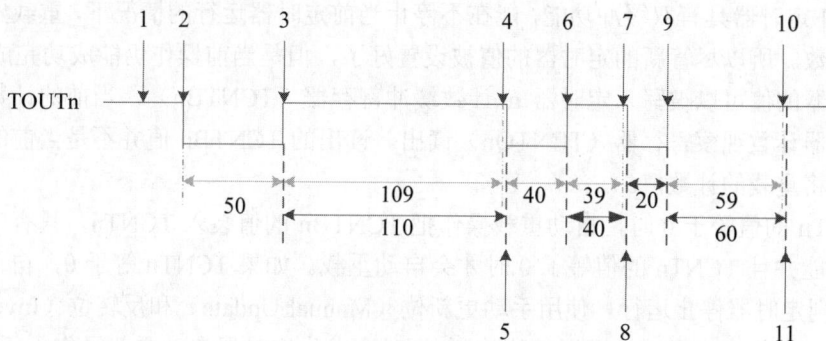

图 6.2 定时器操作例子

实现如图 6.2 所示的输出，PWM 定时器的步骤如下。

（1）使能自动重装。

（2）设置 TCNTBn 值为 159（50+109），TCMPBn 的值为 109。

（3）设置手动更新位为 1，由于允许手动更新，所以 TCNTBn 和 TCMPBn 的值分别被送至 TCNTn 和 TCMPn。

（4）配置反相器位为 on 或 off。

（5）设置 TCNTBn 值为 79（40+39），TCMPBn 的值为 39。

（6）启动定时器，设置 TCON 的启动位。

（7）当 TCNTn 和 TCMPn 的值相等，TOUTn 的逻辑电平从低变高。

（8）当 TCNTn 的值减到 0，产生中断请求。

（9）将 TCNTBn 和 TCMPBn 的值自动装入 TCNTn（79（40+39））和 TCMPn（39），在中断服务程序（Interrupt Service Routine，ISR）中 TCNTBn 被设置为 79（20+59）和 TCMPBn 被设置为 59。

（10）当 TCNTn 和 TCMPn 的值相等，TOUTn 的逻辑电平从低变高。

（11）当 TCNTn 的值减到 0，产生中断请求。

（12）将 TCNTBn 和 TCMPBn 的值自动装入 TCNTn（79（20+59））和 TCMPn（59），在中断服务程序（Interrupt Service Routine，ISR）中禁止自动重装，并禁止中断请求。

（13）TCNTn 和 TCMPn 的值相等，TOUTn 的逻辑电平从低变高。

（14）当 TCNTn 的值减到 0，不再产生中断请求。

（15）由于自动重装已被禁止，不再重装 TCNTn，并停止定时器工作。

2. 脉宽调制

TCMPBn 的值用于脉冲宽度调制（PWM）。当定时器的递减计数器的值和比较寄存器的值相匹配时，定时器控制逻辑将改变输出电平。因此，比较寄存器决定了 TOUTn 输出信号的占空比。TCMPBn 的值越小，TOUTn 输出高电平的时间越短；反之，则 OUTn 输出高电平的时间越长。

3. 自动重装与双缓冲

PWM 定时器具有双缓冲功能，能在不停止当前定时器运行的情况下，重载定时器下次运行的参数。所以尽管新的定时器的值被设置好了，但是当前操作仍能成功完成。

定时器的值可以被写入定时器 n 计数缓冲寄存器（TCNTBn），当前的计数器的值可以从定时器计数观察寄存器（TCNTOn）读出。读出的 TCNTBn 值并不是当前的计数值，而是下次将重载的计数值。

TCNTn 的值等于 0 时，自动重载操作把 TCNTBn 的值装入 TCNTn，只有当自动重载功能被使能并且 TCNTn 的值等于 0 时才会自动重载。如果 TCNTn 等于 0，自动重载控制位为 0，则定时器停止运行。使用手动更新位（Manual Update）和反转位（Inverter）完成定时器的初始化。当递减计数器的值达到 0 时会发生定时器自动重载操作，所以 TCNTn 的初始值必须由用户提前定义好，在这种情况下就需要手动更新位重载初始值。

4. 手动更新

在第一次使用定时器时，需要将"手动更新"位置 1，使得 TCNTB0 寄存器的数值装入 TCNT0 中。之后就可以通过自动重装载将数字自动装入寄存器中。

如果定时器被强制停止，TCNTn 保持原来的值而不是 TCNTBn 的重载值。如果要设置一个新的值，必须执行手动更新操作。

5. 输出电平控制

如图 6.3 所示，反相器为 off 或 on，其输出信号 TCNTn 的波形高低电平正好相反，通过计数/定时器控制寄存器 TCON 中设置反相器 on/off 位，决定 TOUTn 输出是否被反相。

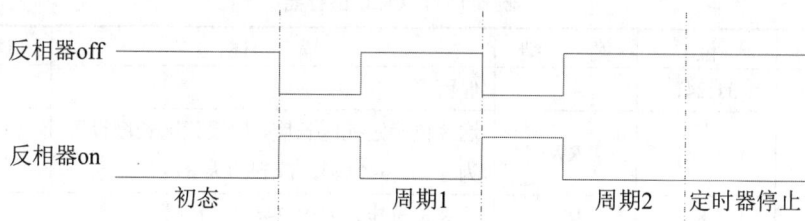

图 6.3　反相器 on/off 位输出 TOUTn 波形图

6. 死区发生器

PWM 输出时的 Dead Zone（死区）作用是在电平翻转时插入一个时间间隔，避免关闭前一个设备和打开后一个设备时因为开关速度的问题出现同时开启状态而增加负荷的情况（在没有彻底关闭前打开了后一个设备），尤其是电流过大时容易造成短路等损坏设备，如互补 PWM 波输出在逆变器（直流转交流）中的应用。

如图 6.4 所示，Exynos4412 中计数/定时器 0 具有死区产生器，XpwmTOUT0 和 XpwmTOUT1 可用于大电流设备的 PWM 控制。TOUT0 是定时/计数器 0 的 PWM 输出，nTOUT0 是 TOUT0 的反相输出。如果允许死区功能，TOUT0 和 nTOUT0 的输出波形分别是 TOUT0_DZ 和 nTOUT0_DZ，nTOUT0_DZ 通过 TOUT1（见图 6.1）引脚输出。确保在死区区间 TOUT0_DZ 和 nTOUT0_DZ 不会同时接通。

图 6.4　死区被允许时的波形

6.1.3 特殊功能寄存器

1. 定时器配置寄存器 0（TFCG0）

基地址：0x139D_0000（PWM）

基地址：0x1216_0000（PWM_ISP）

地址 = 基地址 + 0x0000，复位值 = 0x0000_0101

寄存器 TFCG0 用来配置定时器的死区长度和预分频值，具体功能如表 6.1 所示。

表 6.1 TFCG0 寄存器

TFCG0	位	类 型	描 述	复 位 值
RSVD	[31:24]	-	保留	0x00
死区长度	[23:16]	RW	这 8 位确定死区长度，如果死区长度设置为 n（n=0~254），读到的为 n+1	0x00
Prescaler1	[15:8]	RW	这 8 位确定定时器 2~4 的预分频值	0x01
Prescaler0	[7:0]	RW	这 8 位确定定时器 0、1 的预分频值	0x01

2. 定时器配置寄存器 1（TFCG1）

基地址：0x139D_0000（PWM）

基地址：0x1216_0000（PWM_ISP）

地址 = 基地址 + 0x0004，复位值 = 0x0000_0000

寄存器 TFCG1 用来配置定时器分频值，具体功能如表 6.2 所示。

表 6.2 TFCG1 寄存器

TFCG1	位	类 型	描 述	复 位 值
RSVD	[31:20]	-	保留	0x0
MUX4	[19:16]	RW	内部定时器 4 选择 MUX 输入： 0000：1/1　　0001：1/2 0010：1/4　　001：1/8 0100：1/16	0x0
MUX3	[15:12]	RW	PWM 定时器 3 选择 MUX 输入： 0000：1/1　　0001：1/2 0010：1/4　　001：1/8 0100：1/16	0x0
MUX2	[11:8]	RW	PWM 定时器 2 选择 MUX 输入： 0000：1/1　　0001：1/2 0010：1/4　　001：1/8 0100：1/16	0x0

续表

TFCG1	位	类　型	描　述	复　位　值
MUX1	[7:4]	RW	PWM 定时器 1 选择 MUX 输入： 0000：1/1　　0001：1/2 0010：1/4　　001：1/8 0100：1/16	0x0
MUX0	[3:0]	RW	PWM 定时器 0 选择 MUX 输入： 0000：1/1　　0001：1/2 0010：1/4　　001：1/8 0100：1/16	0x0

3. 定时器控制寄存器（TCON）

基地址：0x139D_0000（PWM）

基地址：0x1216_0000（PWM_ISP）

复位值 = 0x0000_0000

寄存器 TCON 用来配置定时器自动重装、自动更新、定时器启动/停止、输出翻转、死区启/停等功能，具体功能如表 6.3 所示。

表 6.3　TCON 寄存器

TCON	位	类　型	描　述	复　位　值
RSVD	[31:23]	-	保留	
Timer 4 auto reload on/off	[22]	RW	控制定时器 4 自动重装功能 0：单发　　1：自动重装	
Timer 4 manual update	[21]	RW	控制定时器 4 的手动更新 0：无操作 1：更新 TCNTB4 寄存器	
Timer 4 start/stop	[20]	RW	控制定时器 4 的启停 0：定时器 4 停止 1：定时器 4 启动	
Timer 3 auto reload on/off	[19]	RW	控制定时器 3 自动重装功能 0：单发　　1：自动重装	
Timer 3 output inverter on/off	[18]	RW	控制定时器 3 输出翻转 0：关闭 1：TOUT3 输出翻转	
Timer 3 manual update	[17]	RW	控制定时器 3 的手动更新 0：无操作 1：更新 TCNTB3 寄存器	

TCON	位	类　型	描　述	复　位　值
Timer 3 start/stop	[16]	RW	控制定时器 3 的启停 0：定时器 3 停止 1：定时器 3 启动	
Timer 2 auto reload on/off	[15]	RW	控制定时器 2 自动重装功能 0：单发　　1：自动重装	
Timer 2 output inverter on/off	[14]	RW	控制定时器 2 输出翻转 0：关闭 1：TOUT2 输出翻转	
Timer 2 manual update	[13]	RW	控制定时器 2 的手动更新 0：无操作 1：更新 TCNTB2 寄存器	
Timer 2 start/stop	[12]	RW	控制定时器 2 的启停 0：定时器 2 停止 1：定时器 2 启动	
Timer 1 auto reload on/off	[11]	RW	控制定时器 1 自动重装功能 0：单发　　1：自动重装	
Timer 1 output inverter on/off	[10]	RW	控制定时器 1 输出翻转 0：关闭 1：TOUT3 输出翻转	
Timer 1 manual update	[9]	RW	控制定时器 1 的手动更新 0：无操作 1：更新 TCNTB1 寄存器	
Timer 1 start/stop	[8]	RW	控制定时器 1 的启停 0：定时器 1 停止 1：定时器 1 启动	
RSVD	[7:5]	-	保留	0x0
Dead zone enable/disable	[5]	RW	死区使能 0：禁止　　1：使能	0x0
Timer 0 auto reload on/off	[3]	RW	控制定时器 0 自动重装功能 0：单发　　1：自动重装	0x0
Timer 0 output inverter on/off	[2]	RW	控制定时器 0 输出翻转 0：关闭 1：TOUT0 输出翻转	0x0

续表

TCON	位	类　型	描　述	复　位　值
Timer 0 manual update	[1]	RW	控制定时器0的手动更新 0：无操作 1：更新TCNTB0寄存器	0x0
Timer 0 start/stop	[0]	RW	控制定时器0的启停 0：定时器0停止 1：定时器0启动	0x0

4. 定时器n计数缓冲器寄存器（TCNTBn，n=0~4）

基地址：0x139D_0000（PWM）

基地址：0x1216_0000（PWM_ISP）

地址 = 基地址 + 0x000C（TCNTB0）

地址 = 基地址 + 0x0018（TCNTB1）

地址 = 基地址 + 0x0024（TCNTB2）

地址 = 基地址 + 0x0030（TCNTB3）

地址 = 基地址 + 0x003C（TCNTB4）

复位值 = 0x0000_0000

寄存器TCNTBn，n=0~4与5个定时器相对应，用来预装定制器的计数初值，如表6.4所示。

表6.4　TCNTBn寄存器

TCNTBn	位	类　型	描　述	复　位　值
Timer n 计数缓冲器寄存器	[31:0]	RW	定时器n（0~4）计数缓冲器寄存器	0x00

5. 比较缓冲器寄存器（TCMPBn，n=0~3）

基地址：0x139D_0000（PWM）

基地址：0x1216_0000（PWM_ISP）

地址 = 基地址 + 0x0010（TCMPB0）

地址 = 基地址 + 0x001C（TCMPB1）

地址 = 基地址 + 0x0028（TCMPB2）

地址 = 基地址 + 0x0034（TCMPB3）

复位值 = 0x0000_0000

寄存器TCMPBn，n=0~3与定时器0~3相对应，用来预装PWM定制器的计数比较值，该类寄存器用于修改波形的电平状态，从而更改PWM的占空比，具体功能如表6.5所示。

表 6.5 TCMPBn 寄存器

TCMPBn	位	类　型	描　述	复 位 值
Timer n 比较缓冲器寄存器	[31:0]	RW	定时器 n（0~3）比较缓冲器寄存器	0x00

6. 计数观察寄存器（TCNTOn，n=0~4）

基地址：0x139D_0000（PWM）

基地址：0x1216_0000（PWM_ISP）

地址 = 基地址 + 0x00014（TCNTO0）

地址 = 基地址 + 0x0020（TCNTO1）

地址 = 基地址 + 0x002C（TCNTO2）

地址 = 基地址 + 0x0038（TCNTO3）

地址 = 基地址 + 0x0040（TCNTO4）

复位值 = 0x0000_0000

寄存器 TCNTOn，n=0~3 与定时器 0~3 相对应，通过读类该寄存器，可以查看相应寄存器的当前计数值，如表 6.6 所示。

表 6.6 TCNTOn 寄存器

TCNTOn	位	类　型	描　述	复 位 值
Timer n 计数观察寄存器	[31:0]	RW	定时器 n（0~3）计数观察寄存器	0x00

6.1.4 PWM 定时器初始化

（1）封装特殊功能寄存器。

（2）初始化相应 GPIO 引脚。

（3）初始化 TCFG0，设置死区长度和预分频系数。

（4）初始化 TCFG1，设置分频系数。

（5）设置 TCNTBn，设置计数初值。

（6）设置 TCMPBn，设置比较值。

（7）设置 TCON，启动/定时计数器。

　　例：设 PCLK 为 1G，初始化定时器 0，使得 TOUT0 输出周期为 2kHz 的方波，试写出其初始化代码。

```
typedef struct {
    unsigned int    TCFG0;
    unsigned int    TCFG1;
    unsigned int    TCON;
    unsigned int    TCNTB0;
    unsigned int    TCMPB0;
    unsigned int    TCNTO0;
    unsigned int    TCNTB1;
    unsigned int    TCMPB1;
```

```
        unsigned int    TCNTO1;
        unsigned int    TCNTB2;
        unsigned int    TCMPB2;
        unsigned int    TCNTO2;
        unsigned int    TCNTB3;
        unsigned int    TCMPB3;
        unsigned int    TCNTO3;
        unsigned int    TCNTB4;
        unsigned int    TCNTO4;
        unsigned int    TINT_CSTAT;
}pwm;
#define PWM (* (volatile pwm *)0x139D0000)
void pwm_init(void)
{
        GPD0.CON = GPD0.CON & (~(0xf))| 0x2;
        GPD0.PUD = GPD0.PUD & (~(0xf)) ;
        PWM.TCFG0 = PWM.TCFG0 & (~(0xff))|0xf9;
        PWM.TCFG1 = PWM.TCFG1 & (~(0xf)) | 0x2;
        PWM.TCMPB0 = 250;
        PWM.TCNTB0 = 500;
        PWM.TCON = PWM.TCON & (~(0xff)) | (1 << 0) | (1 << 1) ;
        //第一次要手动设置
}
```

6.1.5　PWM 定时器程序应用举例

例 1：当 PCLK=66MHz 时，选择不同的时钟分频（1/1、1/2、1/4、1/8、1/16）输入，分别计算定时器最小分辨率、最大分辨率及定时时间区间。

定时时间分辨率（resolution）在这里的含义是指，输入到定时器计数寄存器 TCNTn 的一个计数脉冲的时间。因此当预分频值=0 时，一个计数脉冲的时间最短，称为最小分辨率；当预分频值=255 时，一个计数脉冲的时间最长，称为最大分辨率。

最大定时区间是指，当最大分辨率的情况下，当 TCNTn 的值设置为 4294967295 时，定时所需时间。

参见表 6.1 中定时器配置寄存器 TFCG0 的内容，根据定时器输入时钟频率计算公式，结算结果如表 6.7 所示。

表 6.7　定时器最小、最大分辨率及最大定时时间

4 位时钟分频选择	最小分辨率 （Prescaler 值=1）	最大分辨率 （Prescaler 值=255）	最大定时区间 （TCNTBn=4294967295）
1/1（PCLK = 66 MHz）	0.030us（33.0 MHz）	3.879us（257.8kHz）	16659.27s
1/2（PCLK = 66 MHz）	0.061us（16.5 MHz）	7.758us（128.9kHz）	33318.53s
1/4（PCLK = 66 MHz）	0.121us（8.25 MHz）	15.515us（64.5kHz）	66637.07s
1/8（PCLK = 66 MHz）	0.242us（4.13 MHz）	31.03us（32.2kHz）	133274.14s
1/16（PCLK = 66 MHz）	0.485us（2.06 MHz）	62.061us（16.1kHz）	266548.27s

以表 6.7 第一行为例，计算如下：

（1）最小分辨率

$$定时器输入时钟的频率 = PCLK/\{\ prescaler\ 值+1\}/\{divider\ 值\}$$
$$= 66（MHz）/\{1+1\}/\{1\}$$
$$= 33.0（MHz）$$

$$一个计数脉冲的时间 = 1/33.0（MHz）= 0.30（\mu s）$$

（2）最大分辨率

$$定时器输入时钟的频率 = PCLK/\{\ prescaler\ 值+1\}/\{divider\ 值\}$$
$$= 66（MHz）/\{255+1\}/\{1\}$$
$$= 257.8（KHz）$$

$$一个计数脉冲的时间 = 1/257.8（KHz）= 3.879（\mu s）$$

（3）最大定时时间

由于 TCNTBn=4294967295，计数到 0 共 4294967296 个计数脉冲，所以 4294967296* 3.879μs= 266548.27s。

例 2：若 Exynos4412 芯片的 TOUT0 引脚连接一个发光二极管 LED0，试编程控制使用定时器 Timer 0 控制 LED0 以 2 秒为周期闪烁。

```
Void led_init(void)
{
    GPM0CON &=~((0xf<<0)|(0xf<<4));
    GPM0CON |= (0x01<<4)|(0x01<<0);
}
void pwm_init(void)
{
    GPD0.CON = GPD0.CON & (~(0xf))| 0x2;
    GPD0.PUD = GPD0.PUD & (~(0xf)) ;
    PWM.TCFG0 = PWM.TCFG0 & (~(0xff))|0xf9;
    PWM.TCFG1 = PWM.TCFG1 & (~(0xf)) | 0x2;
    //PWM.TCMPB0;不产生 PWM 信号无须初始化 TCMPBn
    PWM.TCNTB0 = 1000000;
    PWM.TCON = PWM.TCON & (~(0xff)) | (1 << 0) | (1 << 1) ;
    //第一次要手动设置
}
Void led_init()
{
    GPM0CON &=~((0xf<<0)|(0xf<<4));
    GPM0CON |= (0x01<<4)|(0x01<<0);
}
Void led_off( int num)
{
    switch(num)
    {
        case1: GPM0DAT |= 0x01;
            break;
        case2: GPM0DAT |= 0x02;
```

```
            break;
        }
}
Void led_on(int num)
{
    switch(num)
    {
        case1: GPM0DAT &= 0xFE;
            break;
        case2: GPM0DAT &= 0xFD;
            break;
    }
}
int main(void)
{
    pwm_init();
    led_init();
    while(1);
    return0;
}
```

6.1.6　PWM 定时器编程控制实验

1. 实验目的

（1）理解 PWM 定时器的工作原理。

（2）掌握蜂鸣器的控制方法。

（3）掌握 PWM 定时器的编程控制方法。

2. 实验原理

（1）PWM 定时器的主要寄存器

相关的寄存器有 TCFG0、TCFG1、TCON、TCNTB2、TCMPB2、TCNTO2（详见 6.1.3 节）。

（2）蜂鸣器的工作原理

① 蜂鸣器里面有两个金属片，离的很近但没挨着；没电时两个片在弹簧本身张力作用下分开彼此平行；有电时两边分别充电，在异性电荷的吸力作用下两个片挨着。

② 只要以快速的频率给蜂鸣器的正负极供电、断电。进行这样的循环，蜂鸣器的两个弹簧片就会挨着分开挨着分开……形成敲击，发出声音。

③ 因为人的耳朵能听见的声音频率有限制（20Hz~20000Hz），做实验时一般给个 2kHz 的频率，大部分人都能听到。

④ 频率高低会影响声音的音频，一般是音频越低声音听起来越低沉、音频越高听起来越尖锐。

⑤ 根据以上分析可以看出，只要用 PWM 波形的电压信号来驱动蜂鸣器，把 PWM 波形的周期 T 设置为要发出的声音信号的 1/频率即可；PWM 的占空比只要确保能驱动蜂鸣

器即可（驱动能力问题，一般引脚驱动能力都不够，所以蜂鸣器会额外用三极管放大电流来供电）。

蜂鸣器的连接如图 6.5 所示，蜂鸣器 BUZ1 受三极管控制，三极管的控制端连接在 GPD0_0 引脚上。

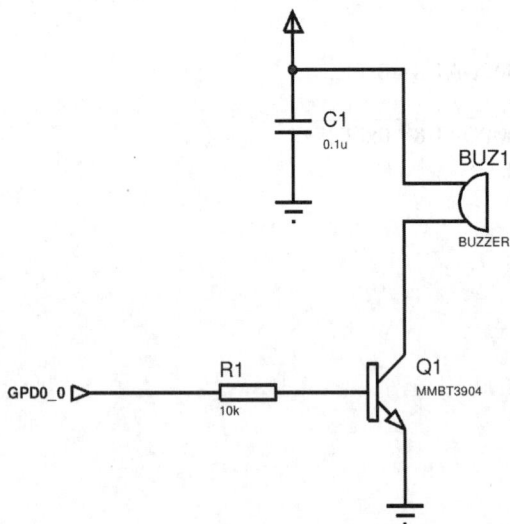

图 6.5　蜂鸣器的连接图

3. 实验内容

利用 PWM 定时器 Timer0，在其 PWM 输出端 TOUT0 产生 250Hz 的方波，控制蜂鸣器发出蜂鸣声。

4. 实验代码

通过 PWM 定时器输出 PWM 信号，驱动蜂鸣器发声。

```
#include "Exynos_4412.h"
/*PWM 初始化函数*/
void init_pwm0(void)
{    GPD0.PUD=0x0;                                    //设置 GPD0 组禁止上拉和下拉
     GPD0.CON=GPD0.CON&(~(0xf<<0))|(0x2<<0);          //设置 GPD0_0 功能为 PWM0 输出
     PWM.TCFG0=PWM.TCFG0&(~(0xff<<0))|0xF9;           //设置 PWM0 时钟一级分频为 250
     PWM.TCFG1=PWM.TCFG1&(~(0xf<<0))|0x04;            //设置 PWM0 时钟二级分频为 16
     //TCNT_CLK=PCLK(100M)/(249+1)/16=25kHz
     PWM.TCNTB0=100;          //设置 PWM0 时钟周期为 1/25K*100=4ms（频率为 250Hz）
     PWM.TCMPB0=50;                                   //设置 PWM0 占空比为 50%
     PWM.TCON=PWM.TCON|(0x1<<1);       //设置 PWM0 手动更新 TCNTB0 和 TCMPB0
     PWM.TCON=PWM.TCON&（~（0xf<<0））|(0x9<<0);    //启动自动重载，禁止手动更新、
启动 PWM0
}
/*主函数*/
int main()
{    init_pwm0();                                     //初始化 PWM0
```

```
        while(1);
        return0;
}
```

5. 实验结果

程序全速运行，蜂鸣器发出蜂鸣声。

6.2　看门狗定时器

6.2.1　看门狗定时器原理

看门狗定时器的主要功能是当系统出现故障时（如噪声或者系统错误），为系统的微处理器产生复位信号，使系统在一定时间间隔内自动复位重启，保证系统长期、可靠和稳定运行的有效措施。目前大部分的嵌入式芯片内部都集成了看门狗定时器来提高系统运行的可靠性。

看门狗（WatchDog Timer）定时器属于定时器的一种，和 PWM 的定时器的原理相似，启动看门狗定时器，一旦计数初值被写入看门狗计数寄存器（WTCNT），WTCNT 就开始减 1 计数。只是目的不一样。它的特点是，有规律的重新设置计数器，保持计数值不为 0。一旦计数值减为 0，看门狗将发出复位信号复位系统或产生中断。

Exynos4412 处理器片内有一个看门狗定时器模块，包含是一个 16 位定时器，减 1 计数，可由程序控制允许/禁止看门够定时器，主要特性有如下两个：

（1）通用的中断方式的 16 位定时器。

（2）当计数器减到 0（发生溢出）时，产生 128 个 PCLK 周期的复位信号。

看门狗定时器功能框图如图 6.6 所示。

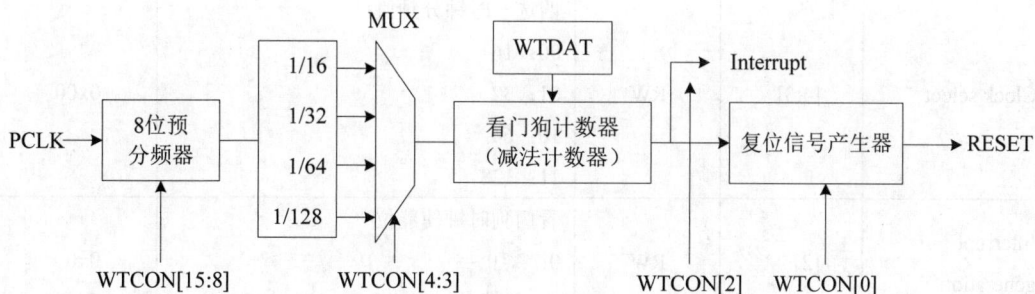

图 6.6　Exynos4412 处理器的看门狗模块

看门狗定时器用 PCLK 作为它的唯一时钟源，为了产生相应的看门狗定时器时钟，PCLK 先被预分频，之后再次分频（称为始终分频）。8 位预分频器和四选一的时钟分频器的分频值，在看门狗的控制寄存器（WTCON）中设置。其中，预分频值的范围是 0~255，时钟分频值可选择 16、32、64 或 128。看门狗定时器计数时钟周期的计算如下：

$$t\_watchdog = 1/(PCLK/(Prescaler\ value+1)/Division\_factor) \qquad (6\text{-}1)$$

式中，Prescaler value 为预分频值；Divison_factor 为分频因子，可以是 16、32、64 或 128。

▶ **注意：**

（1）看门狗定时器数据寄存器（WTDAT）的值就不能被自动地装载到看门狗定时器（WTCNT）中。因此，看门狗启动前要将一个初始值写入看门狗计数器（WTCNT）中。

（2）当 Exynos4412 用嵌入式 ICE 调试时，看门狗定时器的复位功能就不被启动，看门狗定时器能从 CPU 内核信号判断出当前 CPU 是否处于调试状态。如果看门狗定时器确定当前模式是调试模式，尽管看门狗产生溢出信号，但是仍然不会产生复位信号。

6.2.2 特殊功能寄存器

1. 看门狗定时器控制寄存器（WTCON）

地址 = 0x1006_0000，复位值 = 0x0000_8021

通过配置 WTCON 寄存器，能够选择不同的分频值、设置看门狗中断、复位功能是否使能，允许/禁止看门狗定时器等，具体功能如表 6.8 所示。

表 6.8　WTCON 寄存器各位含义

WTCON	位	类　型	描　　述	复　位　值
RSVD	[31:6]	-	保留	0x0
Prescaler value	[15:8]	RW	8 位预分频值：有效数值范围为 0~255	0x80
RSVD	[7:6]	RW	保留	0x00
WDT timer	[5]	RW	看门狗时钟使能位 0：禁止 1：使能	0x1
Clock select	[4:3]	RW	四选一时钟分频值： 00：16 01：32 10：64 11：128	0x00
Interrupt generation	[2]	RW	看门狗时钟使能位 0：禁止 1：使能	0x0
RSVD	[1]	RW	保留	0x0
Reset enable/disable	[0]	RW	看门狗时钟使能位 0：禁止 1：使能	0x1

如果想把看门狗定时当作一般定时器使用，应该中断使能，禁止看门狗定时器复位。由表 6.8 可以看出，系统上电复位后，看门狗定时器默认是被允许的，同时允许看门狗定时器输出复位信号，如果不希望使用看门狗定时器，可以禁止它。

2. 看门狗定时器数据寄存器（WTDAT）

地址 = 0x1006_0004，复位值 = 0x0000_8000

WTDAT 用来设置看门狗定时器的技术处置，如表 6.9 所示。

表 6.9　WTDAT 寄存器

WTDAT	位	类　型	描　　述	复 位 值
RSVD	[31:16]	-	保留	0x0000
Count reload value	[15:0]	RW	用于重装的看门狗定时器计数初值	0x8000

WTDAT 用于指定超时时长区间，系统上电复位后，由于 WTCNT 的值减到 0 时，系统就会复位，WTDAT 的值装不进看门狗计数寄存器（WTCNT）中，所以 WTDAT 和 WTCNT 的复位值都设置为 0x8000；并且在重置 WTDAT 后，初次看门狗定时操作时，WTDAT 的值不能被自动重装到定时器计数寄存器 WTCNT 中，因此用户要同时对 WTDAT 和 WTCNT 设定初值。

3. 看门狗计数寄存器（WTCNT）

地址 = 0x1006_0008，复位值 = 0x0000_8000

WTCNT 包含看门狗定时器工作时，计数器的当前计数值如表 6.10 所示。

表 6.10　WTCNT 寄存器

WTCNT	位	类　型	描　　述	复 位 值
RSVD	[31:16]	-	保留	0x0000
Count value	[15:0]	RW	看门狗定时器当前计数值	0x8000

6.2.3　看门狗定时器初始化

看门狗定时器初始化步骤如下：

（1）封装看门狗定时器的寄存器

```
#include "Exynos_4412.h"
```

（2）确定预分频值和时钟分频值（WTCON）

例 1：

```
WDT.WTCON = WDT.WTCON&（~（0xFF<<8））|127<<0;        //设置 Prescaler=127
WDT.WTCON = WDT.WTCON&（~（0x3<<3））|2<<3;           //设置时钟分频因子为 64
```

（3）初始化 WTDAT 和 WTCNT

例 2：

```
WDT.WTDAT = 0xFFFF;
WDT.WTCNT =0xFFFF;
```

（4）启动看门狗定时器

```
WDT.WTCON = WDT.WTCON|0x01<<0;                              //设置看门狗复位功能有效
WDT.WTCON = WDT.WTCON|0x01<<5;                              //启动看门狗定时器
```

6.2.4 看门狗定时器控制应用举例

例：利用看门狗定时器作为内部定时器，PCLK=1GHz，控制 LED 以 1S 为周期闪烁。
代码如下：

```
#include "Exynos_4412.h"
#include "led.h"
#include "pwm.h"
 /*ms 延时函数*/
void mydelay_ms(int time)
{
    int i, j;
    while(time--)
    { for (i = 0; i < 5; i++)
        for (j = 0; j < 514; j++);
    }
}
//*(volatile unsigned int *)(0x11000c20) = 0;
 /*中断服务程序*/
void do_irq(void)
{   static int a = 1;
    int irq_num;
    irq_num = CPU0.ICCIAR&0x3ff;                            //获取中断号
    switch(irq_num)
    {
      case 75:
        printf("in the WDT interrupt!\n");
        Led_on();
        WDT.WTCLRINT = 0;
        ICDICPR.ICDICPR2 = ICDICPR.ICDICPR2 | (0x1 << 11);  //清 GIC 中断标志位
        break;
    }
    CPU0.ICCEOIR = CPU0.ICCEOIR&(~(0x3ff))|irq_num;         //清 CPU 中断标志位
}
void wdt_init(void)
{
    WDT.WTCON = (249 << 8) | (1 << 5) | (1 << 2);           //设置看门狗定时器预分频
```

系数为249，时钟分频系数为16，并使能看门狗定时器

```
    WDT.WTDAT = 125000;                          //设置看门狗定时器的计数初值为125000
    ICDDCR = 1;                                  //使能分配器
    ICDISER.ICDISER2 = ICDISER.ICDISER2 | (0x1 << 11);        //使能相应中断到分配器
    ICDIPTR.ICDIPTR18 = ICDIPTR.ICDIPTR18 & (~(0xff << 24))|(0x1 << 24); //选择CPU
    CPU0.ICCPMR = 255;                           //中断屏蔽优先级
    CPU0.ICCICR = 1;                             //使能中断到CPU
}
 int main (void)
{   wdt_init();
    printf("hello reset!\n");
    while(1)
    {  WDT.WTCNT = 125000;
       mydelay_ms(100);
    }
    return 0;
}
```

6.2.5　看门狗定时器控制实验

1. 实验目的

（1）理解Exynos4412看门狗定时器的工作原理。

（2）掌握Exynos4412看门狗定时器的中断方式和编程控制方法。

2. 实验原理

看门狗是一个内部系统，不需要外部电路就可以实现对系统状态位的检测，系统是否"跑飞"。当系统程序"跑飞"无法"喂狗"时，看门狗可以复位系统。

看门狗定时器的一般流程如下：

（1）设置看门狗中断操作，包括全局中断和看门狗中断的使能及看门狗中断向量的定义。如果只是进行复位操作，这一步可以不用设置。

（2）对看门狗控制寄存器（WTCON）进行设置，包括设置预分频因子、分频器的分频值、中断使能和复位使能等。

（3）对看门狗数据寄存器（WTDAT）进行设置。

（4）启动看门狗定时器。

（5）程序编写。

3. 实验内容

对看门狗的特殊功能寄存器进行操作，主循环注释掉"喂狗"操作，编译执行程序观察程序执行情况；去掉"喂狗"操作的注释，重新编译执行程序，观察程序执行情况。

4. 实验代码

```
#include "exynos_4412.h"
#include "uart.h"
```

```
/*ms 延时函数*/
void mydelay_ms(int time)
{    int i, j;
     while(time--)
     {    for (i = 0; i < 5; i++)
             for (j = 0; j < 514; j++);
     }
}
void wdt_init()
{    WDT.WTCNT = 0x2014;    //initial value
     /*
     *Prescaler value:255,    Enables WDT
     *Prescaler clock division factor 128
     *Enables WDT reset signal
     */
     WDT.WTCON = 0xff<<8 | 1<<5 | 3<<3 | 1;
}
int main(void)
{
     GPX2.CON = 0x1 << 28;
     uart_init();
     wdt_init();
     printf("\n ************* WDT RESET test!! **************\n");
     while(1)
         {    //Turn on  LED2
             GPX2.DAT = GPX2.DAT | 0x1 << 7;
             mydelay_ms(200);
             // Feed Dog
             WDT.WTCNT = 0x2018;
             printf("working...\n");
             //Turn off  LED2
             GPX2.DAT = GPX2.DAT & ~(0x1 << 7);
             mydelay_ms(200);
         }
     return 0;
}
```

5. 实验结果

（1）注释掉"喂狗"代码：产生复位后，停止打印"working…"，LED 停止闪烁。

（2）"喂狗"代码去掉注释：由于每循环一次都会做一次喂狗操作，看门狗不再产生复位信号，串口终端会一直打印"working…"，LED 也会一直闪烁。

📖 本章小结

本章讲述了 PWM 的定时器和看门狗定时器两部分内容：

在 PWM 定时器部分重点讲解了定时器的工作原理，Exynos4412 片内定时器的主要特点,定时器的特殊功能寄存器,定时器的初始化方法及应用举例。要求读者清楚 Exynos4412 片内定时器的主要特点,知道每个定时器内部各寄存器的作用和主要操作过程,掌握定时器的应用及编程方法。

在看门狗定时器部分重点讲解了看门狗控制器的操作方法,看门狗控制器的主要作用是防止芯片"跑飞",在实际项目和产品中应用非常广泛。

课外练习

一、填空题

1. Exynos4412 片内设置允许看门狗定时器,预分频值为 5,禁止中断,允许看门狗定时器的 Reset 功能,时钟分频因子为 1/16,则 WTCON=_____。

2. Exynos4412 片内定时器,寄存器_____的值决定了输出信号的频率,寄存器_____的值被用作输出信号占空比的调制。

3. 看门狗数据寄存器 WIDAT 用于指定定时时间,在初始化操作后,看门狗寄存器的值不能自动装载到看门狗计数器（WTCNT）中,然而,如果初值为_____,则可以自动装载 WTDAT 到 WTCNT 中。

二、简答题

1. Exynos4412 片内有几个定时器?哪几个具有 PWM 功能?

2. Exynos4412 片内定时器是 16 位还是 32 位?是递增计数还是递减计数?

3. 简述以下寄存器的用途:

　　TCNTBn、TCMPBn、TCNTn、TCMPn、TCNTOn

4. 简述 WTCON 寄存器的用途。

5. WTDAT 和 WTCNT 两个寄存器有何区别?

6. 简述为何在控制系统中加入看门狗定时器。

7. 编程实现看门狗作为普通 16 位定时器功能,控制 Led 以 1S 为周期闪烁。

8. 编程实现 0.5s 内不对看门狗进行喂狗操作,则系统自动复位。

9. 设置 TCNTB1=150,TCMPB1=80,设置允许自动重装,设置手动更新位为 1,启动后,设置 TCNTB1=100,TCMP1=60,自动重装后,又设置 TCNTB1=200,TCMP1=140,试画出 TOUT1 的输出波形。

10. 当 PCLK=1GHz,定时配置寄存器 TCFG0=0x0000007C,定时配置寄存器 TCFG1=0x00000003,计算定时器 0 的分辨率及最大定时区间。

参阅书目

1. 杨福刚. ARM Cortex-A9 多核嵌入式系统开发教程[M]. 西安:西安电子科技大学

出版社，2016.

2．华清远见嵌入式学院，刘洪涛，等．ARM 嵌入式系统结构与接口技术（Cortex-A9 版）[M]．北京：人民邮电出版社，2017.

3．华清远见嵌入式学院，秦山虎，刘洪涛，等．ARM 处理器开发详解——基于 ARM Cortex-A9 处理器的开发设计[M]．北京：电子工业出版社，2016.

4．张石．ARM Cortex-A9 嵌入式技术教程[M]．北京：机械工业出版社，2018.

5．刘彦文．嵌入式系统原理及接口技术[M]．北京：清华大学出版社，2011.

@ 网络链接

1．https://blog.csdn.net/zqixiao_09/article/details/50734035

2．https://msd.misuland.com/pd/300269966869925888

3．http://www.coin163.com/it/4201728599954600164/ARM-4412

4．https://blog.csdn.net/qq_21593899/article/details/51713761

5．https://blog.csdn.net/obobodog/article/details/38559951

第 7 章　RTC 实时时钟

本章主要内容

1. Exynos4412 RTC 定时器的工作原理。
2. Exynos4412 RTC 特殊功能寄存器、初始化方法及应用举例。

7.1　RTC 实时时钟概述

Exynos4412 芯片内部有一个实时时钟（Real-Time Clock，RTC）。RTC 是集成电路，通常称为时钟芯片。在一个嵌入式系统中，通常采用 RTC 来提供可靠的系统时间，包括时分秒和年月日等，而且要求在系统处于关机状态下也能正常工作（通常采用后备电池供电），并执行报警功能。它的外围也不需要太多的辅助电路，典型的就是只需要一个高精度的 32.768kHz 晶体和电阻电容等。

RTC 作为系统时钟使用，也能够执行报警功能，产生节拍时间中断。主要特点如下：

（1）使用 BCD 码来表示秒、分、时、日、星期、月、年等。

（2）有闰年产生器。

（3）报警功能：有报警中断或从 Power_OFF 模式中唤醒功能，掉电模式是空闲、深度空闲、停止、深度停止和睡眠。

（4）支持滴答计数器功能，节拍中断或从掉电模式（空闲、深度空闲、停止、深度停止和睡眠）唤醒。

（5）支持独立的电源输入。

（6）提供毫秒级的节拍时间中断，用于 RTOS 内核。

7.2　RTC 实时时钟功能

RTC 组成框图如图 7.1 所示。

1. 闰年发生器

闰年发生器根据 BCDDATE、BCDMON、BCDYEAR 寄存器的数据，确定每个月最后一天是 28、29、30 或 31 日，BCDYEAR 寄存器是 12 位的，它最多可表示 3 位 BCD 数字，千位的隐含数字是 2。

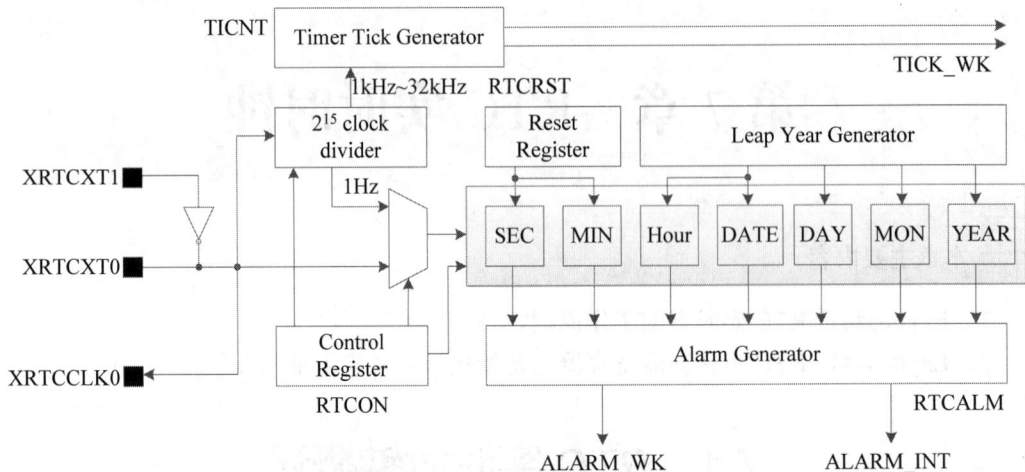

图 7.1　Exynos4412 处理器 RTC 组成框图

2. 读写寄存器

（1）写寄存器

RTCCON 控制寄存器位[0]必须先设置为 1，然后才可以写 RTC 模块中的寄存器，如果这一位是 0，则不能写入 RTC 模块中的寄存器。

（2）读寄存器

需要用秒、分、时、日、星期、月、年进行显示时，CPU 分别读以下寄存器的数据：BCDSEC、BCDMIN、BCDHOUR、BCDDATE、BCDDAY、BCDMON、BCDYEAR。

当秒寄存器 BCDSEC 的初值为 0 时，用户程序应该重读一次这些寄存器，例如如果读寄存器从 BCDYEAR 到 BCDMIN，得到的值 2059（Year），12（Month），31（Day），23（Hour）和 59（Minute），如果秒寄存器的值是 1~59，那么没问题，如果秒的值为 0，因为 1 秒钟的偏差，时间有可能变为 2060（Year），0（Month），0（Day），0（Hour）和 0（Minute）。因此秒值为 0 时，需要从 BCDYEAR 到 BCDMIN 重新读寄存器。

3. 后备电池

当系统电源切断时，备用电池通过 RTCVDD 引脚 RTC 模块供电。这是为了节约能耗，CPU 接口与 RTC 连接被阻塞，仅驱动晶振电路和 BCD 计数器。

4. 报警功能

在 POWER_OFF 模式或 Normal 模式，RTC 特定的时间产生一个报警中断或者报警唤醒信号，在 Normal 模式，报警中断被激活，在 POWER_OFF 模式，报警唤醒被激活。通过 RTC 报警控制寄存器 RTCALM，设置报警允许/禁止及报警时间条件。

5. 节拍时间中断

RTC 时间节拍被用作中断请求，节拍时间计数寄存器 TICNT 中有 32 位节拍时间计数值位。计数值达到 0 时，出现节拍时间中断。中断周期计算如下：

$$Period = (n+1)/128(secind)$$

式中，n 为节拍计数值，范围为 1~127。

Tick 中断分辨率如表 7.1 所示。

表 7.1　Tick 中断分辨率

滴答时钟源选择	滴答时钟源频率（Hz）	时钟范围（s）	分辨率（MS）
4'b0000	32768 (2^15)	0~131071	0.03
4'b0001	16384(2^14)	0~262143	0.06
4'b0010	8192(2^13)	0~524287	0.12
4'b0011	4096(2^12)	0~1048575	0.24
4'b0100	2048(2^11)	0~2097151	0.48
4'b0101	1024(2^10)	0~4194303	0.97
4'b0110	512(2^9)	0~8388607	1.95
4'b0111	256(2^8)	0~16777215	3.90
4'b1000	128(2^7)	0~33554431	7.81
4'b1001	64(2^6)	0~67108863	15.62
4'b1010	32(2^5)	0~134217727	31.25
4'b1011	16(2^4)	0~268435455	62.50
4'b1100	8(2^3)	0~536870911	125
4'b1101	4(2^2)	0~1073741823	250
4'b1110	2	0~2147483647	500
4'b1111	1	0~4294967295	1000

6. 进位复位功能

进位复位功能由 RTC 进位复位寄存器 RTCRST 实现。

7. 高精度 32.768kHz 外接晶振

RTC 单元通过一个外部的高精度 32.768kHz 晶振提供时钟。

7.3　特殊功能寄存器

1. RTC 控制寄存器 RTCCON

基地址：0x1007_0040，复位值 = 0x0000_0000

RTCCON 寄存器用于控制 RTC 是否使能，滴答时钟是否使能，滴答时钟子时钟源选择等功能，具体功能如表 7.2 所示。

表 7.2   RTCCON 寄存器

RTCCON	位	类 型	描 述	复 位 值
RSVD	[31:10]	-	保留	0x0
CLKOUTEN	[9]	RW	RTC 时钟从 XRTCCLKO 引脚输出使能位 0：禁止 1：使能	0x0
TICEN	[8]	RW	滴答计时器使能位 0：禁止 1：使能	4'b0000
TICCKSEL	[7:4]	RW	滴答时钟子时钟源选择位 4'b0000=32768Hz 4'b0001=16384Hz 4'b0010=8192Hz 4'b0011=4096Hz 4'b0100=2048Hz 4'b0101=1024Hz 4'b0110=512Hz 4'b0111=256Hz 4'b1000=128Hz 4'b1001=64Hz 4'b1010=32Hz 4'b1011=16Hz 4'b1100=8Hz 4'b1101=4Hz 4'b1110=2Hz 4'b1111=1Hz	0x0
CLKRST	[3]	RW	RTC 时钟计数复位 0：复位 1：不复位 注：当 CTLEN 置位时，CLKRST 才影响 RTC	0x0
CNTSEL	[2]	RW	BCD 计数选择位 0：合并 BCD 计数 1：保留	0x0
CLKSEL	[1]	RW	BCD 式中选择位 0：使用 XTAL 引脚时钟 2^{15} 分频后的时钟，当 XTAL 为 32.768 时分频后为 1s 1：保留	0x0
CTLEN	[0]	RW	RTC 控制使能位 0：禁止 1：使能 注：只有该位使能，才能修改 RTC 寄存器的值	0x0

2. 滴答时钟计数寄存器 TICNT

基地址：0x1007_0044，复位值 = 0x0000_0000

TICNT 寄存器用于指示滴答时钟的计数值，具体功能如表 7.3 所示。

表 7.3　TICNT 寄存器

TICNT	位	类　　型	描　　述	复 位 值
TICK_TIME_COUNT	[31:0]	RW	32-bit 滴答时钟计数值 注：这个值必须大于 1	0x0

3. RTC 报警控制和报警数据寄存器

RTC 报警控制寄存器 RTCALM，确定允许/禁止报警，报警数据寄存器确定报警时间，RTC 报警控制和报警数据寄存器地址及复位值如表 7.4 所示。寄存器各位的含义如表 7.5 所示。

表 7.4　RTC 报警控制和报警数据寄存器地址及复位值

寄 存 器 名	地　　址	类　　型	描　　述	复 位 值
RTCALM	0x1007_0050	RW	RTC 报警控制寄存器	0x0000_0000
ALMSEC	0x1007_0054	RW	报警秒数据寄存器	0x0000_0000
ALMMIN	0x1007_0058	RW	报警分数据寄存器	0x0000_0000
ALMHOUR	0x1007_005C	RW	报警时数据寄存器	0x0000_0000
ALMDATE	0x1007_0060	RW	报警日数据寄存器	0x0000_0000
ALMMON	0x1007_0064	RW	报警月数据寄存器	0x0000_0000
ALMYEAR	0x1007_0068	RW	报警年数据寄存器	0x0000_0000

表 7.5　RTC 报警控制和报警数据寄存器含义

寄 存 器 名	字　　段	位	描　　述	初　　态
RTCALM	RSVD	[31:7]	保留	0
	ALMEN	[6]	报警总允许： 0：禁止 1：允许	0
	YEAREN	[5]	年报警允许： 0：禁止 1：允许	0
	MONEN	[4]	月报警允许： 0：禁止 1：允许	0
	DAYEN	[3]	日报警允许： 0：禁止 1：允许	0
	HOUREN	[2]	时报警允许： 0：禁止 1：允许	0
	MINEN	[1]	分报警允许： 0：禁止 1：允许	0
	SECEN	[0]	秒报警允许： 0：禁止 1：允许	0

寄存器名	字 段	位	描 述	初 态
ALMSEC	RSVD	[31:7]	保留	0
	SECDATA（高位）	[6:4]	秒报警 BCD 值，从 0 到 5	0
	SECDATA（低位）	[3:0]	从 0 到 9	0
ALMMIN	RSVD	[31:7]	保留	0
	MINDATA（高位）	[6:4]	分报警 BCD 值，从 0 到 5	0
	MINDATA（低位）	[3:0]	从 0 到 9	0
ALMHOUR	RSVD	[31:6]	保留	0
	HOURDATA（高位）	[5:4]	时报警 BCD 值，从 0 到 2	0
	HOURDATA（低位）	[3:0]	从 0 到 9	0
ALMDATE	RSVD	[31:6]	保留	0
	DAYDATA（高位）	[5:4]	日报警 BCD 值，从 0 到 3	0
	DAYDATA（低位）	[3:0]	从 0 到 9	0
ALMMON	RSVD	[31:5]	保留	0
	MONDATA（高位）	[4]	月报警 BCD 值，从 0 到 1	0
	MONDATA（低位）	[3:0]	从 0 到 9	0
ALMYEAR	RSVD	[31:12]	保留	0
	YEARDATA（高位）	[11:8]	年报警 BCD 值，从 0 到 9	0
	YEARDATA	[7:4]	从 0 到 9	0
	YEARDATA（低位）	[3:0]	从 0 到 9	0

4. 秒、分、时、日、月、年数据寄存器

该类寄存器可以对这些寄存器设置当前时间和日期，读取当前的时间和日期，这些寄存器使用 BCD 值，Rest 值未定义，地址及复位值如表 7.6 所示。寄存器各位含义如表 7.7 所示。

表7.6　秒、分、时、日、月、年数据寄存器地址及复位值

寄存器名	地 址	类 型	描 述	复 位 值
BCDSEC	0x1007_0070	RW	秒数据寄存器	—
BCDMIN	0x1007_0074	RW	分数据寄存器	—
BCDHOUR	0x1007_0078	RW	时数据寄存器	—
BCDDAYWEEK	0x1007_007C	RW	星期数据寄存器	—
BCDDAY	0x1007_0080	RW	日数据寄存器	—
BCDMON	0x1007_0084	RW	月数据寄存器	—
BCDYEAR	0x1007_0088	RW	年数据寄存器	—

表 7.7　秒、分、时、日、月、年数据寄存器各位含义

寄 存 器 名	字　段	位	描　述	初　态
BCDSEC	RSVD	[31:7]	保留	0
	SECDATA（高位）	[6:4]	秒 BCD 值，从 0 到 5	0
	SECDATA（低位）	[3:0]	从 0 到 9	0
BCDMIN	RSVD	[31:7]	保留	0
	MINDATA（高位）	[6:4]	分 BCD 值，从 0 到 5	0
	MINDATA（低位）	[3:0]	从 0 到 9	0
BCDHOUR	RSVD	[31:6]	保留	0
	HOURDATA（高位）	[5:4]	时 BCD 值，从 0 到 2	0
	HOURDATA（低位）	[3:0]	从 0 到 9	0
BCDDAYWEEK	RSVD	[31:3]	保留	
	DAYWEEKDATA	[2:0]	星期 BCD 值，从 0 到 7	
BCDDAY	RSVD	[31:6]	保留	0
	DAYDATA（高位）	[5:4]	日 BCD 值，从 0 到 3	0
	DAYDATA（低位）	[3:0]	从 0 到 9	0
BCDMON	RSVD	[31:5]	保留	0
	MONDATA（高位）	[4]	月 BCD 值，从 0 到 1	0
	MONDATA（低位）	[3:0]	从 0 到 9	0
BCDYEAR	RSVD	[31:12]	保留	0
	YEARDATA（高位）	[11:8]	年 BCD 值，从 0 到 9	0
	YEARDATA	[7:4]	从 0 到 9	0
	YEARDATA（低位）	[3:0]	从 0 到 9	0

5. 当前时钟节拍计数器值 CURTICCNT

基地址：0x1007_0090，复位值 = 0x0000_0000

该寄存器存放当前时钟节拍计数器值，如表 7.8 所示。

表 7.8　CURTICCNT

CURTICCNT	位	类　型	描　述	复 位 值
Tick counter observation	[31:0]	R	当前时钟节拍计数器值	0x0

6. RTC 中断登记寄存器 INTP

基地址：0x1007_0030，复位值 = 0x0000_0000

该寄存器存标识中断登记情况，详细内容如表 7.9 所示。

表 7.9 INTP

INTP	位	类　型	描　述	复　位　值
RSVD	[31:2]	-	保留	0x0
ALARM	[1]	RW	时钟报警中断登记位	0x0
Time TIC	[0]	RW	时间节拍中断登记位	0x0

7.4　RTC 实时时钟初始化

1. 特殊功能寄存器封装

```
#define    RTCINTP      __REG(0X10070030)
#define    RTCCON       __REG(0X10070040)
#define    TICCNT       __REG(0X10070044)
#define    CURTICCNT    __REG(0X10070090)
  typedef struct {
            unsigned int ALM;
            unsigned int SEC;
            unsigned int MIN;
            unsigned int HOUR;
            unsigned int DAY;
            unsigned int MON;
            unsigned int YEAR;
}rtclam;
  #define    RTCALM (* (volatile rtclam *)0X10070050)
  typedef struct {
            unsigned int BCDSEC;
            unsigned int BCDMIN;
            unsigned int BCDHOUR;
            unsigned int BCDWEEK;
            unsigned int BCDDAY;
            unsigned int BCDMON;
            unsigned int BCDYEAR;
}rtcbcd;
#define    RTC (* (volatile rtcbcd *)0X10070070)
```

2. 初始化寄存器 RTCCON

```
RTCCON = 1;    //RTC 控制程序能够读写 RTC 寄存器
```

3. 初始化数据寄存器

```
RTC.BCDYEAR = 0x18;
RTC.BCDMON = 0x11;
RTC.BCDWEEK = 0x07;
RTC.BCDDAY = 0x10;
RTC.BCDHOUR = 0x23;
```

```
RTC.BCDMIN = 0x59;
RTC.BCDSEC = 0x59;
```

7.5 RTC 实时时钟应用举例

利用初始化 RTC 时间为 2018.11.11 12:00:00，每 0.5 秒在串口终端打印一次时间性信息，格式为"year: 2018 month: 11 date: 11 day: 07 hour: 12 min: 00 sec: 00"。

实现代码如下：

```
#include "exynos_4412.h"
#include "uart.h"
/*ms 延时函数*/
void mydelay_ms(int time)
{
    int i, j;
    while(time--)
    {
        for (i = 0; i < 5; i++)
            for (j = 0; j < 514; j++);
    }
}
/*RTC_init, second, minute, hour, day, week, month, year*/
void RTC_init()
{   RTCCON = 0x1;                    //使能 RTC 数据寄存器读/写操作
    RTC.BCDSEC = 0x59;
    RTC.BCDMIN = 0x59;
    RTC.BCDHOUR = 0x23;
    RTC.BCDDAY = 0x10;
    RTC.BCDWEEK = 0x07;
    RTC.BCDMON = 0x11;
    RTC.BCDYEAR = 0x18;

    RTCCON = 0x0;                    //禁止 RTC 数据寄存器读/写操作
}
int main(void)
{   GPX2.CON = 0x1 << 28;
    uart_init();
    RTC_init();
    printf("\n****** RTC ******* \n");
    while(1)
        {   //Turn on
            GPX2.DAT = GPX2.DAT | 0x1 << 7;
            mydelay_ms(500);
            printf("year 20%x : month %x : date %x :day %x ", RTC.BCDYEAR,\
                                                    RTC.BCDMON,\
                                                    RTC.BCDDAY,\
                                                    RTC.BCDWEEK );
```

```
                printf("hour %x : min %x : sec %x\n",RTC.BCDHOUR, RTC.BCDMIN, RTC.BCDSEC);
                //Turn off
                GPX2.DAT = GPX2.DAT & ~(0x1 << 7);
                mydelay_ms(500);
        }
        return 0;
}
```

7.6　RTC 实时时钟编程实验

1. 实验目的

（1）理解 RTC 的硬件控制原理及设计方法。

（2）掌握 Exynos4412 处理器的 RTC 模块程序设计方法（计时功能、闹钟功能、时间片功能等）。

2. 实验原理

RTC 单元可以在当系统电源关闭后通过备用电池工作。RTC 可以通过使用 STRB/LDRB ARM 操作发送 8 位 BCD 码值数据给 CPU。这些数据包括年、月、日、星期、时、分、秒等时间信息。根据本章阐述的 RTC 工作原理和 RTC 的寄存器（7.3 节）等内容，对相应的寄存器读写就可以实现修改时间和显示时间。

RTC 设计步骤如下：

（1）系统复位后在 RTC 控制寄存器中的 CTLEN 必须设置为 1，才能使能数据寄存器的读/写操作。

（2）通过 RTC 的数据寄存器设置 RTC 当前时钟时间。

（3）在掉电前，RTCEN 位清除为 0 来预防误写入 RTC 数据寄存器。

（4）读取年、月、日等相关寄存器的数据显示到屏幕上。

3. 实验内容

利用 RTC 的时钟显示、节拍中断和报警中断等功能，每一秒钟打印一次时间信息，节拍中断产生，打印"in the tic interrupt!"；报警中断产生，则打印"in the alarm interrupt!"。

4. 实验代码

头文件定义：

```
/*RTC register*/
#define        RTCINTP              __REG(0X10070030)
#define        RTCCON               __REG(0X10070040)
#define        TICCNT               __REG(0X10070044)
#define        CURTICCNT            __REG(0X10070090)
typedefstruct {
                unsignedint ALM;
```

```
                   unsignedint SEC;
                   unsignedint MIN;
                   unsignedint HOUR;
                   unsignedint DAY;
                   unsignedint MON;
                   unsignedint YEAR;
}rtclam;
#define         RTCALM (* (volatile rtclam *)0X10070050)
typedef    struct {
                   unsignedint BCDSEC;
                   unsignedint BCDMIN;
                   unsignedint BCDHOUR;
                   unsignedint BCDWEEK;
                   unsignedint BCDDAY;
                   unsignedint BCDMON;
                   unsignedint BCDYEAR;
}rtcbcd;
#define    RTC (* (volatile rtcbcd *)0X10070070)
```

C 程序如下：

```
#include"Exynos_4412.h"
/*ms 延时函数*/
void mydelay_ms(int time)
{
    int i, j;
    while(time--)
    {    for (i = 0; i <5; i++)
              for (j = 0; j <514; j++);
    }
}
//*(volatile unsigned int *)(0x11000c20) = 0;
/*中断服务程序*/
void do_irq(void)
{    staticint a = 1;
    int irq_num;
    irq_num = CPU0.ICCIAR&0x3ff;                          //获取中断号
    switch(irq_num)
    {   case 76:
            printf("in the alarm interrupt!\n");
            RTCINTP    = RTCINTP | (1 << 1);
            ICDICPR.ICDICPR2 = ICDICPR.ICDICPR2 | (0x1 << 12); //清 GIC 中断标志位
            break;
        case77:
            printf("in the tic interrupt!\n");
            RTCINTP    = RTCINTP | (1<<0);
            ICDICPR.ICDICPR2 = ICDICPR.ICDICPR2 | (0x1<<13);   //清 GIC 中断标志位
            break;
    }
    CPU0.ICCEOIR = CPU0.ICCEOIR&(~(0x3ff))|irq_num;        //清 CPU 中断标志位
```

```
}
/*RTC 初始化函数*/
void rtc_init(void)
{       RTCCON = 1;
        RTC.BCDYEAR = 0x18;
        RTC.BCDMON = 0x11;
        RTC.BCDDAY = 0x10;
        RTC.BCDHOUR = 0x23;
        RTC.BCDMIN = 0x59;
        RTC.BCDSEC = 0x57;
        RTCCON = 0;

}
/*RTC 节拍中断初始化*/
void rtc_tic(void)
{       RTCCON = RTCCON & (~(0xf<<4)) | (1<<8);
        TICCNT = 32768;
        ICDDCR = 1;                                                         //使能分配器
        ICDISER.ICDISER2 = ICDISER.ICDISER2 | (0x1<<13);                   //使能相应中断到分配器
        ICDIPTR.ICDIPTR19 = ICDIPTR.ICDIPTR19 & (~(0xff<<8))|(0x1<<8);     //选择 CPU 接口
        CPU0.ICCPMR = 255;                                                 //中断屏蔽优先级
        CPU0.ICCICR = 1;                                                   //使能中断到 CPU

}
/*RTC 报警功能初始化函数*/
void rtc_alarm(void)
{
        RTCALM.ALM = (1<<6)|(1<<0);
        RTCALM.SEC = 0x59;
        ICDDCR = 1;                                                         //使能分配器
        ICDISER.ICDISER2 = ICDISER.ICDISER2 | (0x1<<12);                   //使能相应中断到分配器
        ICDIPTR.ICDIPTR19 = ICDIPTR.ICDIPTR19 & (~(0xff<<0))|(0x1<<0);     //选择 CPU 接口
        CPU0.ICCPMR = 255;                                                 //中断屏蔽优先级
        CPU0.ICCICR = 1;                                                   //使能中断到 CPU

}
int main(void)
{       rtc_init();
        rtc_alarm();
        rtc_tic();
        while(1)
        {       printf("20%x .%x .%x   %x:%x:%x\n",RTC.BCDYEAR,
                RTC.BCDMON,
                RTC.BCDDAY,
                RTC.BCDHOUR,
                RTC.BCDMIN,RTC.BCDSEC);
                mydelay_ms(1000);

        }
return0;

}
```

5. 实验结果

执行结果如下：

```
2018.11.10 23:59:57
in the tic interrupt!
2018.11.10 23:59:58
in the tic interrupt!
2018.11.10 23:59:59
in the tic interrupt!
in the alarm interrupt!
2018.11.11 00:00:00
in the tic interrupt!
2018.11.11 00:00:01
in the tic interrupt!
2018.11.11 00:00:02
in the tic interrupt!
2018.11.11 00:00:03
in the tic interrupt!
2018.11.11 00:00:04
in the tic interrupt!
2018.11.11 00:00:05
in the tic interrupt!
2018.11.11 00:00:06
in the tic interrupt!
2018.11.11 00:00:07
in the tic interrupt!
2018.11.11 00:00:08
```

本章小结

本章讲述了 RTC 概述、RTC 组成及功能、RTC 特殊功能寄存器及初始化方法、RTC 应用举例。要求读者清楚 Exynos4412 片内 RTC 的组成和功能，掌握 RTC 的应用及编程方法，能够编写实时时钟、节拍中断等控制程序。

课外练习

一、填空题

1. Exynos4412 的 RTCCON 控制寄存器位[0]必须设置为_____，然后才可以写 RTC 模块中的寄存器。

2. Exynos4412 的片内实时时钟模块，时钟数据采用_____编码。

3. RTC 模块通过一个高精度的外部_____晶振提供时钟。

二、简答题

1. 简述节拍中断的产生过程。

2. 当秒寄存器 BCDSEC 为 0 时，为何要重复读年、月、日、时、分、秒寄存器？

3. 如何设置 RTC 的时间和日期？

4. 编写利用 RTC 的 Tick 实现 1s 的延时程序。

参阅书目

1. 杨福刚. ARM Cortex-A9 多核嵌入式系统开发教程[M]. 西安：西安电子科技大学出版社，2016.

2. 华清远见嵌入式学院，刘洪涛，等. ARM 嵌入式体系结构与接口技术（Cortex-A9 版）[M]. 北京：人民邮电出版社，2017.

3. 华清远见嵌入式学院，秦山虎，刘洪涛. ARM 处理器开发详解——基于 ARM Cortex-A9 处理器的开发设计[M]. 北京：电子工业出版社，2016.

4. 张石. ARM Cortex-A9 嵌入式技术教程[M]. 北京：机械工业出版社，2018.

5. 刘彦文. 嵌入式系统原理及接口技术[M]. 北京：清华大学出版社，2011.

网络链接

1. https://blog.csdn.net/zqixiao_09/article/details/50739834

第8章 UART、I2C 及 SPI 总线接口

本章主要内容

1. Exynos4412 UART 概述，UART 原理，UART 特殊功能寄存器，UART 初始化方法，UART 应用举例。

2. Exynos4412 I2C 概述，I2C 原理，I2C 特殊功能寄存器，I2C 初始化方法，I2C 应用举例。

3. SPI 总线概述和原理、Exynos4412 SPI 控制器、特殊功能寄存器、初始化方法及应用举例。

8.1 UART 接口

8.1.1 UART 接口概述

1. 概述

Exynos4412 中 UART 有 4 个独立的通道 0 用于通用的异步串行通信，还包括一个通道 4 用于和 GPS 通信，每个通道都可以工作于中断模式或 DMA 模式，即 UART 可以发出中断或 DMA 请求，以便在 UART、CPU 间传输数据。UART 最高速率可达 3Mbps，波特率可以通过编程进行设置。每个 UART 通道均包含两个可选的 FIFO，用于数据的接收和发送。Exynos4412 UART 的各通道 FIFO 的大小如下。

(1) 通道 0：256 字节。

(2) 通道 1、4：64 字节。

(3) 通道 1、3：16 字节。

Exynos4412 UART 的每个通道支持停止位有 1 位或 2 位，数据位有 5、6、7 或 8 位，支持校验功能，波特率可编程，另外还有红外发送/接收功能。

2. 特点

(1) RxD0~3、TxD0~3 同时支持中断模式和 DMA 模式。

(2) 通道 0~3 支持红外模式。

(3) 通道 0 带有 256 字节的 FIFO，通道 1、4 带有 64 字节的 FIFO，通道 2、3 带有 16 字节的 FIFO。

(4) 通道 0~2 支持自动流控制功能。

(5) 通道 4 支持与 GPS 和自动流控制。

8.1.2　Exynos4412 UART 组成及原理

1. Exynos4412 UART 结构组成

Exynos4412 UART 结构如图 8.1 所示，UART 由波特率发生器、发送器、接收器和控制逻辑组成。

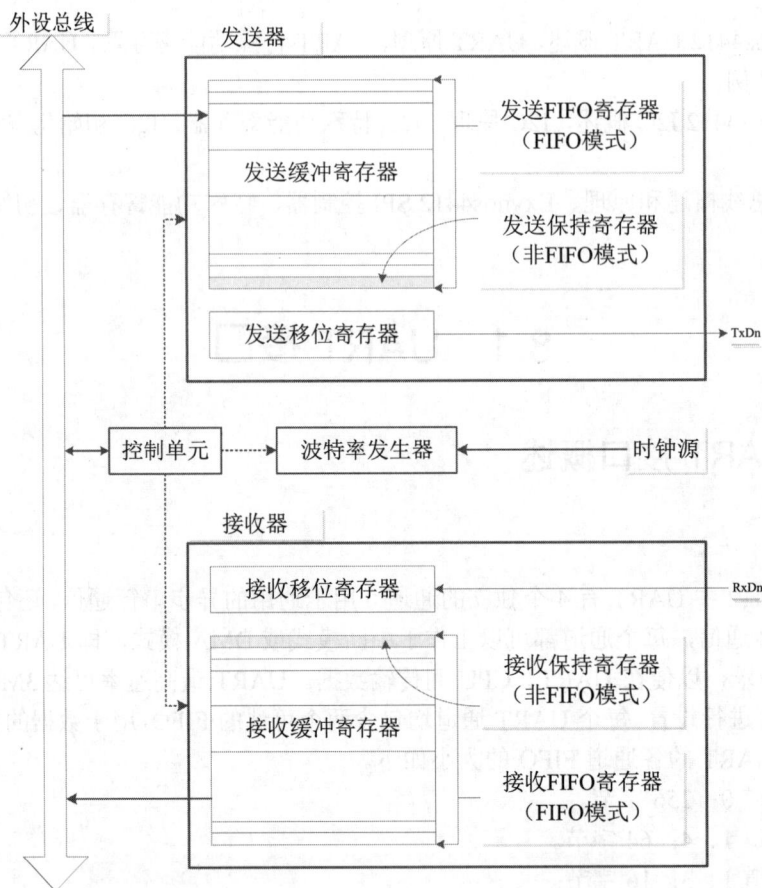

图 8.1　Exynos 4412 UART 的工作原理

▶ **注意**：在 FIFO 模式下，所有的缓冲寄存器用作 FIFO 寄存器；而在非 FIFO 模式下，缓冲寄存器的一个字节用作保持寄存器。

在 FIFO 模式下，要发送的数据先写入。

2. UART 的主要操作

（1）数据发送

UART 发送数据帧是可编程的，一个数据帧包括一个起始位，5~8 个数据位，一个可选的奇偶校验位和 1~2 位的停止位，通过线控寄存器 ULCONn 来配置。

（2）数据接收

UART 接收数据帧也是可编程的，接收数据帧包括一个起始位，5~8 个数据位，一个可选的奇偶校验位和 1~2 位的停止位，通过线控寄存器 ULCONn 来配置。接收器还可以检测溢出错误、奇偶校验错误、帧错误和传输中断等，每个错误均可以设置一个错误标志。

（3）自动流控制

Exynos4412 的 UART0、UART1 和 UART2 使用 nRTS 和 nCTS，支持自动流控制（Auto Flow Control，AFC）。在自动流控制情况下，UART0 和 UART1 能够与外部的 UART 连接。如果用户连接 UART 到调制解调器（modem），应该在 UMCONn 寄存器中禁止 AFC 位，并且由软件控制 nRTS 信号。

在 AFC 下，nRTS 取决于接收器的条件，nCTS 信号控制发送器操作。在 FIFO 方式下，仅当 nCTS 信号被激活，UART 的发送器才发送 FIFO 中的数据。在 AFC 下，nCTS 信号被激活意味着接收方 UART 的 FIFO 准备接收数据。在 UART 接收数据前，nRTS 必须被激活，条件是它的接收 FIFO 有两字节以上的剩余空间。如果接收 FIFO 剩余空间在 1 字节以下，nRTS 不被激活。在 AFC 下，nRTS 意味着它自己的接收 FIFO 准备接收数据。

UART AFC 接口如图 8.2 所示。

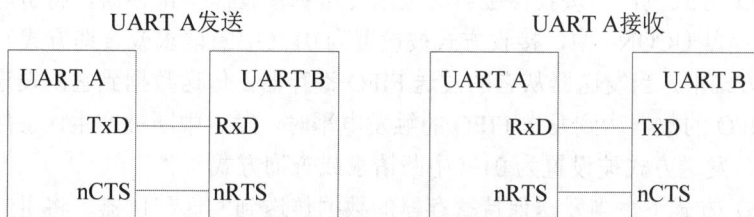

图 8.2　UART AFC 接口

Exynos4412 的 UART3 由于没有 nRTS3 和 nCTS3，所以 UART3 不支持 AFC。

（4）非自动流控制（由软件控制 nRTS 和 nCTS）

① 使用 FIFO 的接收操作

❖　选择接收方式是基于中断或基于 DMA 方式。

❖　检查在 UFSTATn 寄存器中接收 FIFO 的计数值。如果 UART0、UART1 或 UART2 通道这个值小于 255、63 或 15，用户必须设置 UNCOMn[0] 的值为 1，去激活 nRTS；否则，用户必须设置 UNCOMn[0] 的值为 0，不激活 nRTS。

❖　重复上一步接收下一帧数据。

② 使用 FIFO 的发送操作

❖　选择发送方式是基于中断或基于 DMA 方式。

❖　检查在 UMSTATn[0] 的值，如果值为 1（激活 nCTS），用户写数据到发送 FIFO 寄存器。

（5）中断/DMA 请求产生

在 Exynos4412 中每个 UART 通道有 7 种状态信号。

① 溢出错误。

② 校验错误。

③ 中断条件。

④ 帧错误。

⑤ 接收缓冲区准备好。

⑥ 发送缓冲区空。

⑦ 发送移位器空。

这些状态由对应的 UART 状态寄存器（UTRSTATn/UERSTATn）标识。

其中，溢出错误、奇偶校验错误、帧错误和中断条件被称作接收错误状态。当在控件寄存器（UCONn）中将接收错误状态允许中断位设置为 1 时，接收错误状态会生成接收错误状态中断。当检测到接收错误状态中断请求时，可以通过读取 UERSTATn 的值来识别中断源。

在 FIFO 方式下，当接收器传送接收移位器的数据到 FIFO 寄存器，并且接收的数据个数达到接收 FIFO 的触发电平时，接收中断被产生，条件是控制寄存器 UCONn 中，接收方式被设置为 01（中断请求或查询方式）。有关电平触发的内容，如表 8.8（在后续的寄存器部分）所示。

在非 FIFO 方式下，当接收移位器的数据传送到接收保持寄存器，将引起接收中断，条件是控制寄存器 UCONn 中，接收方式被设置为 01（中断请求或查询方式）。

在 FIFO 方式下，当发送器从它的发送 FIFO 寄存器，传送数据到它的发送移位器，并且留在发送 FIFO 的数据达到发送 FIFO 的触发电平时，发送中断被产生，条件是控制寄存器 UCONn 中，发送方式被设置为 01（中断请求或查询方式）。

在非 FIFO 方式下，当发送保持寄存器的数据传送到发送移位器，将引起发送中断，条件是控制寄存器 UCONn 中，发送方式被设置为 01（中断请求或查询方式）。

▶ **注意：**

（1）当发送 FIFO 中的数据数小于触发器电平时，总是请求发送中断。这意味着，在启用发送中断时立即请求中断，除非填充发送缓冲区。先填充发送缓冲区，然后启用发送中断。

（2）Exynos4412 的中断控制器为电平触发类型。当编程 UART 控制寄存器时，将中断类型设置为电平触发。

如果接收和发送方式在控制寄存器（UCNOn）中都选择为 DMA 请求方式，那么将出现 DMA 请求，代替以上提到的发送或接收中断请求出现的情况。

与 FIFO 有关的中断如表 8.1 所示。

表 8.1　与 FIFO 有关的中断

类　　型	FIFO 方式	非 FIFO 方式
接收中断	只要接收数据达到接收 FIFO 的触发电平，就产生中断。当 FIFO 中数据个数没有达到接收 FIFO 触发电平，并且在 3 个字的时间内没有收到任何数据，产生接收超时中断（在 DMA 方式）	当接收移位器的数据传送到接收保持寄存器，引起接收中断

续表

类　　型	FIFO 方式	非 FIFO 方式
发送中断	只要发送数据达到发送 FIFO 的触发电平，就产生中断	当发送保持寄存器传送到发送移位器，引起发送中断
错误中断	帧错误检出，产生中断 当接收的数据到达 FIFO 的顶部，但是没有读出 FIFO 中的数据（溢出错误），产生中断	所有的错误都会产生中断，如果同时出现多个错误，只会产生一个中断

（6）UART 错误状态 FIFO

除了接收 FIFO，UART 还有错误状态 FIFO。错误状态 FIFO 指示，在接收 FIFO 中哪一个数据接收时有错误。只有当错误的数据准备读出时，错误中断才被触发。通过读含有错误的数据的 URXHn 寄存器内容和错误状态的 UERSTATn 寄存器的内容，可以清除错误状态 FIFO。

例如，假定 UART 接收 FIFO 顺序地接收了 'A' 'B' 'C' 'D' 'E' 字符，并且当接收 'B' 字符时，出现了帧错误；接收 'D' 字符时，出现了校验错误。

对于 'B' 和 'D' 字符，UART 识别出接收错误时，将不产生任何错误中断，只是在错误状态 FIFO 中对应位置做了标记。只有当接收 FIFO 中的字符 'B' 或 'D' 被读出时，才产生错误中断。换句话说，带有错误的字符在未被读出时，不产生错误中断，如表 8.2 和图 8.3 所示。

表 8.2　错误中断产生情况

时　　间	时　序　流	错　误　中　断	备　　注
#0	这时没有字符被读出	-	
#1	'A' 'B' 'C' 'D' 'E' 被接收	-	
#2	'A' 被读出	（在 'B' 中的）帧错误中断出现	'B' 必须被读出
#3	'B' 被读出	-	
#4	'C' 被读出	（在 'D' 中的）帧错误中断出现	'D' 必须被读出
#5	'D' 被读出	-	
#6	'E' 被读出	-	

（7）波特率产生

Exynos4412 每个 UART 通道的波特率发生器（baud rate generator）为发送器和接收器提供连续的信号。用于波特率发生器的源时钟（source clock）可以选择，如图 8.1 所示，方法是通过 CLK_SRC_PERIL0 寄存器选择时钟源，然后由图 8.8 中 DIV$_{UART0\sim4}$ 设置分频系数，设置预分频系数由 CLK_DIV_PERIL0 寄存器控制，从分频器得到的时钟被称为 SCLK_UART。SCLK_UART 经过图 8.8 中的 UCLKGenerator 后，得到 UCLK，它的频率就是 UART 的波特率。UCLKGenerator 通过两个寄存器来设置：UBRDIVn、UFRACVALn（在下面描述），分别设置分频系数值和分频系数的小数部分。

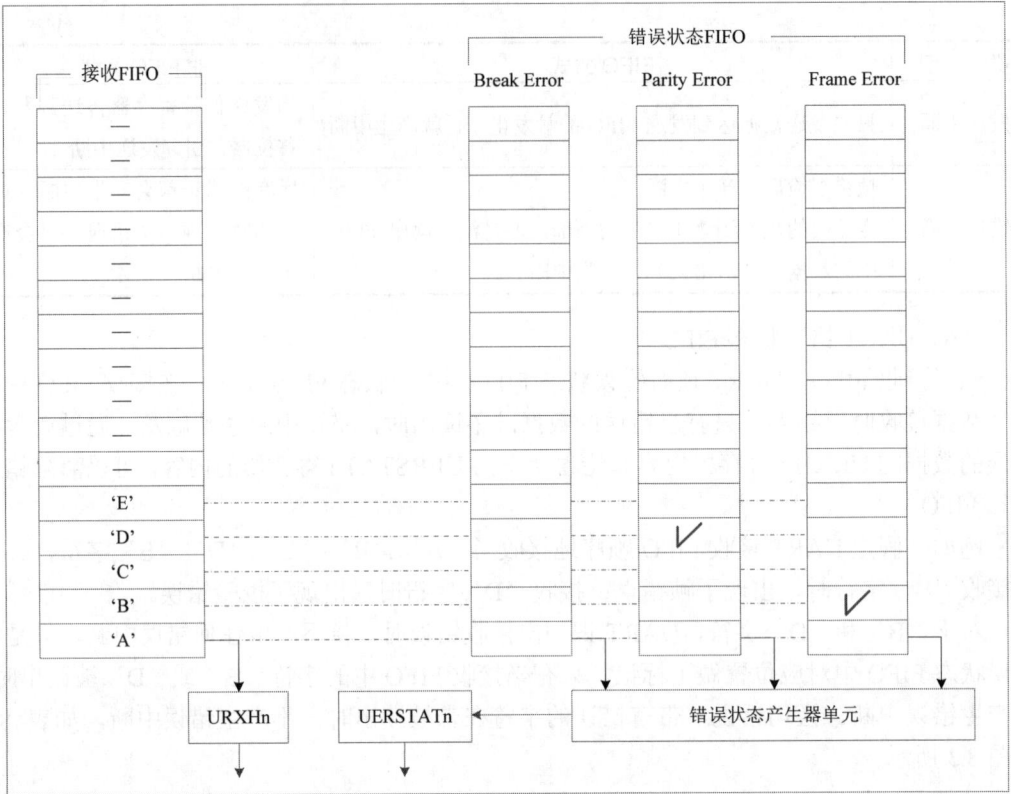

图 8.3　UART 收到 5 个字符带有两个错误的示意图

根据给定的波特率、所选择的时钟源，可以通过以下公式计算 UBRDIVn 和 UFRACVALn 寄存器的值。

$$UBRDIVn = (int)\frac{SCLK\_UART}{波特率 \times 16} - 1$$

$$UFRACVALn = \frac{SCLK\_UART}{波特率 \times 16} - 1 - UBRDIVn$$

其中，UBRDIVn 寄存器取其整数部分，小数部分存入 UFRACVALn，UFRACVALn 的引入使产生的波特率更加精确。

例：当 SCLK_UART=40MHz，要求 UART 的波特率=115200bps，则，

$$\frac{40000000}{115200 \times 16} - 1 = 20.7$$

$$UBRDIVn = 20$$

$$\frac{UFRACVALn}{16} = 0.7$$

$$UFRACVALn = 16 \times 0.7 = 11$$

（8）回环模式

Exynos4412 UART 提供了一种测试方式，用于在通信中隔离故障。这种方式允许连接同一个 UART 中的 RxD 和 TxD。因此这种方式，发送的数据经由 RxD 被接收到接收器。

这一特点允许处理器校验每一个串行 I/O 通道内部接收和发送数据通道。这种方式通过 UART 控制寄存器 UCONn 中设置回送方式位指定。

（9）红外模式

Exynos4412 UART 模块支持红外（Infra Red，IR）方式发送和接收数据，可以在 UART 线控制寄存器 ULCONn 中通过设置红外方式位指定，图 8.4 为红外方式功能模块图。

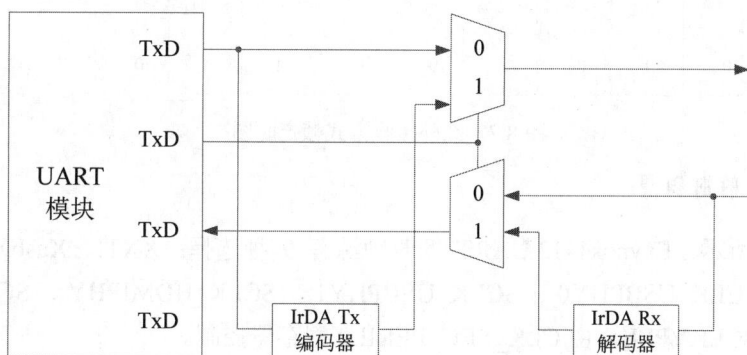

图 8.4　红外方式功能模块图

在红外方式下，当发送数据位是 0 时，发送脉冲宽度是通常方式（非红外方式）串行发送一位时长的 3/16。在红外接收方式，接收器必须检出这个 3/16 脉冲，并识别作为 0，其帧定时图如图 8.5~图 8.7 所示。

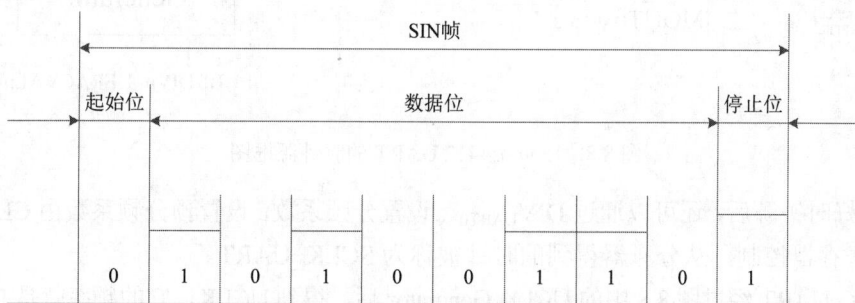

图 8.5　串行 I/O 帧定时图（通常方式）

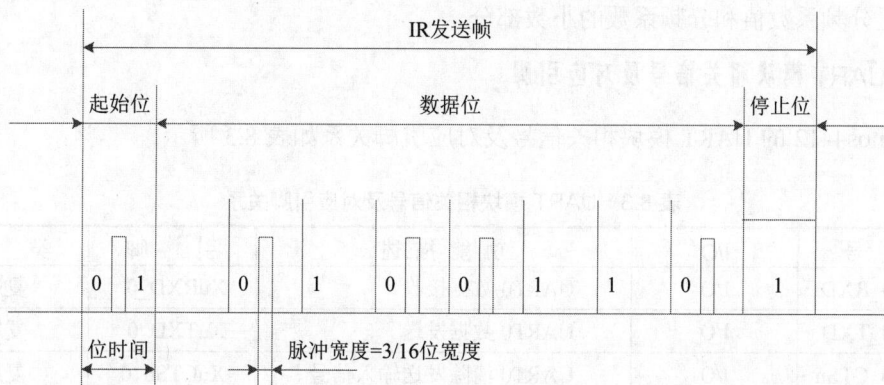

图 8.6　红外发送方式帧定时图

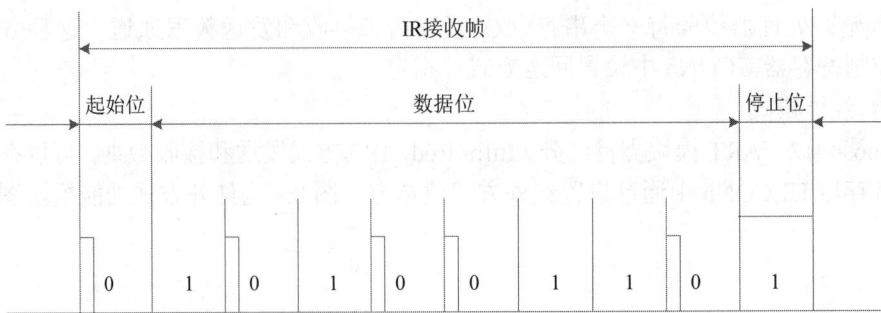

图 8.7 红外接收方式帧定时图

3. UART 的时钟源

如图 8.8 所示，Exynos4412 UART 的时钟源有 9 种选择：XXTI、XusbXTI、SCLK_HDMI24M、SCLK_USBPHY0、SCLK_USBPHY1、SCLK_HDMIPHY、SCLKMPLL、SCLKEPLL、SCLKVPLL，由 CLK_SRC_PERIL0 寄存器控制。

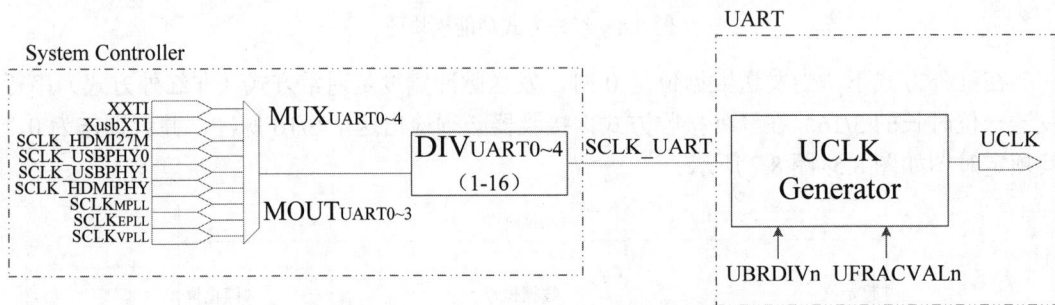

图 8.8 Exynos4412 UART 的时钟源框图

选择好时钟源后，还可以通过 $DIV_{UART0\sim4}$ 设置分频系数，设置预分频系数由 CLK_DIV_PERIL0 寄存器控制，从分频器得到的时钟被称为 SCLK_UART。

SCLK_UART 经过图 8.8 中的 UCLK Generator 后，得到 UCLK，它的频率就是 UART 的波特率。UCLK Generator 通过两个寄存器来设置：UBRDIVn、UFRACVALn（在下面描述），分别设置分频系数值和分频系数的小数部分。

4. UART 模块相关信号及对应引脚

Exynos4412 的 UART 模块相关信号及对应引脚关系如表 8.3 所示。

表 8.3 UART 模块相关信号及对应引脚关系

信 号	I/O	功 能 描 述	引 脚	类 型
UART_0_RXD	I/O	UART0 数据接收	XuRXD_0	复用
UART_0_TXD	I/O	UART0 数据发送	XuTXD_0	复用
UART_0_CTSn	I/O	UART0 清除发送输入信号	XuCTSn_0	复用
UART_0_RTSn	I/O	UART0 请求发送输出信号	XuRTSn_0	复用

信　号	I/O	功　能　描　述	引　脚	类　型
UART_1_RXD	I/O	UART1 数据接收	XuRXD_1	复用
UART_1_TXD	I/O	UART1 数据发送	XuTXD_1	复用
UART_1_CTSn	I/O	UART1 清除发送输入信号	XuCTSn_1	复用
UART_1_RTSn	I/O	UART1 请求发送输出信号	XuRTSn_1	复用
UART_2_RXD	I/O	UART2 数据接收	XuRXD_2	复用
UART_2_TXD	I/O	UART2 数据发送	XuTXD_2	复用
UART_2_CTSn	I/O	UART2 清除发送输入信号	XuCTSn_2	复用
UART_2_RTSn	I/O	UART2 请求发送输出信号	XuRTSn_2	复用
UART_3_RXD	I/O	UART3 数据接收	XuRXD_3	复用
UART_3_TXD	I/O	UART3 数据发送	XuTXD_3	复用

8.1.3　特殊功能寄存器

1. 串口时钟源选择寄存器 CLK_SRC_PERIL0

地址：0x1003_C250

复位值均为：0x0001_1111

CLK_SRC_PERIL0 用于为 UART 各通道选择时钟源，如表 8.4 所示。

表 8.4　CLK_SRC_PERIL0

CLK_SRC_PERIL0	位	类　型	描　述	复　位　值
RSVD	[31:20]	-	保留	0
UART4 时钟选择	[19:16]	RW	0000：XXTI 0001：XusbXTI 0010：SCLK_HDMI24M 0011：SCLK_USBPHY0 0101：SCLK_ HDMI PHY 0110：SCLKMPLL_USER_T 0111：SCLKEPLL 1000：SCLKVPLL Others：保留	0x1
UART3 时钟选择	[15:12]	RW	0000：XXTI 0001：XusbXTI 0010：SCLK_HDMI24M 0011：SCLK_USBPHY0 0101：SCLK_ HDMI PHY	0x1

续表

CLK_SRC_PERIL0	位	类　型	描　　　　述	复　位　值
UART3 时钟选择	[15:12]	RW	0110：SCLKMPLL_USER_T 0111：SCLKEPLL 1000：SCLKVPLL Others：保留	0x1
UART2 时钟选择	[11:7]	RW	0000：XXTI 0001：XusbXTI 0010：SCLK_HDMI24M 0011：SCLK_USBPHY0 0101：SCLK_HDMI PHY 0110：SCLKMPLL_USER_T 0111：SCLKEPLL 1000：SCLKVPLL Others：保留	0x1
UART1 时钟选择	[7:4]	RW	0000：XXTI 0001：XusbXTI 0010：SCLK_HDMI24M 0011：SCLK_USBPHY0 0101：SCLK_HDMI PHY 0110：SCLKMPLL_USER_T 0111：SCLKEPLL 1000：SCLKVPLL Others：保留	0x1
UART0 时钟选择	[3:0]	RW	0000：XXTI 0001：XusbXTI 0010：SCLK_HDMI24M 0011：SCLK_USBPHY0 0101：SCLK_HDMI PHY 0110：SCLKMPLL_USER_T 0111：SCLKEPLL 1000：SCLKVPLL Others：保留	0x1

2. 时钟分频系数寄存器 CLK_DIV_PERIL0

地址：0x1003_C550

复位值均为：0x0000_0000

CLK_DIV_PERIL0 寄存器用于为 5 路 UART 通道设置分频系数，如表 8.5 所示。

表 8.5　CLK_DIV_PERIL0

CLK_DIV_PERIL0	位	类型	描述	复位值
RSVD	[31:20]	-	保留	0
通道 4 分频因子	[19:16]	RW	通道 4 分频因子： SCLK_UART4 = MOUTUART4/(UART4_RATO+1)	0
通道 3 分频因子	[15:12]	RW	通道 3 分频因子： SCLK_UART3 = MOUTUART3/(UART3_RATO+1)	0
通道 2 分频因子	[11:8]	RW	通道 2 分频因子： SCLK_UART2 = MOUTUART2/(UART2_RATO+1)	0
通道 1 分频因子	[7:4]	RW	通道 1 分频因子： SCLK_UART1 = MOUTUART1/(UART1_RATO+1)	0
通道 0 分频因子	[3:0]	RW	通道 0 分频因子： SCLK_UART0= MOUTUART0/(UART0_RATO+1)	0

3. 线控寄存器 ULCONn（n=0~4）

地址：0x1380_0000，0x1381_0000，0x1382_0000，0x1383_0000，0x1384_0000
复位值均为：0x0000_0000

ULCONn 寄存器用于配置串行数据帧的格式等，如表 8.6 所示。

表 8.6　ULCONn

ULCONn	位	类型	描述	复位值
RSVD	[31:7]	-	保留	0
红外模式	[6]	RW	决定是否使用红外模式 0：普通模式 1：红外接收/发送模式	0
校验模式	[5:3]	RW	0XX：无校验 100：奇校验 101：偶校验 110：校验位强制为 1 111：校验位强制为 0	0
停止位	[2]	RW	停止位数 0：每帧一位停止位 1：每帧两位停止位	0
数据位	[1:0]	RW	数据位位数 00：5 位　　01：6 位 10：7 位　　11：8 位	0

4. 控制寄存器 UCONn（n=0~4）

地址：0x1380_0004，0x1381_0004，0x1382_0004，0x1383_0004，0x1384_0004

复位值均为：0x0000_0000

UCONn 寄存器用于配置 UART 的工作方式，如表 8.7 所示。

表 8.7 UCONn

UCONn	位	类型	描述	复位值
RSVD	[31:24]	-	保留	0
RSVD	[23]	-	保留	0
发送 DMA 大小	[22:20]	RW	000：1 字节　　001：4 字节 010：8 字节　　011：16 字节 100：保留　　101：保留 110：保留　　111：保留	0
RSVD	[19]	-	保留	0
接收 DMA 大小	[18:16]	RW	000：1 字节　　001：4 字节 010：8 字节　　011：16 字节 100：保留　　101：保留 110：保留　　111：保留	0
接收超时中断间距	[15:12]	RW	如果 UART 在 8*(N+1)帧时间没有接收到数据，则产生接收中断，默认值为 3，表示超时间隔为 32 帧时间	0x3
接收 FIFO 为空时接收超时	[11]	RW	0：禁止接收超时，当 FIFO 为空 1：使能接收超时，当 FIFO 为空	0
接收超时 DMA 挂起使能	[10]	RW	0：禁止挂起接收 DMA FSM 1：使能挂起接收 DMA FSM	0
发送中断类型	[9]	RW	0：脉冲　　1：电平	0
接收中断类型	[8]	RW	0：脉冲　　1：电平	0
接收超时使能	[7]	RW	0：禁止　　1：使能	0
接收错误状态中断使能	[6]	RW	0：不产生错误状态中断 1：产生错误状态中断	0
回环模式	[5]	RW	0：普通操作　　1：回环模式	0
发送中断信号	[4]	RWX	0：普通发送　　1：发送中断信号	0
发送模式	[3:2]	RW	00：禁止　　　　01：中断方式 10：DMA 方式　　11：保留	0
接收模式	[1:0]	RW	00：禁止　　　　01：中断方式 10：DMA 方式　　11：保留	0

5. UART FIFO 控制寄存器 UFCONn（n=0~4）

基地址：0x1380_0008，0x1381_0008，0x1382_0008，0x1383_0008，0x1384_0008
复位值 = 0x0000_0000
该类寄存器用于配置 UART FIFO 缓冲器的大小和触发水平等，具体功能如表 8.8 所示。

表 8.8　UFCONn

UFCONn	位	类　型	描　述	复　位　值
RSVD	[31:11]	-	保留	0
Tx FIFO 触发水平	[10:8]	RW	决定发送 FIFO 的触发位置，当 Tx FIFO 的数据数目大于等于触发位置，则发生 TX 中断 [通道 0] 000：0 字节　　001：32 字节 010：64 字节　　001：96 字节 100：128 字节　　101：160 字节 110：192 字节　　111：224 字节 [通道 1，4] 000：0 字节　　001：8 字节 010：16 字节　　001：24 字节 100：32 字节　　101：40 字节 110：48 字节　　111：56 字节 [通道 2，3] 000：0 字节　　001：2 字节 010：4 字节　　001：6 字节 100：8 字节　　101：10 字节 110：12 字节　　111：14 字节	0
RSVD	[7]	-	保留	0
Rx FIFO 触发水平	[4:6]	RW	决定接收 FIFO 的触发位置，当 Rx FIFO 的数据数目大于等于触发位置，则发生 RX 中断 [通道 0] 000：0 字节　　001：32 字节 010：64 字节　　001：96 字节 100：128 字节　　101：160 字节 110：192 字节　　111：224 字节 [通道 1，4] 000：0 字节　　001：8 字节 010：16 字节　　001：24 字节 100：32 字节　　101：40 字节 110：48 字节　　111：56 字节	0

UFCONn	位	类　型	描　　述	复 位 值
Rx FIFO 触发水平	[4:6]	RW	[通道 2，3] 000：0 字节　　　　　001：2 字节 010：4 字节　　　　　001：6 字节 100：8 字节　　　　　101：10 字节 110：12 字节　　　　　111：14 字节	0
RSVD	[3]	-	保留	0
Tx FIFO 复位	[2]	RWX	Tx FIFO 复位后是否清零 0：不清零　　　1：清零	0
Rx FIFO 复位	[1]	RW	Rx FIFO 复位后是否清零 0：不清零　　　1：清零	0
FIFO 使能	[0]	RW	FIFO 功能使能 0：不使能　　　1：使能	0

6. UART MODEM 控制寄存器 UMCONn（n = 0, 1, 2, 4）

基地址 = 0x1380_000C，0x1381_000C，0x1382_000C，0x1384_000C

复位值均为 = 0x0000_0000

该类寄存器用于配置流控制相关内容，具体功能如表 8.9 所示。

表 8.9　UMCONn

UMCONn	位	类　型	描　　述	复 位 值
RSVD	[31:18]	-	保留	0
RTS 触发水平	[7:5]	RW	决定接收 FIFO 控制 nRTS 信号的触发位置，如果自动流控制位使能，当 Rx FIFO 的字节数大于等于触发位置，解除 nRTS 信号 [通道 0] 000：255 字节　　　　001：224 字节 010：192 字节　　　　001：160 字节 100：128 字节　　　　101：96 字节 110：64 字节　　　　　111：32 字节 [通道 1，4] 000：63 字节　　　　　001：56 字节 010：48 字节　　　　　001：40 字节 100：32 字节　　　　　101：24 字节 110：16 字节　　　　　111：8 字节 [通道 2] 000：15 字节　　　　　001：14 字节	0

续表

UMCONn	位	类　型	描　　述	复位值
RTS 触发水平	[7:5]	RW	010：12 字节　　　001：10 字节 100：8 字节　　　　101：6 字节 110：4 字节　　　　111：2 字节	0
自动流控制（AFC）	[4]	RW	0：使能　　　1：禁止	0
Modem中断使能	[3]	RW	0：使能　　　1：禁止	0
RSVD	[2:1]	-	保留	0
请求发送	[0]	RW	如果启用 AFC，该位将被忽略。在这种情况下，Exynos 4412 自动控制 nRTS 信号。 如果禁用 AFC，软件必须控制 nRTS 信号。 0：不激活 nRTS　　　1：激活 nRTS	0

▶ **注意：**

（1）UART3 不支持自动流控制，因为 Exynos4412 没有 nRTS3 和 nCTS3 引脚。

（2）在自动流控制模式，设置 Rx FIFO 的触发位置低于 RTS 的触发位置，当解除 nRTS 信号时，传输器要停止数据传输。

7. 发送寄存器 UTXHn 和接收寄存器 URXHn（n = 0~4）

这两个寄存器中存放接收和发送的数据，在关闭 FIFO 的情况下，只有一个字节 8 位数据，需要注意的是在发生溢出错误时，接收到的数据必须被读出来，否则会引发下一次溢出错误。

（1）UTXHn（n = 0~4）

基地址：0x1380_0020，0x1381_0020，0x1382_0020，0x1383_0020，0x1384_0020

复位值均为 = 0x0000_0000

该类寄存器用于存放待发送的数据，如表 8.10 所示。

表 8.10　UTXHn

UTXHn	位	类　型	描　　述	复位值
RSVD	[31:8]	-	保留	0
UTXHn	[7:0]	RW	串口发送寄存器	0

（2）URXHn（n = 0~4）

该类寄存器用于存放接收到的数据，如表 8.11 所示。

表 8.11 URXHn

URXHn	位	类 型	描 述	复 位 值
RSVD	[31:8]	-	保留	0
URXHn	[7:0]	RW	串口接收寄存器	0

8. 波特率设置寄存器 UBRDIVn 和 UFRACVALn

（1）UBRDIVn（n = 0~4）

基地址：0x1380_0028，0x1381_0028，0x1382_0028，0x1383_0028，0x1384_0028

复位值均为 = 0x0000_0000

该类寄存器用于设置波特率分频值的整数部分，如表 8.12 所示。

表 8.12 UBRDIVn

UBRDIVn	位	类 型	描 述	复 位 值
RSVD	[31:16]	-	保留	0
UBRDIVn	[15:0]	RW	波特率分频值	0

（2）UFRACVALn（n = 0~4）

基地址：0x1380_002C，0x1381_002C，0x1382_002C，0x1383_002C，0x1384_002C

复位值均为 = 0x0000_0000

该类寄存器用于设置波特率分频值的小数部分，如表 8.13 所示。

表 8.13 UFRACVALn

UFRACVALn	位	类 型	描 述	复 位 值
RSVD	[31:4]	-	保留	0
UFRACVALn	[3:0]	RW	波特率分频器的小数部分	0

▶ **注意**：当 UBRDIVn 设置为 0，则 UFRACVALn 设置无效。

（1）UART 波特率的配置

利用 UBRDIVn 和 UFRACVALn 的值可以确定串口接收或发送的波特率，公式如下：

$$DIV\_VAL = UBRDIVn + UFRACVALn/16 \tag{1}$$

或者

$$DIV\_VAL = (SCLK\_UART/(bps*16))-1 \tag{2}$$

其中，分频器的值为 $1~2^{16}-1$，Exynos4412 引入 UFRACVALn 寄存器，使得产生的波特率更加精确。

例：已知 SCLK_UART=40MHz，要求波特率为 115200，试计算 UBRDIVn 和 UFRACVALn 寄存器的值。

解：已知 SCLK_UART =40MHz，bps=115200bps，代入式（2）得：

DIV_VAL = (40000000/(115200*16))−1

       =21.7−1

       =20.7

又由式（1）则：

UBRDIVn = 20（DIV_VAL 的整数部分）

UFRACVALn/16 = 0.7

所以，UFRACVALn = 16*0.7≈11

（2）波特率容差

UART 帧错误应该小于 1.87 %（3/160）

t UPCLK = (UBRDIVn + 1 + UFRACVAL/16) * 16 *1Frame/SCLK_UART

t UPCLK = Real UART Clock

t EXTUARTCLK = 1Frame/baud-rate

t EXTUARTCLK = Ideal UART Clock

UART error = (t UPCLK* t EXTUARTCLK)/t EXTUARTCLK *100 %

　*1 帧 = 起始位 + 数据位 + 校验位 + 停止位

（3）UART Clock 和 PCLK 的关系

FUARTCLK <= 5.5/3* FPCLK

FUARTCLK = baudrate* 16

9. 串口状态寄存器 UTRSTATn（n = 0~4）

基地址：0x1380_0010，0x1381_0010，0x1382_0010，0x1383_0010，0x1384_0010
复位值均为 = 0x0000_0000
该类寄存器用于存放 UART 通信过程中的状态信息，具体含义如表 8.14 所示。

表 8.14　UTRSTATn

UTRSTATn	位	类　型	描　述	复 位 值
RSVD	[31:24]	-	保留	0x0
RX FIFO count in RX time-out status	[23:16]	R	接收超时发生时，获取到的 RX FIFO 中的数据个数（只读）	0x0
TX DMA FSM 状态	[15:12]	R	DMA 发送状态机状态	0x0
RX DMA FSM 状态	[11:8]	R	DMA 接收状态机状态	0x0
RSVD	[7:4]	-	保留	0x0
RX 超时状态/清除	[3]	RWX	读：接收超时状态寄存器 0：没有发生接收超时 1：接收超时 写： 0：无效 1：清除接收超时状态	0x0

UTRSTATn	位	类 型	描 述	复 位 值
发送器空	[2]	R	当都为空的时候，该位自动被设置为1 0：不空 1：发送器（包括发送缓冲器和发送移位寄存器）空	0x1
发送缓冲器空	[1]	R	关闭 FIFO 的情况下，发送缓冲器是否为空 0：不空 1：空	0x1
接收缓冲区数据准备好	[0]	R	关闭 FIFO 的情况下，接收缓冲器是否为空 0：空 1：缓冲区有接收到的数据	0x0

10. 串口错误状态寄存器 UERSTATn（n = 0~4）

基地址：0x1380_0014，0x1381_0014，0x1382_0014，0x1383_0014，0x1384_0014
复位值均为 = 0x0000_0000
该类寄存器用于存放 UART 通信过程中的错误状态信息，具体含义如表 8.15 所示。

表 8.15　UERSTATn

UERSTATn	位	类 型	描 述	复 位 值
RSVD	[31:4]	-	保留	0x0
断点检测	[3]	R	在接收操作期间，一旦接收到暂停信号，该位被自动置1 0：没有接收到暂停信号 1：接收到暂停信号（产生中断请求）	0x0
帧错误	[2]	R	在接收操作期间，帧错误发生时，该位被自动置1 0：没有帧错误 1：帧错误（产生中断请求）	0x0
校验错误	[1]	R	在接收操作期间，校验错误发生时，该位被自动置1 0：没有校验错误 1：校验错误（产生中断请求）	0x0
溢出错误	[0]	R	在接收操作期间，溢出错误发生时，该位被自动置1 0：没有溢出错误 1：溢出错误（产生中断请求）	0x0

▶ **注意**：UART 错误处理后，可通过向相应的位写入 0，来清除错误状态。

11. UART FIFO 状态寄存器 UFSTATn（n = 0~4）

基地址：0x1380_0018，0x1381_0018，0x1382_0018，0x1383_0018，0x1384_0018
复位值均为 = 0x0000_0000
该类寄存器用于存放 UART 通信过程中 FIFO 的状态信息，具体含义如表 8.16 所示。

表 8.16　UFSTATn

UFSTATn	位	类　型	描　述	复　位　值
RSVD	[31:25]	-	保留	0x0
Tx FIFO 满	[24]	R	在发送操作期间，当发送 FIFO 满时，该位被自动置 1 0：不满 1：满	0x0
Tx FIFO 个数	[23:16]	R	发送 FIFO 中的数据个数 注：当 FIFO 满时，该位被自动设置为 0	0x0
RSVD	[15:10]	-	保留	0x0
Rx FIFO 错误	[9]	R	在接收操作期间，由于帧错误、检验错误、溢出错误或暂停信号等导致接收 FIFO 中包含了无效数据，该位被自动置 1 0：没有帧错误 1：帧错误（产生中断请求）	0x0
Rx FIFO 满	[8]	R	在接收操作期间，当接收 FIFO 满时，该位被自动置 1 0：不满 1：满	0x0
Rx FIFO 个数	[7:0]	R	发送 FIFO 中的数据个数 注：当 FIFO 满时，该位被自动设置为 0	0x0

12. 串口中断登记寄存器 UINTPn（n = 0~4）

基地址：0x1380_0030，0x1381_0030，0x1382_0030，0x1383_0030，0x1384_0030
复位值均为 = 0x0000_0000

中断登记寄存器中的每一位，表示是否有对应的中断请求，如果某位为 1，表示该位对应的中断请求没有被屏蔽，并且等待中断服务，也表示同时提出中断请求的一个或多个中断源中具有最高的优先权，详细内容如表 8.17 所示。

表 8.17　UINTPn

UINTPn	位	类　型	描　述	复　位　值
RSVD	[31:25]	-	保留	0x0
MODEM	[3]	S	产生 MODEM 中断	0x0
TXD	[2]	S	产生发送中断	0x0
ERROR	[1]	S	产生错误中断	0x0
RXD	[0]	S	产生接收中断	0x0

13. 串口中断源登记寄存器 UINTSPn（n = 0~4）

基地址：0x1380_0034，0x1381_0034，0x1382_0034，0x1383_0034，0x1384_0034
复位值均为 = 0x0000_0000

中断源挂起包含生成的中断的信息，不管中断屏蔽的值如何，详细内容如表 8.18 所示。

表 8.18　UINTSPn

UINTSPn	位	类　　型	描　　述	复　位　值
RSVD	[31:25]	-	保留	0x0
MODEM	[3]	S	产生 MODEM 中断	0x0
TXD	[2]	S	产生发送中断	0x0
ERROR	[1]	S	产生错误中断	0x0
RXD	[0]	S	产生接收中断	0x0

14. 串口中断屏蔽寄存器 UINTMn（n = 0~4）

基地址：0x1380_0038，0x1381_0038，0x1382_0038，0x1383_0038，0x1384_0038
复位值均为 = 0x0000_0000

该寄存器每位对应一个中断源，如果某 1 位被置 1，CPU 不为该中断源的中断请求服务；如果某 1 位被设置为 0，中断请求才能被服务。详细内容如表 8.19 所示。

表 8.19　UINTMn

UINTMn	位	类　　型	描　　述	复　位　值
RSVD	[31:25]	-	保留	0x0
MODEM	[3]	S	屏蔽 MODEM 中断	0x0
TXD	[2]	S	屏蔽发送中断	0x0
ERROR	[1]	S	屏蔽错误中断	0x0
RXD	[0]	S	屏蔽接收中断	0x0

在串口通信过程中，一旦产生 MODEM、TXD、ERROR 或者 RXD 中断请求，则置 1 UINTSPn 中相应的位，如果 UINTMn 寄存器相应位的值为 0，则置 1 UINTPn 寄存器中相应的位，CPU 将处理相应的中断请求。UINTSP、UINTP 和 UINTM 逻辑结构框图如图 8.9 所示。

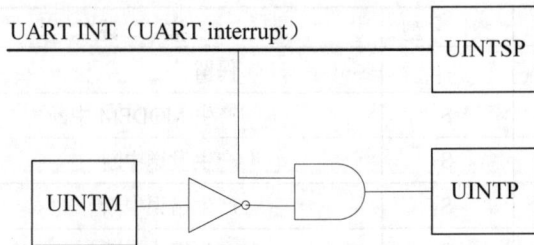

图 8.9　UINTSP、UINTP 和 UINTM 逻辑结构框图

8.1.4　UART 初始化步骤

1. 特殊功能寄存器的封装

```
            typedefstruct{
unsignedint ULCON0;
            unsigned int UCON0;
            unsigned int UFCON0;
            unsigned int UMCON0;
            unsigned int UTRSTAT0;
            unsigned int UERSTAT0;
            unsigned int UFSTAT0;
            unsigned int UMSTAT0;
            unsigned int UTXH0;
            unsigned int URXH0;
            unsigned int UBRDIV0;
            unsigned int UFRACVAL0;
            unsigned int UINTP0;
            unsigned int UINTSP0;
            unsigned int UINTM0;
}uart0;
#defineUART0(*(volatileuart0*)0x13800000)
```

2. 将所涉及的 UART 通道管脚设为 UART 功能

比如 UART 通道 0 中，GPA0_0、GPA0_1 分别用作 RXD0、TXD0，要使用 UART 通道 0 时，先设置 GPA0CON 寄存器将 GPA0_0、GPA0_1 引脚的功能设为 RXD0、TXD0。

例：

```
GPA0CON = GPA0CON&(~(0xf<<0|0xf<<4))|(0x2<<0|0x2<<4);   //设置 GPA0CON 寄存器将
GPA0_0、GPA0_1 引脚的功能设为 RXD0、TXD0
```

3. 选择 UART 的时钟源

通过设置 CLK_SRC_PERIL0 寄存器选择时钟源。

选择好时钟源后，可以通过 $DIV_{UART0\sim4}$ 设置分频系数，设置预分频系数由 CLK_DIV_PERIL0 寄存器控制，从分频器得到的时钟被称为 SCLK_UART。

然后通过 UBRDIVn、UFRACVALn（在下面描述）两个寄存器来设置，得到 UCLK。

4. 设置波特率：UBRDIVn 寄存器（UARTBAUDRATEDIVISOR）、UFRACVALn 寄存器

根据给定的波特率、所选择时钟源频率，可以通过以下公式计算 UBRDIVn 寄存器（n 为 0~4，对应 5 个 UART 通道）的值。

$$UBRDIVn=(int)(SCLK\_UART/(buadrate*16))-1$$

上式计算出来的 UBRDIVn 寄存器值不一定是整数，UBRDIVn 寄存器取其整数部分，小部分由 UFRACVALn 寄存器设置，UFRACVALn 寄存器的引入，使产生波特率更加精确。

例如，当 SCLK_UART 为 100MHz 时，要求波特率为 115200bps，则：

100000000/(115200×16)−1=54.25−1=53.25

UBRDIVn=整数部分=53

UFRACVALn/16=小数部分=0.25

UFRACVALn=4

5. 设置传输格式：ULCONn 寄存器（UARTLINECONTROL）

ULCONn 寄存器（n 为 0~4）格式如表 8.6 所示。

6. 设置 UART 工作模式：UCONn 寄存器（UARTCONTROL）

UCONn 寄存器（n 为 0~4），用于设置时钟信号的选择，接收发送的方式选择，接收发送中断类型选择等内容。

7. UFCONn 寄存器（UARTFIFOCONTROL）、UFSTATn 寄存器（UARTFIFOSTATUS）

UFCONn 寄存器用于设置是否使用 FIFO，设置各 FIFO 的触发阈值，即发送 FIFO 中有多少个数据时产生中断、接收 FIFO 中有多少个数据时产生中断，并可以通过设置 UFCONn 寄存器来复位各个 FIFO。

读取 UFSTATn 寄存器可以知道各个 FIFO 是否已经满、其中有多少个数据。不使用 FIFO 时，可以认为 FIFO 的深度为 1，使用 FIFO 时 Exynos4412 的 FIFO 深度最高可达到 256。

8. UMCONn 寄存器（UARTMODEMCONTROL）、UMSTATn 寄存器（UARTMODEMSTATUS）

这两类寄存器用于流量控制，这里不介绍。

9. UTRSTATn 寄存器（UARTTX/RXSTATUS）

UTRSTATn 寄存器用来表明数据是否已经发送完毕、是否已经接收到数据，格式如表 8.14 所示，下面说的"缓冲区"，其实就是图 8.1 中的 FIFO，不使用 FIFO 功能时可以认为其深度为 1。

10. UERSTATn 寄存器（UARTERRORSTATUS）

UERSTATn 寄存器用来表示各种错误是否发生，位[0]至位[3]为 1 时分别表示溢出错误、校验错误、帧错误、检测到 break 信号。读取这个寄存器时，它会自动清零。

需要注意的是，接收数据时如果使用 FIFO，则 UART 内部会使用一个"错误 FIFO"来表明接收 FIFO 中哪个数据在接收过程发生了错误。CPU 只有在读出这个错误的数据时，才会觉察到发生了错误。要想清除 FIFO，则必须读出错误的数据，并读出 UERSTATn 寄存器。

11. UTXHn 寄存器（UARTTRANSMITBUFFERREGISTER）和 URXHn 寄存器（UARTRECEIVEBUFFERREGISTER）

CPU 将数据写入 UTXHn 寄存器，UART 即会将它保存到缓冲区中，并自动发送出去。当 UART 接收到数据时，读取 UTXHn 寄存器，即可获得数据。

12. 串口屏蔽寄存器 UINTMn

UART 工作中在中断方式下需要初始化 UINTMn 寄存器。

8.1.5　UART 程序应用举例

例： 编程实现 PC 机与开发板使用 UART 进行通信，每秒钟向开发板发送一行数据，并显示到 PC 机的超级终端中。每发送一行数据 LED 闪烁一次。

```c
#include "exynos_4412.h"

void mydelay(int time);
/*ms 延时函数*/
void mydelay_ms(int time)
{    int i, j;
     while(time--)
     {     for (i = 0; i < 5; i++)
                for (j = 0; j < 514; j++);
     }
}
/*uart_init, Normal mode, No parity,One stop bit,8 data bits*/
void uart_init(void)
{
     /*UART2 initialize*/
     GPA1.GPA1CON = (GPA1.GPA1CON & ~0xFF ) | (0x22); //GPA1_0:RX;GPA1_1:TX
     UART2.ULCON2 = 0x3; //Normal mode, No parity,One stop bit,8 data bits
     UART2.UCON2 = 0x5;   //Interrupt request or polling mode
     /*
      * Baud-rate 115200: src_clock:100Mhz
      * DIV_VAL = (100*10^6 / (115200*16) -1) = (54.3 - 1) = 53.3
      * UBRDIV2 = (Integer part of 53.3) = 53 = 0x35
      * UFRACVAL2 = 0.3*16 = 0x5
      * */
     UART2.UBRDIV2 = 0x35;
     UART2.UFRACVAL2 = 0x5;
}
/*发送一帧*/
void putc(const char data)
{
     while(!(UART2.UTRSTAT2 & 0X2));
     UART2.UTXH2 = data;
     if (data == '\n')
                putc('\r');
}
/*发送一行*/
void puts(const char *pstr)
{
     while(*pstr != '\0')
         putc(*pstr++);
}
```

```
/*接收函数*/
unsigned char getchar()
{
    unsigned char c;
    while(!(UART2.UTRSTAT2 & 0X1));
    c = UART2.URXH2;
    return c;
}
int main(void)
{
    char c, str[] = "uart test!! \n";
    //LED
    GPX2.GPX2CON = 0x1 << 28;
    uart_init();
    while(1)
        {   //Turn on LED
            GPX2.GPX2DAT = GPX2.GPX2DAT | 0x1 << 7;
            puts(str);
            mydelay_ms(500);
            //Turn off LED
            GPX2.GPX2DAT = GPX2.GPX2DAT & ~(0x1 << 7);
            mydelay_ms(500);
        }
    return 0;
}
```

8.1.6　UART 编程控制实验

1. 实验目的

（1）了解 UART 的工作原理。

（2）掌握 Exynos4412 处理器的 UART 发送和接收数据的编程控制方法，并实现在串口调试助手上显示数据的功能。

2. 实验原理

要实现 PC 端和 Exynos4412 之间的 UART 通信，PC 端和 Exynos4412 要设置相同的串口配置，例如，波特率 115200，停止位 1 位，数据位宽 8 位，无奇偶校验功能。通过配置相关寄存器（8.1.3 节）即可实现。

3. 实验内容

实现在终端上的回显功能，并通过在串口终端上输入 beep_on 和 beep_off 实现蜂鸣器的开启和停止。

4. 实验代码

```
#include "Exynos_4412.h"
#include "pwm.h"
/*ms 延时函数*/
```

```c
void mydelay_ms(int time)
{   int i, j;
    while(time--)
    {   for (i = 0; i < 5; i++)
            for (j = 0; j < 514; j++);
    }
}
int strcmp(const char *src, const char *des)
{
    while(*src || *des)
    {   if(*src > *des)
            return 1;
        else if(*src < *des)
            return -1;
        else
        {   src++;
            des++;
        }
    }
    return 0;
}
/*uart0 初始化（uart0_init）*/
void uart0_init()
{   /*UART0 initialize*/
    GPA0.CON = (GPA0.CON & ~0xFF ) | (0x22); //GPA1_0:RX;GPA1_1:TX
    UART0.ULCON0 = 0x3; //Normal mode, No parity,One stop bit,8 data bits
    UART0.UCON0 = 0x5;   //Interrupt request or polling mode
    //Baud-rate : src_clock:100Mhz
    UART0.UBRDIV0 = 53;
    UART0.UFRACVAL0 = 0x4;
}
void putc0(const char data)
{
    while(!(UART0.UTRSTAT0 & 0X2));
    UART0.UTXH0 = data;
    if (data == '\n')
        putc0('\r');
}
char getc0(void)
{
    char data;
    while(!(UART0.UTRSTAT0 & 0x1));
    data = UART0.URXH0;
    if ((data == '\n') || (data == '\r'))
    {   putc0('\n');
        putc0('\r');
    }
    else
```

```
            putc0(data);
        return data;
}
void puts0(const  char  *pstr)
{    while(*pstr != '\0')
            putc0(*pstr++);
}

void gets0(char *p)
{    char data;
    while((data = getc0())!= '\r')
            *p++ = data;
    if(data == '\r')
            *p++ = '\r';
    *p = '\0';
}
int main (void)
{
    char ch[20];
    pwm_init();
    uart0_init();
    char *q = "hello UART!";
    puts0(q);
    while(1)
    {   gets0(ch);
        puts0(ch);
        if(!strcmp(ch, "beep_on\n"))
            beep_on();
        if(!strcmp(ch, "beep_off\n"))
            beep_off();
        //putc0(getc0());
    }
    return 0;
}
```

5. 实验结果

在串口终端上输入"beep_on"，则蜂鸣器开启；在串口终端上输入"beep_off"，则蜂鸣器的开启停止。

8.2 I2C 总线接口

8.2.1 I2C 总线概述

I2C（Intel Integrate Circuit）总线，也写作 I2C 或 I^2C，是 20 世纪 80 年代由飞利浦公

司发明的一种双向同步串行总线，用于连接微处理器和外围设备。总线接口可以做成专用芯片，也可以集成在微处理器内部，Exynos4412 微处理器内部就集成了 I2C 总线模块。I2C 总线可以连接 A/D 模块、RTC、E2PROM 等很多设备，典型的 I2C 连接方式如图 8.10 所示。

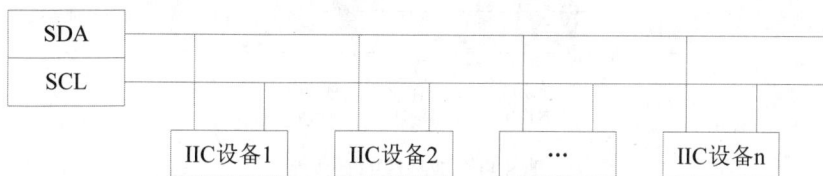

图 8.10　I2C 的典型连接

I2C 总线一般有两根信号线：一根是双向的数据线 SDA，另一根是时钟线 SCL。所有接到 I2C 总线设备上的串行数据 SDA 都接到总线的 SDA 上，各设备的时钟线 SCL 接到总线的 SCL 上。与总线连接的设备，使用集电极/漏极开路的门电路，以"线与"（Wired-AND）方式分别连接到 SDA、SCL 线上，SDA 和 SCL 要外接上拉电阻，如图 8.10 所示。连接到 I2C 总线上的设备可以分为总线主设备和总线从设备。

总线主设备是按一定的通信协议向从设备寻址和进行信息传输。在数据传输时，由主设备初始化一次数据传输，主设备使数据在 SDA 线上传输的同时还通过 SCL 线传输时钟。信息传输的对象和方向以及信息传输的开始和终止均由主设备决定。总线从设备是能够被主设备寻址，接收主设备发出的数据传送方向标识，接收主设备发送来的数据，或者给主设备发送数据。

每个器件都有一个唯一的地址，而且可以是单接收的器件（如 LCD 驱动器）或者可以接收也可以发送的器件（如存储器）。发送器或接收器可以在主模式或从模式下操作，这取决于芯片是否必须启动数据的传输还是仅仅被寻址。

I2C 总线是一个真正的多主（mutil-master）总线，总线上可以连接多个总线主设备，也可以连接多个总线从设备。

I2C 总线数据传送速率在标准模式下为 100Kbps，快速模式下为 400Kbps，高速模式下为 3.4Mbps。

8.2.2　I2C 总线协议主要内容

1. 数据位传送

I2C 总线进行数据传送时，时钟信号为高电平期间，数据线上的数据必须保持稳定，只有在时钟线上的信号为低电平期间，数据线上的高电平或低电平状态才允许变化，如图 8.11 所示。

2. 总线空闲状态

I2C 总线的 SDA 和 SCL 两条信号线同时处于高电平时，规定为总线的空闲状态。此时各个器件的输出级的场效应管均处于截止状态，即释放总线，由两条信号线各自的上拉电阻把电平拉高。

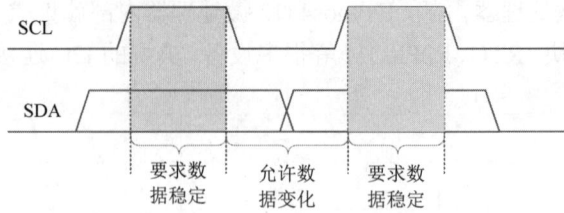

图 8.11　数据线的有效性

3. I2C 总线的信号类型

I2C 总线在传送数据过程中共有 3 种类型信号：开始信号、结束信号和响应信号。

（1）开始信号（S）：SCL 为高电平时，SDA 由高电平变为低电平，表示起始信号，开始传送数据。

（2）结束信号（P）：SCL 为高电平时，SDA 由低电平变为高电平，表示信号结束，结束传送数据。

（3）响应信号（ACK）：接收器在接收到 8 位数据后，在第 9 个时钟周期，拉低 SDA 电平，即接收数据的设备在接收到 8 位数据后，向发送数据的设备发出特定的低电平信号，表示已收到数据。

4. I2C 数据传输格式

因为 I2C 总线是双向、双线、串行总线，其传送必须按一定格式进行，图 8.12 为 I2C 总线数据传输示意图，I2C 数据传送的顺序为：起始位、从机地址、数据传送方向、确认位、数据、确认位……中止位。

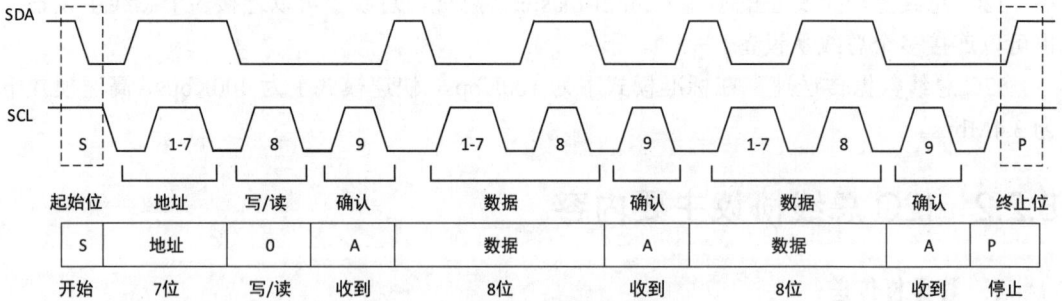

图 8.12　IIC 总线数据传输示意图

5. 数据帧格式

（1）写单个字节，数据帧格式如图 8.13 所示。

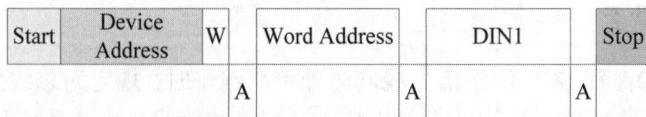

图 8.13　写单个字节数据帧格式

（2）写多个字节，数据格式如图 8.14 所示。

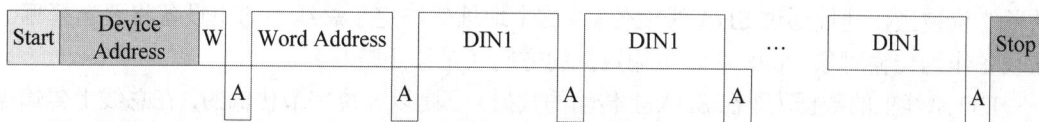

图 8.14　写多个字节数据格式

（3）读单个字节，数据格式如图 8.15 所示。

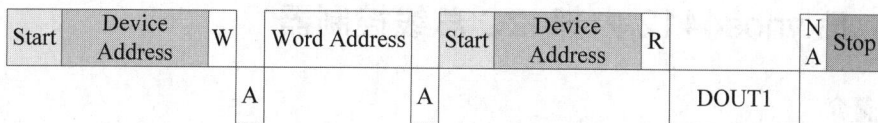

图 8.15　读单个字节数据格式

（4）读多个字节，数据格式如图 8.16 所示。

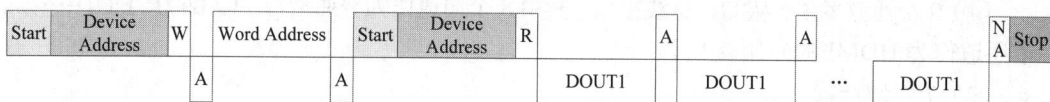

图 8.16　读多个字节数据格式

其中，DINx：数据写入 I2C 设备；DOUTx：数据从 I2C 设备读出。

6. 7 位的地址格式

总线从设备地址共 7 位，紧接着的第 8 位是数据方向位（R/W），'0'表示发送（写），'1'表示请求数据（读）。

7. I2C 总线的寻址

I2C 总线的寻址过程通常是在起始信号。

Exynos4412 精简指令集微处理器支持 4 个 I2C 总线控制器。为了能使连接在总线上的主和从设备之间传输数据，专用的数据线 SDA 和时钟信号线 SCL 被使用，它们都是双向的。

如果工作在多主机的 I2C 总线模式，多个 4412 处理器将从从机那接收数据或发送数据给从机。在 I2C 总线上的主机端 4412 会启动或终止一个数据传输，4412 的 I2C 总线控制器会用一个标准的 I2C 总线仲裁机制去实现多主机和多从机传输数据。

通过控制如下寄存器以实现 I2C 总线上的多主机操作。

（1）控制寄存器：I2CCON。

（2）状态寄存器：I2CSTAT。

（3）Tx/Rx 数据偏移寄存器：I2CDS。

（4）地址寄存器：I2CADD。

如果 I2C 总线空闲，那么 SCL 和 SDA 信号线将都为高电平。在 SCL 为高电平期间，如果 SDA 有由高到低电平的跳变，那么将启动一个起始信号，如果 SDA 有由低到高电平的跳变，将启动一个结束信号。

主机端的设备总是提供起始和停止信号的一端。在起始信号被发出后，一个数据字节的前 7 位被当作地址通过 SDA 线被传输。这个地址值决定了总线上的主设备将要选择哪个从设备作为传输对象，bit8 决定传输数据的方向（是读还是写）。

I2C 总线上的数据（即在 SDA 上传输的数据）都是以 8 位字节传输的，在总线上传输操作的过程中，对发送或接收的数据字节数是没有限制的。I2C 总线上的主/从设备发送数据总是以一个数据的最高位开始传输（即 MSB 方式），传输完一个字节后，应答信号紧接其后。

8.2.3　Exynos4412 内部 I2C 总线控制器

1. 简介

Exynos4412 支持多主机的 I2C 串行总线接口，支持主机发送、主机接收、从机发送和从机接收 4 种模式。其主要特性如下。

（1）9 个通道多主、从 I2C 总线接口。其中 8 个通道作为普通接口（即 I2C0、I2C1……），1 个通道作为 HDMI 的专用接口。

（2）7 位地址模式。

（3）串行，8 位单向或双向的数据传输。

（4）在标准模式中，每秒最多可以传输 100k 位，即 12.5KB 的数据量。

（5）在快速模式中，每秒最多可以传输 400k 位，即 50KB 的数据量。

（6）支持主机端发送、接收，从机端发送、接收操作。

（7）支持中断和查询方式。

2. 内部结构

Exynos4412 内部 I2C 总线控制器内部结构如图 8.17 所示。

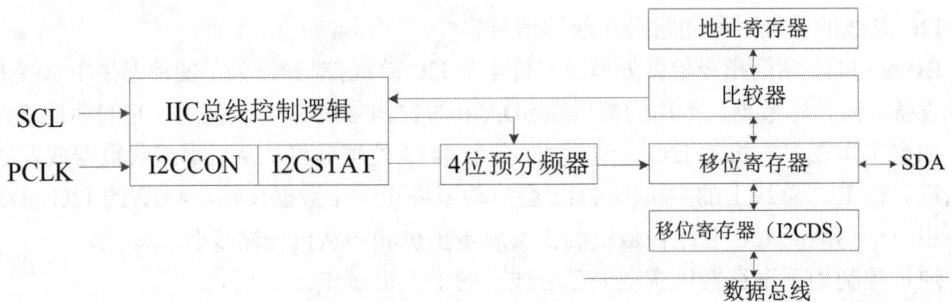

图 8.17　I2C 总线接口内部结构

从图 8.17 可以看出，4412 提供 4 个寄存器来完成所有的 I2C 操作。SDA 线上的数据从 I2CDS 寄存器经过移位寄存器发出，或通过移位寄存器传入 I2CDS 寄存器；I2CADD 寄存器中保存 4412 当作从机时的地址；I2CCON、I2CSTAT 两个寄存器用来控制或标识各种状态，比如选择工作模式，发出 S 信号、P 信号，决定是否发出 ACK 信号，检测是否接收到 ACK 信号。

3. I2C 总线接口操作

针对 Exynos4412 处理器的 I2C 总线接口，具备 4 种操作模式：主机发送模式、主机接收模式、从机发送模式和从机接收模式。下面将描述这些操作模式之间的功能关系。

（1）开始和停止条件

当 Exynos4412 的 I2C 接口空闲时，它往往工作在从机模式。或者说，Exynos4412 的 I2C 接口在 SDA 线上察觉到一个起始信号之前它应该工作在从机模式。当控制器改变 Exynos4412 的 I2C 接口的工作模式为主机模式后，SDA 线上发起数据传输并且控制器会产生 SCL 时钟信号。

开始条件通过 SDA 线进行串行的字节传输，一个停止信号终止数据传输，停止信号是指 SCL 在高电平器 SDA 线有从低到高电平的跳变，主机端产生起始和停止条件。当主、从设备产生一个起始信号后，I2C 总线将进入忙状态。这里需要说明的是上述主从设备都有可能作为主机端。

当一个主机发送了一个起始信号后，它也应该发送一个从机地址以通知总线上的从设备。这个地址字节的低 7 位表示从设备地址，最高位表示传输数据的方向，即主机将要进行读还是写。当最高位是 0 时，它将发起一个写操作（发送操作）；当最高位是 1 时，它将发起一个读数据的请求（接收操作）。

主机端发起一个结束信号以完成传输操作，如果主机端想在总线上继续进行数据的传输，它将发出另外一个起始信号和从设备地址。通过这样的方式，它们可以用各种各样的格式进行读写操作。起始和停止信号如图 8.18 所示。

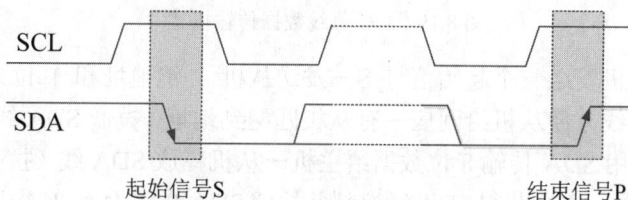

图 8.18　I2C 起始和停止信号

（2）数据传输格式

放到 SDA 线上的所有字节数据的长度应该为 8 位，在每次传输数据时，对传输数据量没有限制。在起始信号后的第一个数据字节应该包含地址字段，当 Exynos4412 的 I2C 接口被设置为主模式时，地址字节应该由控制器端发出。在每个字节后，应该有一个应答位。图 8.19 中将说明数据传输格式。

图 8.19 中说明，在传输完每个字节数据后，都会有一个应答信号，这个应答信号在第 9 个时钟周期。具体过程如下（注意下面描述的读写过程都是针对 Tiny4412 处理器而言，当有具体的 I2C 设备与 4412 相连时，数据表示什么需要看具体的 I2C 设备，4412 是不知道数据的含义的）：

① 写过程：主机发送一个起始信号 S→发送从机 7 位地址和 1 位方向，方向位表示写→主机释放 SDA 线方便从机给回应→有从机匹配到地址，拉低 SDA 线作为 ACK→主机

重新获得 SDA 传输 8 位数据→主机释放 SDA 线方便从机给回应→从机收到数据拉低 SDA 线作为 ACK 告诉主机数据接收成功→主机发出停止信号。

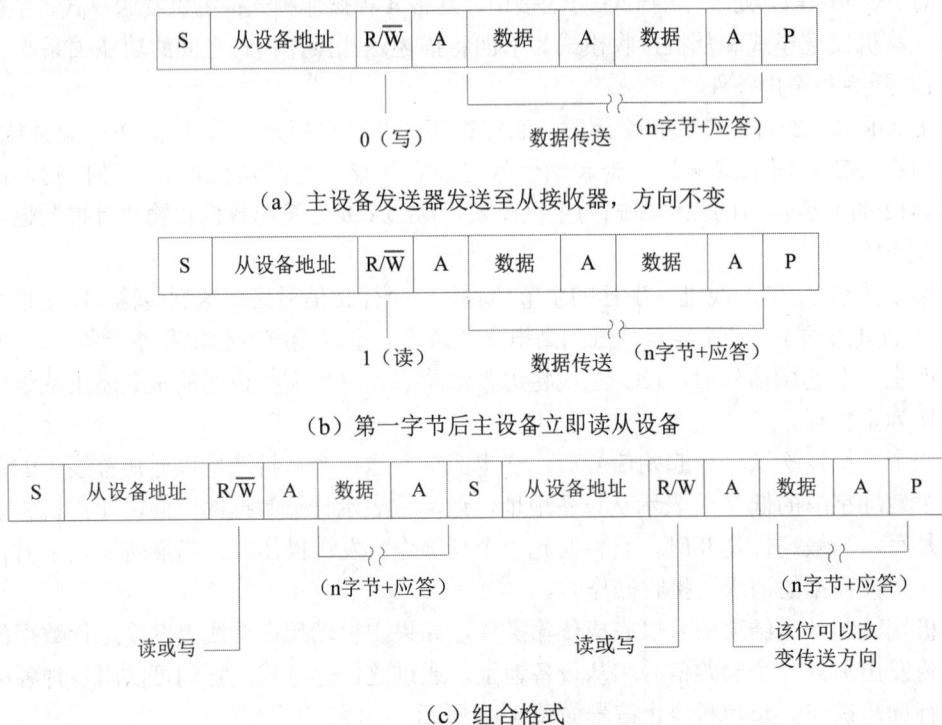

S	从设备地址	R/$\overline{W}$	A	数据	A	数据	A	P

0（写）　　　　数据传送　（n字节+应答）

（a）主设备发送器发送至从接收器，方向不变

S	从设备地址	R/$\overline{W}$	A	数据	A	数据	A	P

1（读）　　　　数据传送　（n字节+应答）

（b）第一字节后主设备立即读从设备

S	从设备地址	R/$\overline{W}$	A	数据	A	S	从设备地址	R/W	A	数据	A	P

读或写　　（n字节+应答）　　　　读或写　　该位可以改
　　　　　　　　　　　　　　　　　　　　变传送方向
　　　　　　　　　　　　　　　　　　　　（n字节+应答）

（c）组合格式

图 8.19　I2C 总线数据传输格式

② 读过程：主机发送一个起始信号 S→发送从机 7 位地址和 1 位方向，方向位表示读→主机释放 SDA 线方便从机给回应→有从机匹配到地址，拉低 SDA 线作为 ACK→从机继续占用 SDA 线，用 SDA 传输 8 位数据给主机→从机释放 SDA 线（拉高）方便主机给回应→主机接收到数据→主机获得 SDA 线控制并拉低 SDA 线作为 ACK 告诉从机数据接收成功→主机发出停止信号。

▶ **注意**：在具体的 I2C 通信时，要看 I2C 设备才能确定读写时序，比如下面即将描述的 8.2.6 节中的示例，读写 EEPROM 中就会讲到具体的数据含义和读写过程。

（3）应答信号的传输

为了完成一个字节数据的传输，接收方将发送一个应答位给发送方。应答信号出现在 SCL 线上的时钟周期中的第 9 个时钟周期，为了发送或接收 1 个字节的数据，主机端会产生 8 个时钟周期，为了传输一个 ACK 位，主机端需要产生一个时钟脉冲。I2C 总线的应答信号如图 8.20 所示。

ACK 时钟脉冲到来之际，发送方会在 SDA 线上设置高电平以释放 SDA 线。在 ACK 时钟脉冲之间，接收方会驱动和保持 SDA 线为低电平，这发生在第 9 个时钟脉冲为高电平期间。应答信号为低电平时，规定为有效应答位（ACK 简称应答位），表示接收器已经成功地接收了该字节；应答信号为高电平时，规定为非应答位（NACK），一般表示接收器接收该字节没有成功。对于反馈有效应答位 ACK 的要求是，接收器在第 9 个时钟脉冲之前的低电平期间将 SDA 线拉低，并且确保在该时钟的高电平期间为稳定的低电平。如果接收器是主控器，则在它收到最后一个字节后，发送一个 NACK 信号，以通知被控发送器结束数据发送，并释放 SDA 线，以便主控接收器发送一个停止信号 P。

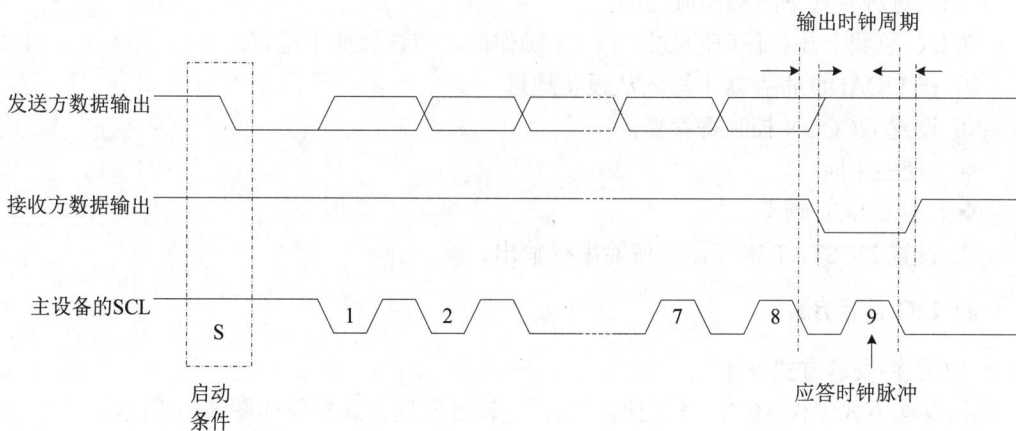

图 8.20　I2C 总线的应答信号

（4）读写操作

当 I2C 控制器在发送模式下发送数据后，I2C 总线接口将等待直到移位寄存器（I2CDS）接收到一个数据。在往此寄存器写入一个新数据前，SCL 线应该保持为低电平，写完数据后，I2C 控制器将释放 SCL 线。当前正在传输的数据传输完成后，Exynos4412 会捕捉到一个中断，然后 CPU 将开始往 I2CDS 寄存器中写入一个新的数据。

当 I2C 控制器在接收模式下接收到数据后，I2C 总线接口将等待直到 I2CDS 寄存器被读。在读到新数据之前，SCL 线会被保持为低电平，读到数据后 I2C 控制器将释放掉 SCL 线。一个新数据接收完成后，Exynos4412 将收到一个中断，CPU 收到这个中断请求后，它将从 I2CDS 寄存器中读取数据。

（5）总线仲裁机制

总线上可能挂接有多个器件，有时会发生两个或多个主器件同时想占用总线的情况，这种情况叫作总线竞争。I2C 总线具有多主控能力，可以对发生在 SDA 线上的总线竞争进行仲裁，其仲裁原则是这样的：当多个主器件同时想占用总线时，如果某个主器件发送高电平，而另一个主器件发送低电平，则发送电平与此时 SDA 总线电平不符的那个器件将自动关闭其输出级。总线竞争的仲裁是在两个层次上进行的。首先是地址位的比较，如果主器件寻址同一个从器件，则进入数据位的比较，从而确保了竞争仲裁的可靠性。由于是利用 I2C 总线上的信息进行仲裁，因此不会造成信息的丢失。

（6）终止条件

当一个从接收者不能识别从地址时，它将保持 SDA 线为高电平。在这样的情况下，主机会产生一个停止信号并且取消数据的传输。当终止传输产生后，主机端接收器会通过取消

ACK 的产生以告诉从机端发送器结束发送操作。这将在主机端接收器接收到从机端发送器发送的最后一个字节之后发生，为了让主机端产生一个停止条件，从机端发送者将释放 SDA 线。

（7）配置 I2C 总线

如果要设置 I2C 总线中 SCL 时钟信号的频率，可以在 I2CCON 寄存器中设置 4 位分频器的值。I2C 总线接口地址值存放在 I2C 总线地址寄存器（I2CADD）中，默认值未知。

（8）每种模式下的操作流程图

在 I2C 总线上执行任何的收发 Tx/Rx 操作前，应该做如下配置。

① 在 I2CADD 寄存器中写入从设备地址。

② 设置 I2CCON 控制寄存器。

❖ 使能中断。

❖ 定义 SCL 频率。

③ 设置 I2CSTAT 寄存器以使能串行输出。

4. I2C 操作方式

（1）主/发送方式操作

主/发送方式记作 M/T，发送记作 Tx，主设备发送方式操作如图 8.21 所示。

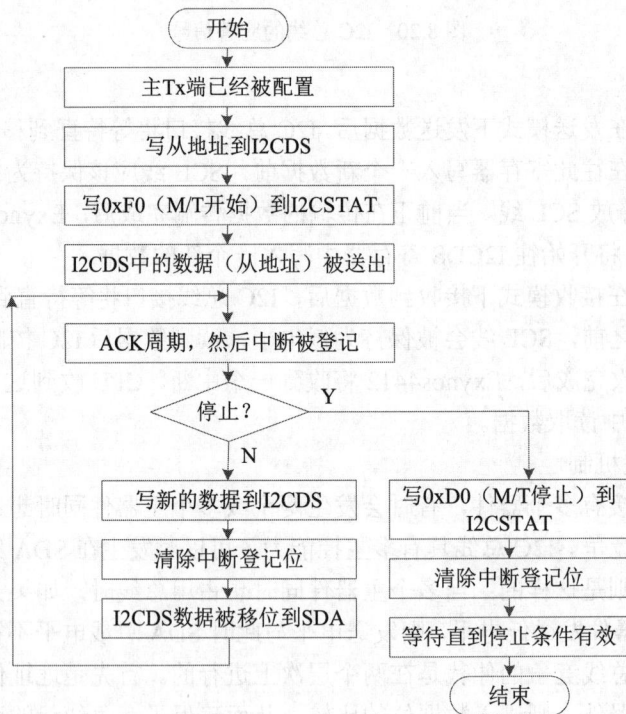

图 8.21　主/发送方式操作

（2）主/接收方式操作

主/接收方式记作 M/R，接收记作 Rx，主设备接收方式操作如图 8.22 所示。

```
                    开始
                     │
        ┌────────────────────────┐
        │   主Rx端已经被配置       │
        └────────────────────────┘
                     │
        ┌────────────────────────┐
        │   写从地址到I2CDS        │
        └────────────────────────┘
                     │
        ┌────────────────────────┐
        │ 写0xB0（M/R开始）到I2CSTAT │
        └────────────────────────┘
                     │
        ┌────────────────────────┐
        │ I2CDS中的数据（从地址）被送出 │
        └────────────────────────┘
                     │
   ┌────────────────────────────────┐
   │    ACK周期，然后后中断被登记      │
   └────────────────────────────────┘
                     │
              ◇ 停止？ ◇────── Y ──────────────┐
                │ N                            │
   ┌──────────────────────┐        ┌──────────────────────┐
   │  从I2CDS读新的数据     │        │ 写0x90（M/R停止）到     │
   └──────────────────────┘        │      I2CSTAT          │
                │                   └──────────────────────┘
   ┌──────────────────────┐                   │
   │  清除中断登记位        │        ┌──────────────────────┐
   └──────────────────────┘        │   清除中断登记位       │
                │                   └──────────────────────┘
   ┌──────────────────────┐                   │
   │ SDA数据被移位到I2CDS    │       ┌──────────────────────┐
   └──────────────────────┘        │ 等待直到停止条件有效    │
                                    └──────────────────────┘
                                               │
                                             结束
```

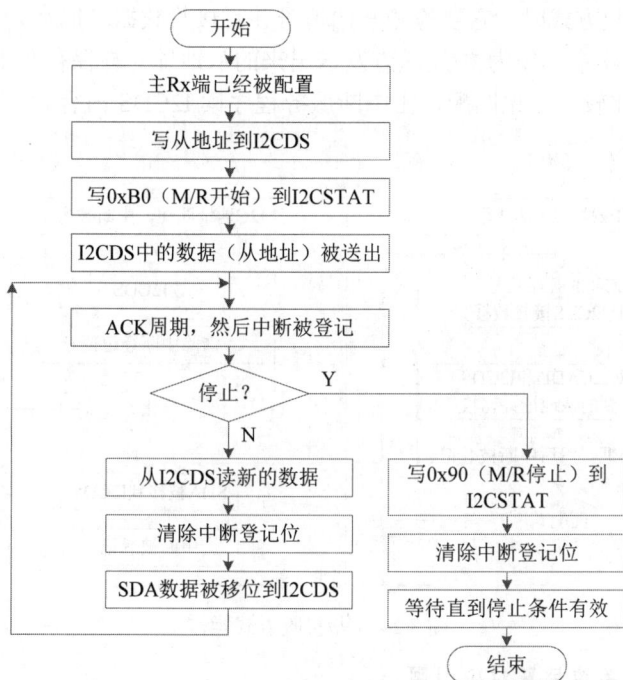

图 8.22 主/接收方式操作

（3）从/发送方式操作

从/发送方式记作 S/T，发送记作 Tx，从设备发送方式操作如图 8.23 所示。当 I2C 总线接口设置为从/发送方式时，它要检测开始信号并且接收数据（地址），最先收到的数据保存在 I2CDS 寄存器中，作为主/接收方发送出来的从地址，与保存在 I2CADD 寄存器中自己的从地址进行比较，如果匹配，由中断服务程序将要发送的数据写入 I2CDS，发送数据。

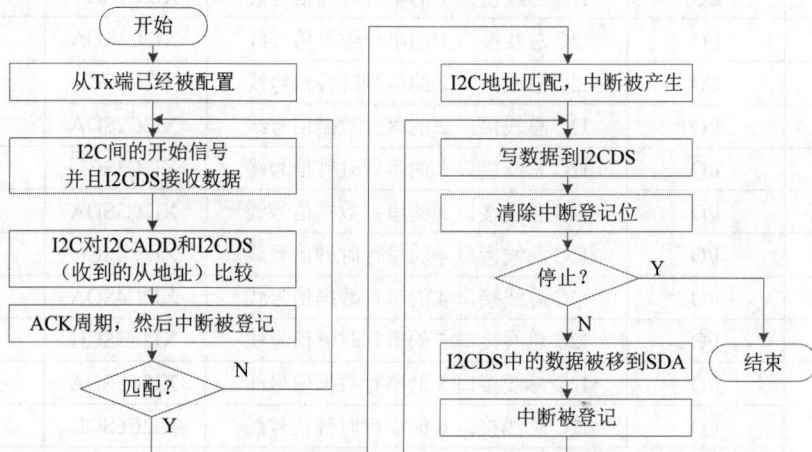

```
           开始
            │
  ┌──────────────────────┐      ┌──────────────────────┐
  │  从Tx端已经被配置       │      │ I2C地址匹配，中断被产生  │
  └──────────────────────┘      └──────────────────────┘
            │                               │
  ┌──────────────────────┐      ┌──────────────────────┐
  │  I2C间的开始信号        │      │   写数据到I2CDS        │
  │  并且I2CDS接收数据      │      └──────────────────────┘
  └──────────────────────┘                 │
            │                    ┌──────────────────────┐
  ┌──────────────────────┐      │   清除中断登记位       │
  │  I2C对I2CADD和I2CDS    │      └──────────────────────┘
  │  （收到的从地址）比较    │                │
  └──────────────────────┘            ◇ 停止？ ◇──── Y ──────┐
            │                            │ N                 │
  ┌──────────────────────┐      ┌──────────────────────┐     │
  │  ACK周期，然后中断被登记 │      │ I2CDS中的数据被移到SDA  │   结束
  └──────────────────────┘      └──────────────────────┘
            │                               │
       ◇ 匹配？ ◇──── N ──┐       ┌──────────────────────┐
            │ Y          │       │   中断被登记           │
            └────────────┘       └──────────────────────┘
```

图 8.23 从/发送方式操作

（4）从/接收方式操作

从/接收方式记作 S/R，接收记作 Rx，从设备接收方式操作如图 8.24 所示。当 I2C 总

线接口设置为从/接收方式时，它要检测开始信号并且接收数据（地址），最先收到的数据保存在 I2CDS 寄存器中，作为主/发送方发送出来的从地址，与保存在 I2CADD 寄存器中自己的从地址进行比较，如果匹配，由中断服务程序读 I2CDS 内容。

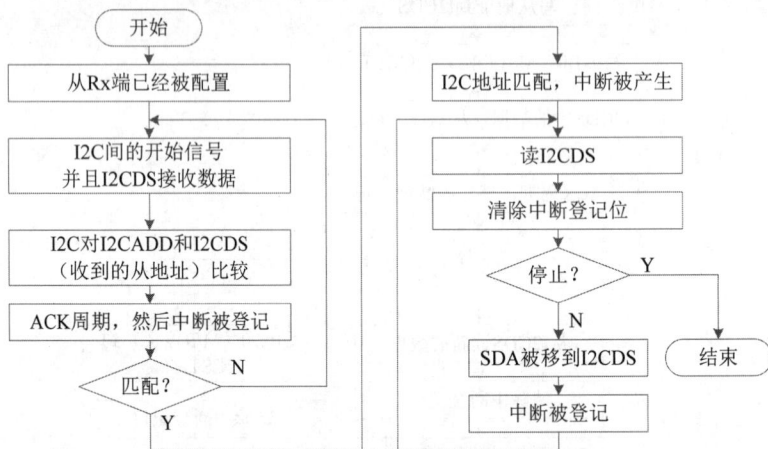

图 8.24   从/接收方式操作

5. I2C 模块相关信号及对应引脚

Exynos4412 的 I2C 模块相关信号及对应引脚关系如表 8.20 所示。

表 8.20   I2C 模块相关信号及对应引脚关系

信　　号	I/O	功　能　描　述	引　　脚	类　　型
I2C0_SCL	I/O	I2C 总线接口 0 的串行时钟信号线	XI2C0SCL	复用
I2C0_SDA	I/O	I2C 总线接口 0 的串行数据信号线	XI2C0SDA	复用
I2C1_SCL	I/O	I2C 总线接口 1 的串行时钟信号线	XI2C1SCL	复用
I2C1_SDA	I/O	I2C 总线接口 1 的串行数据信号线	XI2C1SDA	复用
I2C2_SCL	I/O	I2C 总线接口 2 的串行时钟信号线	XI2C2SCL	复用
I2C2_SDA	I/O	I2C 总线接口 2 的串行数据信号线	XI2C2SDA	复用
I2C3_SCL	I/O	I2C 总线接口 3 的串行时钟信号线	XI2C3SCL	复用
I2C3_SDA	I/O	I2C 总线接口 3 的串行数据信号线	XI2C3SDA	复用
I2C4_SCL	I/O	I2C 总线接口 4 的串行时钟信号线	XI2C4SCL	复用
I2C4_SDA	I/O	I2C 总线接口 4 的串行数据信号线	XI2C4SDA	复用
I2C5_SCL	I/O	I2C 总线接口 5 的串行时钟信号线	XI2C5SCL	复用
I2C5_SDA	I/O	I2C 总线接口 5 的串行数据信号线	XI2C5SDA	复用
I2C6_SCL	I/O	I2C 总线接口 6 的串行时钟信号线	XI2C6SCL	复用
I2C6_SDA	I/O	I2C 总线接口 6 的串行数据信号线	XI2C6SDA	复用
I2C7_SCL	I/O	I2C 总线接口 7 的串行时钟信号线	XI2C7SCL	复用
I2C7_SDA	I/O	I2C 总线接口 7 的串行数据信号线	XI2C7SDA	复用

8.2.4　特殊功能寄存器

1. I2C 总线控制寄存器 I2CCONn(n=0~7)

地址：0x1386_0000，0x1387_0000，0x1388_0000，0x1389_0000，0x138A_0000，0x138B_0000，0x138C_0000，0x1388_0000，0x138D_0000，0x138E_0000

复位值均为：0x0000_000X

该类寄存器用于配置 8 个 I2C 通道的时钟和使能等功能，具体含义如表 8.21 所示。

表 8.21　I2CCON

I2CCONn	位	类　　型	描　　　　述	复 位 值
RSVD	[31:8]	-	保留	0
ACK（相应）允许[1]	[7]	RW	I2C 总线响应允许位 0：禁止 ACK 产生 1：允许 ACK 产生 在发送方式，在 ACK 时间 I2CSDA 释放 在接收方式，在 ACK 时间 I2CSDA 线为低电平	0
Tx 时钟源选择	[6]	RW	I2C 总线发送时钟预分频选择位 0：I2CCLK=F_{PCLK}/16 1：I2CCLK=F_{PCLK}/512	0
Tx/Rx 中断[5]	[5]	RW	Tx/Rx 中断使能位 0：禁止 1：使能	0
中断挂起标志位[2], [3]	[4]	S	读 0：未产生中断 1：产生中断 写 0：7 无效 1：8 恢复操作	0
发送时钟值[4]	[3:0]	RW	Tx 时钟=I2CCLK/(I2CCON[3:0]+1)	-

▶ **注意：**

（1）当 EEPROM 连接到 I2C 总线上时，为了在接收模式中产生停止信号，在读最后一个数据之前 ACK 将被禁止产生。

（2）一个 I2C 中断发生在以下 3 种情况：

① 当发出地址信息或接收到一个从机地址并吻合时：当发出地址信息或接收到一个从机地址并吻合时产生中断，在中断处理函数中要准备发送或者接收数据，即读取 I2CDS 寄存器，或者发出 P 信号。

② 当总线仲裁失败时：当总线仲裁失败时产生中断，在中断处理函数中决定是否延时

后再次竞争总线等。

③ 当发送/接收完一个字节的数据（包括 ACK 响应位）时：当发送/接收完一个字节的数据（包括 ACK 响应位）时产生中断，在中断处理函数中准备下次要发送或者接收的数据，即读取 I2CDS 寄存器，或者发出 P 信号。

（3）基于 SDA、SCL 线上事件特性的考虑，要发送数据时，先将数据写入 I2CDS 寄存器，然后再清除中断。清除中断，即向 I2CCON[4]写入 0，也就是将 SCL 线拉高，此时产生一个上升沿，将移位寄存器中的数据发送到 SDA 线。注意：先将数据写入 I2CDS 寄存器，然后再清除中断，因为数据稳定需要时间。

（4）I2CCLK 由 I2CCON[6]决定，当 I2CCON[6] = 0 时， I2CCON[3:0] = 0x0 or 0x1 是无效的。

（5）如果 I2CCON[5]==0，I2CCON[4]将不能正常工作。所以，即使不使用 I2C 中断，也要将 I2CCON[5]设为 1。

2. I2C 状态寄存器 I2CSTATn（n=0~7）

地址：0x1386_0004，0x1387_0004，0x1388_0004，0x1389_0004，0x138A_0004，0x138B_0004，0x138C_0004，0x1388_0004，0x138D_0004，0x138E_0004

复位值均为：0x0000_0000

该类寄存器用于配标识 I2C 的运行状态，具体含义如表 8.22 所示。

表 8.22　I2CSTATn

I2CSTATn	位	类　型	描　　述	复位值
RSVD	[31:8]	-	保留	0
主从收发模式选择	[7:6]	RWX	I2C 总线主/从和 Tx/Rx 方式选择位 00：从/接收方式 01：从/发送方式 10：主/接收方式 11：主/发送方式	0
忙信号状态/开始停止条件	[5]	S	I2C 总线信号状态位 读时 0：表示 I2C 总线不忙 1：表示 I2C 总线忙 写时 0：表示 I2C 总线停止信号产生 1：表示 I2C 总线开始信号产生	0
串行输出允许	[4]	S	I2C 总线数据输出允许/禁止位 0：禁止 Rx/Tx 1：允许 Rx/Tx	0

续表

I2CSTATn	位	类　型	描　　述	复　位　值
仲裁状态标志	[3]	RO	0：总线仲裁成功 1：在串行I/O期间总线仲裁失败	0
收到从地址状态标志	[2]	RO	0：当开始/停止条件被检出时，这1位清除为0 1：收到从地址，与在I2CADD中地址值匹配，这1位置1	0
地址为0状态标志	[1]	RO	I2C总线地址为0状态标志位 0：当开始/停止条件被检出时，这1位清除为0 1：收到从地址是00000000b时，这1位置1	0
最后接收位状态标志	[0]	RO	I2C总线最后接收位状态标志 0：后接收位是0（收到ACK） 1：后接收位是1（没收到ACK）	0

3. I2C从设备地址寄存器 I2CADDn（n=0~7）

地址：0x1386_0008，0x1387_0008，0x1388_0008，0x1389_0008，0x138A_0008，0x138B_0008，0x138C_0008，0x1388_0008，0x138D_0008，0x138E_0008

复位值不确定。

该类寄存器用于配标识I2C的运行状态，具体含义如表8.23所示。

表8.23　I2CADDn

I2CADDn	位	类　型	描　　述	复　位　值
RSVD	[31:8]	-	保留	0
从设备地址	[7:0]	RWX	从I2C总线来的7被锁存，当I2CSTAT中串行输出允许位=0，I2CADD允许写入。 I2CADD在任何时候都允许被读出，从地址=位[7:1]，位[0]不作为地址	xxxxxxx

用到I2CADD寄存器的位[7:1]，表示从机地址。I2CADD寄存器在串行输出使能位I2CSTAT[4]为0时，才可以写入；在任何时候可以读出。I2CSTAT[4]为0时，禁止接收/发送功能，即此时SCL线被拉低。

4. I2C数据收/发移位寄存器 I2CDSn（n=0~7）

地址：0x1386_000C，0x1387_000C，0x1388_000C，0x1389_000C，0x138A_000C，0x138B_000C，0x138C_000C，0x1388_000C，0x138D_000C，0x138E_000C

复位值均为：0x0000_0000

该类寄存器用于配标识I2C的运行状态，具体含义如表8.24所示。

表 8.24　I2CDSn

I2CDSn	位	类　型	描　述	复　位　值
RSVD	[31:8]	-	保留	0
数据移位	[7:0]	RWX	8 位数据移位寄存器用于 Tx/Rx 操作 当 I2CSTAT 寄存器中串行输出允许位=1 时，I2CDS 允许写入，I2CDS 的值在任何时候都可以读出	0

用到 I2CDS 寄存器的位[7:0]，其中保存的是要发送或已经接收到的数据。I2CDS 寄存器在串行输出使能位 I2CSTAT[4]为 1 时才可以写入；在任何时候都可以读出。I2CSTAT[4]为 1 时，使能接收/发送功能，也就是释放了 SCL 线。

5. I2C 总线传输配置寄存器 I2CLCn（n=0~7）

地址：0x1386_000C，0x1387_000C，0x1388_000C，0x1389_000C，0x138A_000C，0x138B_000C，0x138C_000C，0x1388_000C，0x138D_000C，0x138E_000C

复位值均为：0x0000_0000

该类寄存器用于配标识 I2C 的运行状态，具体含义如表 8.25 所示。

表 8.25　I2CLCn

I2CLCn	位	类　型	描　述	复　位　值
RSVD	[31:3]	-	保留	0
Filter enable	[2]	RW	I2C 总线滤波器使能位 当 SDA 接口进行输入操作，该位应该是高电平；过滤器可以避免在两个 PCLK 期间干扰出现错误 0：滤波器禁止 1：滤波器使能	0
SDA output delay	[1:0]	RW	I2C 总线 SDA 线路延时长度选择位： 00：0 clocks 01：5clocks 10：10 clocks 11：15 clocks	0

8.2.5　I2C 总线初始化

1. 特殊功能寄存器的封装

```
typedef   struct {
    unsigned int I2CCON;
    unsigned int I2CSTAT;
```

```
    unsigned int I2CADD;
    unsigned int I2CDS;
    unsigned int I2CLC;

}i2c0;
#define I2C0 ( * (volatile i2c0 *)0x13860000 )
```

2. 设置控制寄存器（I2CCON）

I2CCON 寄存器用于设置 I2C 控制器使能、时钟选择、中断使能等内容。

3. 设置控制/状态寄存器（I2CSTAT）

I2CSTAT 用于 I2C 控制器工作模式选择。

4. 发送/接收移位寄存器（I2CDS）

I2CDS 寄存器用于以移位方式发送/接收数据。

5. 地址寄存器（I2CADDR）

Exynos4412 作为从机时需要设置 I2CADD 寄存器，该寄存器中保存 Exynos4412 当做从机时的地址。

8.2.6　I2C 总线控制应用举例

1. I2C 操作 EEPROM 原理

（1）I2C 只有两条线：SDA（数据线）/SCL（时钟线），分为主机（I2C 控制器）和从机（EEPROM），即主从结构，所有的数据传输都是由主机发起，从机只能接收，两条线上可以挂很多从机设备。

（2）主机通过向从机发地址（每个 I2C 设备都有一个嵌入芯片里的设备地址，并且每种 I2C 设备地址格式还不一样，比如 EEPROM 的设备地址就由前面地址和后面格式构成，后面格式由根据硬件上的连线决定，Tiny4412 上接的 EEPROM 的 A0-2 都被拉低，即地址为 1010000 的 7 位地址），哪个从机响应了，就与哪个从机通信，具体是读还是写根据第 8 位去区别。

（3）当 SCL/SDA 都为高电平时，拉低 SDA 作为起始信号，SCL 为高，拉高 SDA 作为结束信号，从机在收到 8 位数据后，在第 9 个时钟周期拉低 SDA 作为 ACK 应答信号。

（4）SCL 为低时可以传送数据，传送完后 SCL 会被拉高，在 SCL 上升沿开始传数据。SCL 为高时要保持 SDA 数据稳定。

（5）发送完数据，读完数据，发送完 stop 信号，都要 delay 一会，等设备反应。

（6）传送数据按芯片手册的 timing 走，先传地址，先传数据，每传一个 8 位数据，从机要发送一个 ACK 应答。

（7）我们编程是以主机的角色，从机自己会拉高拉低 SCL/SDA，主机也不用管怎么拉高拉低 SCL/SDA，只需设置 I2C 控制器的寄存器就可以按 timing 传数据，如果没有 I2C 控制器，用 GPIO 模拟时才需要自行控制 SCL/SDA 线。

（8）Tiny4412 有一个直接连接 CPU I2C0 信号引脚的 EEPROM 芯片 AT24C08，主要是为了测试 I2C 总线用，看看向这个设备读写数据应该怎么操作。

2. 写时序

当 4412 要往 EEPROM 中写一个字节数据时，首先发 start 信号，然后写从机的 8 位设备地址（可以从 AT24C08 的手册找到），最后 1 位用来标识接下来是要写/读从机设备，然后拉高 SDA。从机收到地址后如果跟自己地址匹配，就发一个 ACK 应答给主机，即会拉低 SDA 线。

从机里的数据是按 addr（EEPROM 芯片内部的内存地址）来 index 的，要往哪块地址写数据，4412 先发 addr 给从机，从机准备好后发 ACK，然后主机就发 8 位 data 给从机，从机应答，然后主机发 stop 信号结束，主机在发送 8 位数据的 8 个 CLK 中，SDA 由主机驱动，第 9 个 CLK 中，SDA 由从机驱动。

3. 读时序

当 4412 要在 EEPROM 中读一个字节时，先发 start 信号，发从机地址，最后 1 位标识 write（写的这个地址即告诉从机后面将要在 EEPROM 里哪个地方读取数据），拉高 SDA 方便从机回应，由从机匹配到从机地址后拉低 SDA 线回应主机；主机发要读哪块地址数据的 addr 数据，从机收到主机发来的数据后给出回应；主机重新发 start 信号，发从机地址，最后 1 位标识 read，然后 4412 读数据，读完数据主机（4412）一般不会应答（no ack），主机发 stop 信号结束。

在主机读数据的那 8 个 CLK 中，SDA 由从设备驱动，第 9 个 CLK 中，SDA 由主机驱动。总的来说，谁收数据，谁就要给出应答信号（拉低 SDA），因为要告诉发送方，数据已经收到。

4. 举例

Exynos4412 的 I2C 与 E2PROM 芯片 AT24C02 的电路连线图如图 8.25 所示。由电路可知，芯片 AT24C02 将引脚 A2~A0 接地，所以它的器件地址为 0xA0，并且芯片 AT24C02 的 SDA、SCL 引脚分别连接在 Exynos4412 的 Xi2cSDA0_OUT 和 Xi2cSCL0_OUT 引脚。编程实现如下操作。

（1）发送
① 初始化主设备发送
② 实现单字节写操作
③ 实现多字节写操作
（2）发送
① 初始化主设备接收
② 实现随机地址读操作

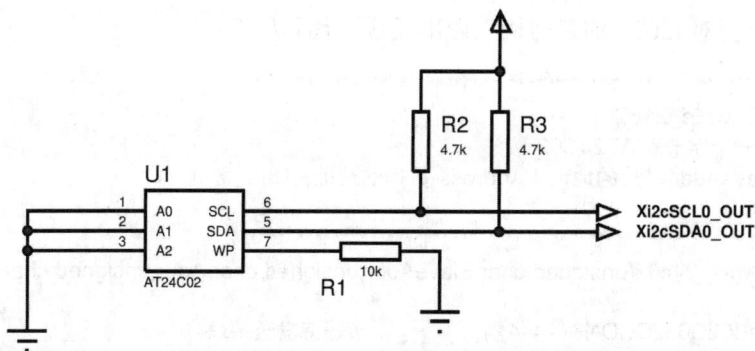

图 8.25　Exynos4412 的 I2C 与 E2PROM 芯片 AT24C02 电路连接图

解：（1）发送

① 初始化主设备发送

❖　特殊功能寄存器的封装

```
typedef    struct {
        unsigned int I2CCON;
        unsigned int I2CSTAT;
        unsigned int I2CADD;
        unsigned int I2CDS;
        unsigned int I2CLC;

}i2c0;
#define I2C0 ( * (volatile i2c0 *)0x13860000 )
```

❖　初始化 I2C0_SDA 和 I2CC0_SCL 引脚

```
GPD1.GPD1CON = (GPD1.GPD1CON & (~0xff)) | 0x22;
GPD1.GPD1PUD = GPD1.GPD1PUD & (~0xf) | 0x5;
```

❖　初始化 I2CDS 寄存器

```
I2C0.I2CDS= SlaveAddr;
```

❖　初始化 I2CCON 寄存器

```
//使能 ACK；时钟源 PCLK/512；中断使能；清中断挂起标志；Tx 时钟=I2CCLK/(1+1)
I2C0.I2CCON = 0xe1;
```

❖　初始化 I2CSTAT 寄存器

```
I2C0.I2CSTAT |= 0xf0;                         //主发送模式；开始传送；使能输出
```

② 实现单字节写操作

单字节写时，依次要发送器件的地址（包括 LSB 用于读/写标识，0：标识为写；1：标识为读）、器件片内数据写入地址和写入的 8 位数据。AT24C02 每次接收到地址或数据，都会返回一个应答信号 ACK。当 AT24C02 接收完成一个数据并返回 ACK 信号时，I2C 主机必须产生停止位来结束写时序。此后，AT24C02 将进入"内部写状态"。这段时间内，

AT24C02 将不会对 I2C 上的任何输入做出反应。代码如下：

```
/*****************************************************************
*函数：I2C_write_24c02
*功能：写一个字节到 AT24C02
*参数：SlaveAddr-芯片的地址；Address-数据的地址；Data-数据
返回值：无
*****************************************************************/
void I2C_write_24c02(unsigned char SlaveAddr,unsigned char Addr,unsigned char Data)
{
        while(!(I2C0.I2CCON&(1<<4)));            //等待发送结束
        I2C0.I2CCON &= ~(1<<4);                 //清除中断挂起标志，恢复传送
        I2C0.I2CDS = Addr;                      //装载从设备总线地址
        while(!(I2C0.I2CCON&(1<<4)));            //等待发送结束
        I2C0.I2CCON &= ~(1<<4);                 //清除中断挂起标志，恢复传送
        I2C0.I2CDS = Data;                      //装载数据
        while(!(I2C0.I2CCON&(1<<4)));            //等待发送结束
        I2C0.I2CSTAT &= ~(1<<5);                //产生停止信号，释放总线
        I2C0.I2CCON &= ~(1<<4);                 //清除中断挂起标志，恢复传送
}
```

③ 实现多字节写操作

AT24C02 具有多字节写功能（页写），其存储大小为 2KB，支持 8 字节的连续写入。芯片根据型号不同，支持不同大小的多字节写入。多字节写入和单字节写入时序大致一样，只是在写入第一个数据并接收到 E2PROM 的 ACK 应答时，主设备不再发送停止位，而是继续写入数据。此时，AT24C02 还能写入 7 字节到 E2PROM 中。E2PROM 每接收到一个字节就会返回一个应答 ACK。然后，主设备必须发送一个停止位来结束时序，否则该地址将发生回滚，出现新写入的数据破坏之前写入数据的情况。代码如下：

```
/*****************************************************************
*函数：I2C_write_24c02
*功能：写 n 个字节到 AT24C02
*参数：SlaveAddr-芯片的地址；Address-数据的地址；Data-数据；n-字节数
返回值：无
*****************************************************************/
void I2C_write8_24c02(unsigned char SlaveAddr,unsigned char Addr,unsigned char Data[],
unsigned char n)
{
        unsigned char i, j;
            for(i=0;i<n;i++)
        {
            while(!(I2C0.I2CCON&(1<<4)));        //等待发送结束（ACK 信号）
            I2C0.I2CCON &= ~(1<<4);             //清除中断挂起标志，恢复传送
            I2C0.I2CDS = Addr;                  //装载从设备总线地址
            while(!(I2C0.I2CCON&(1<<4)));        //等待发送结束（ACK 信号）
            I2C0.I2CCON &= ~(1<<4);             //清除中断挂起标志，恢复传送
            I2C0.I2CDS = Data;                  //装载数据
        }
        while(!(I2C0.I2CCON&(1<<4)));            //等待发送结束（ACK 信号）
```

```
        I2C0.I2CSTAT &= ~(1<<5);                    //产生停止信号，释放总线
        I2C0.I2CCON &= ~(1<<4);                     //清除中断挂起标志，恢复传送
}
```

（2）发送

① 初始化主设备接收

❖　特殊功能寄存器的封装

```
typedef      struct {
             unsigned int I2CCON;
             unsigned int I2CSTAT;
             unsigned int I2CADD;
             unsigned int I2CDS;
             unsigned int I2CLC;

}i2c0;
#define I2C0 ( * (volatile i2c0 *)0x13860000 )
```

❖　初始化 I2C0_SDA 和 I2CC0_SCL 引脚

```
GPD1.GPD1CON = (GPD1.GPD1CON & (~0xff)) | 0x22;
GPD1.GPD1PUD = GPD1.GPD1PUD & (~0xf) | 0x5;
```

❖　初始化 I2CDS 寄存器

```
I2C0.I2CDS= SlaveAddr;                    //装载从设备地址
```

❖　初始化 I2CCON 寄存器

```
//使能 ACK；时钟源 PCLK/512；中断使能；清中断挂起标志；Tx 时钟=I2CCLK/(1+1)
I2C0.I2CCON = 0xe1;
```

❖　初始化 I2CSTAT 寄存器

```
I2C0.I2CSTAT |= 0xF0;                     //主发送模式；开始传送；使能输出
while(!(I2C0.I2CCON&(1<<4)));             //等待发送结束
I2C0.I2CCON &= ~(1<<4);                   //清除中断挂起标志，恢复传送
I2C0.I2CDS = Addr;                        //装载从设备总线地址
while(!(I2C0.I2CCON&(1<<4)));             //等待发送结束
I2C0.I2CCON &= ~(1<<4);                   //清除中断挂起标志，恢复传送
I2C0.I2CDS = SlaveAddr|0x01               //设置主机接收
I2C0.I2CSTAT = 0xB0;
I2C0.I2CCON &= ~(1<<7);                   //取消应答信号
```

② 实现随机地址读操作

```
/***********************************************************
*函数：I2C_read_24c02
*功能：从 AT24C02 随机读一个字节
*参数：SlaveAddr-芯片的地址；Address-数据的地址；*Data-数据地址
返回值：无
***********************************************************/
```

```
void I2C_read_24c02(unsigned char SlaveAddr,unsigned char Addr,unsigned char *Data)
{
    while(!(I2C0.I2CCON&(1<<4)));        //等待发送结束
    *Data = I2C0.I2CDS;                  //读一个字节数据
    I2C0.I2CSTAT &= ~(1<<5);             //产生停止信号，释放总线
    I2C0.I2CCON &= ~(1<<4);              //清除中断挂起标志，恢复传送
}
```

8.2.7　I2C 总线编程控制实验

1. 实验目的

（1）了解 I2C 总线协议。

（2）掌握 Exynos4412 I2C 控制器的特殊功能寄存器。

（3）掌握 Exynos4412 通过 I2C 总线协议与 MPU6050 通信的方法。

（4）熟练掌握 Exynos4412 I2C 控制器的初始化方法及编程应用。

2. 实验原理

（1）PMU6050 是一款 9 轴运动处理传感器。它集成了 3 轴 MEMS 陀螺仪、3 轴 MEMS 加速度计，以及一个可扩展的数字运动处理器 DMP（Digital Motion Processor），再用连接一个第三方的数字传感器，如磁力计。扩展之后就可以通过其 I2C 接口输出一个 9 轴的信号。MPU6050 也可以通过其 I2C 接口，连接非惯性的数字传感器，如压力传感器。

MPU6050 对陀螺仪和加速度计分别用了 3 个 16 位的 ADC，将其测量结果的模拟量转化为可输出的数字量。为了精确跟踪快速和慢速的运动，传感器的测量范围都是可控的，陀螺仪可测范围为 $\pm250°/S$、$\pm500°/S$、$\pm1000°/S$ 和 $\pm2000°/S$ 加速度计可测范围为 $\pm2g$、$\pm4g$、$\pm8g$ 和 $\pm16g$。

（2）实现对 MPU6050 芯片的 Z 轴坐标读操作，首先要配置 Exynos4412 的 I2C 控制器，配置 GPIO 为 I2C 功能模式，再根据 MPU0605 芯片手册提供的芯片地址、寄存器说明和时序对 MPU0605 进行操作。

（3）MPU0605 的 I2C 设备地址如图 8.26 所示为 7 位地址，高 6 位是固定的 110100，最后一位由引脚 AD0 的电平决定。例如图 8.26 硬件连接图所示，AD0 电平为 0，所以 I2C 的地址为 0x68。

I2C ADDRESS	AD0=0		1101000
	AD0=1		1101001

图 8.26　MPU0605 地址

（4）MPU0605 的几种操作时序，分别是字节写时序、页写时序、当前地址读、随机地址读和顺序读时序。

① 字节写时序（Byte Write），如图 8.27 所示。

如图 8.27 所示，字节写时序依次要发送从设备地址和读写位（AD+W）、数据写入地址（RA）和写入的 8 位数据（DATA）。

Master	S	AD+W		RA		DATA		P
Slave			ACK		ACK		ACK	

图 8.27　MPU0605 字节写时序

② 字节读时序（Byte Read），如图 8.28 所示。

Master	S	AD+W		RA		S	AD+R		NACK	P
Slave			ACK		ACK			ACK	DATA	

图 8.28　MPU0605 字节读时序

如图 8.28 所示，字节读时序依次要发送从设备地址和读写位（AD+W）、要读取的地址（RA），由于要转换数据流向，重新发送开始信号（S），接着发送从设备地址和读写位（AD+W）、读取数据（DATA）。

（5）特殊功能寄存器

① I2C 传输控制寄存器（I2CCONn，n=0~7），具体内容如表 8.21 所示。

② I2C 控制状态寄存器（I2CSTATn，n=0~7），具体内容如表 8.22 所示。

③ I2C 从设备地址寄存器（I2CADDn，n=0~7），具体内容如表 8.23 所示。

④ I2C 数据收/发移位寄存器（I2CDSn，n=0~7），具体内容如表 8.24 所示。

⑤ I2C 总线传输配置寄存器（I2CLCn，n=0~7），具体内容如表 8.25 所示。

3. 实验内容

如图 8.29 所示，SDA 和 SCL 引脚与 Exynos4412-I2C 控制器 5 的 SDA 和 SCL 引脚相连接，MPU6050 的 AD0 引脚电平值为 0（GND）。编写程序实现，Exynos4412 通过 I2C 总线协议与 MPU6050 通信，读取 MPU6050 的 Z 轴角速度结果寄存器并打印出来。

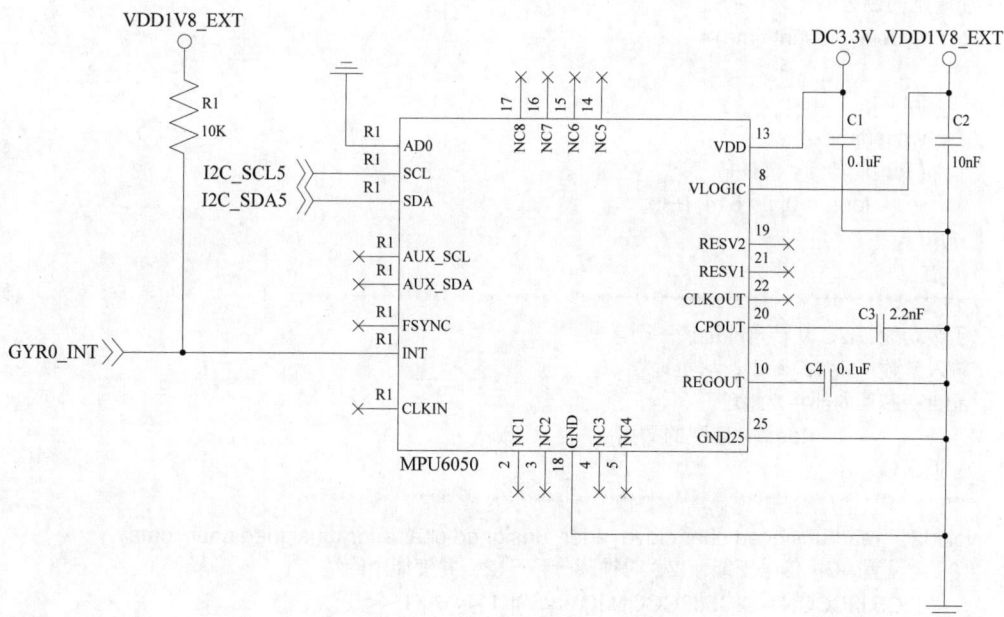

图 8.29　MPU6050 硬件连接图

4. 实验代码

```c
#include "Exynos_4412.h"
/* MPU6050 内部地址*/
#define SMPLRT_DIV 0x19                    //陀螺仪采样率，典型值：0x07（125Hz）
#define CONFIG 0x1A                        //低通滤波频率，典型值：0x06（5Hz）
//陀螺仪自检及测量范围，典型值：0x18（不自检，2000deg/s）
#define GYRO_CONFIG 0x1B
//加速计自检、测量范围及高通滤波频率，典型值：0x01（不自检，2G，5Hz）
#define ACCEL_CONFIG 0x1C
#define ACCEL_XOUT_H 0x3B
#define ACCEL_XOUT_L 0x3C
#define ACCEL_YOUT_H 0x3D
#define ACCEL_YOUT_L 0x3E
#define ACCEL_ZOUT_H 0x3F
#define ACCEL_ZOUT_L 0x40
#define TEMP_OUT_H 0x41
#define TEMP_OUT_L 0x42
#define GYRO_XOUT_H 0x43
#define GYRO_XOUT_L 0x44
#define GYRO_YOUT_H 0x45
#define GYRO_YOUT_L 0x46
#define GYRO_ZOUT_H 0x47                   //陀螺仪 Z 轴角速度数据寄存器（高位）
#define GYRO_ZOUT_L 0x48                   //陀螺仪 Z 轴角速度数据寄存器（低位）
#define PWR_MGMT_1 0x6B                    //电源管理，典型值：0x00（正常启用）
#define WHO_AM_I 0x75                      //I2C 地址寄存器（默认数值 0x68，只读）
#define SlaveAddress 0x68                  //I2C 写入时的地址字节数据，+1 为读取
/*ms 延时函数*/
void mydelay_ms(int time)
{
    int i, j;
    while(time--)
    { for (i = 0; i < 5; i++)
        for (j = 0; j < 514; j++);
    }
}
/********************************************************************
*函数功能：I2C 从特定地址读一个字节
*输入参数：slave_addr：从机地址
*addr：芯片内部特定地址
*              *data：读取的数据
*   返回值：
********************************************************************/
void I2C_read(unsigned char slave_addr, unsigned char addr, unsigned char *data)
{   /*设置 ACK 信号使能，I2C 时钟预分频 512，并使能中断*/
    I2C5.I2CCON = I2C5.I2CCON |(1 << 7)|(1 << 6)|(1 << 5);
    I2C5.I2CDS = slave_addr;               //将从机地址写入 I2CDS 寄存器中
```

```
        /*[7:6]设置为 0b11，主机发送模式；
        *往[5:4]位写 0b11，即产生启动信号，发送 I2CDS 寄存器中的地址*/
        I2C5.I2CSTAT = 0xf0;
        /*等待传输结束，传输结束后，I2CCON [4]位为 1，标识有中断发生；
        *等 ACK 周期后，中断挂起，此位为 1 时，SCL 线被拉低，此时 I2C 传输停止*/
        while(!(I2C5.I2CCON & (1 << 4)));
        /*写读取数据的地址（MPU0605 内部地址）*/
        I2C5.I2CDS = addr;
        I2C5.I2CCON = I2C5.I2CCON & (~(1 << 4));      //I2CCON [4]位清零，继续传输
        while(!(I2C5.I2CCON & (1 << 4)));             //等 ACK 周期后，中断挂起
                /*读数据*/
        I2C5.I2CDS = slave_addr | 1;                 //MPU6050_I2C 地址+读
        /* [7:6]位 0b10，主机接收模式；
        *往[5:4]位写 0b11，即产生启动信号，发出 I2CDS 寄存器中的地址*/
        I2C5.I2CSTAT = 0xb0;
        I2C5.I2CCON = I2C5.I2CCON & (~(1 << 4));      //清除中断标志位
        while(!(I2C5.I2CCON & (1 << 4)));             //等待传输结束，接收数据

        I2C5.I2CCON &= ~((1<<7)|(1 << 4));           //禁止 ACK，清除中断标志位
        //主机接收器接收到最后一字节数据后，不发出应答信号 no ack
        //从机发送器释放 SDA 线，以允许主机发出 P 信号，停止传输
        while(!(I2C5.I2CCON & (1 << 4)));             //等待传输结束
        *data = I2C5.I2CDS;                           //读取数据
        I2C5.I2CSTAT = 0x90;                          //产生停止信号
        I2C5.I2CCON &= ~(1<<4);                       //清除中断标志位
        mydelay_ms(10);                              //延时等待 I2C 停止信号生效
}
/************************************************************************
*函数功能：I2C 向特定地址写一个字节
*输入参数：slave_addr：从机地址
*addr：芯片内部特定地址
*data：写入的数据
*   返回值：
************************************************************************/
void I2C_write (unsigned char slave_addr, unsigned char addr, unsigned char data)
{     I2C5.I2CDS = slave_addr;
      I2C5.I2CCON = (1 << 7)|(1 << 6)|(1 << 5);
      I2C5.I2CSTAT = 0xf0;
      while(!(I2C5.I2CCON & (1 << 4)));
      I2C5.I2CDS = addr;
      I2C5.I2CCON = I2C5.I2CCON & (~(1 << 4));
      while(!(I2C5.I2CCON & (1 << 4)));
      I2C5.I2CDS = data;
      I2C5.I2CCON = I2C5.I2CCON & (~(1 << 4));
      while(!(I2C5.I2CCON & (1 << 4)));
      I2C5.I2CSTAT = 0xd0;
      I2C5.I2CCON = I2C5.I2CCON & (~(1 << 4));
```

```
            mydelay_ms(10);
    }
void MPU6050_Init ()
{       I2C_write(SlaveAddress, PWR_MGMT_1, 0x00);          //设置使用内部时钟为 8MHz
        I2C_write(SlaveAddress, SMPLRT_DIV, 0x07);          //设置陀螺仪采样率
        I2C_write(SlaveAddress, CONFIG, 0x06);              //设置数字低通滤波器
        I2C_write(SlaveAddress, GYRO_CONFIG, 0x18);         //设置陀螺仪量程±2000°/S
        I2C_write(SlaveAddress, ACCEL_CONFIG, 0x01);        //设置加速度量程±2g
}
intget_data(unsigned char addr)
{       char data_h, data_l;
        I2C_read(SlaveAddress, addr, &data_h);              //获取 MPU6050-Z 轴角速度高位字节
        I2C_read(SlaveAddress, addr+1, &data_l);            //获取 MPU6050-Z 轴角速度低位字节
        return (data_h<<8)|data_l;
}
/***********************************************************************

*函数功能：主函数
***********************************************************************/
int main(void)
{       int data;                                           //存储读取结果
        unsigned char zvalue;
        GPB.CON = (GPB.CON & ~(0xff<<12)) | 0x3<<12;        //设置 GPB_3 引脚功能为 I2C_5_SCL
        GPB.CON = (GPB.CON & ~(0xff<<8)) | 0x3<<8;          //设置 GPB_2 引脚功能为 I2C_5_SDA
        mydelay_ms(100);
        uart_init();
        mydelay_ms(100);
        MPU6050_Init();
        mydelay_ms(100);
        printf("\n********** I2C test!! **********\n");
        while(1)
        {       //打开
                data = get_data(GYRO_ZOUT_H);               //获取 MPU6050-Z 轴角速度
                printf(" GYRO --> Z <---:Hex: %x", data);   //打印 MPU6050-Z 轴角速度
                printf("\n");
                mydelay_ms(1000);
        }
        return 0;
}
```

5. 实验结果

本实验通过 Exynos4412 上的片内 I2C5 控制器的操作，实现了在 I2C 协议下，Exynos4412 与传感器读写操作。读取 MPU6050 陀螺仪 Z 轴的角速度，并实时打印出来（由于打印的是原始数据，故有一定的噪声是正常现象，在实际的工程应用中原始数据还要进行滤波算法的处理，才能使用）。

8.3 SPI 总线接口

8.3.1 SPI 总线概述

SPI（Serial Perripheral Interface，串行外围设备接口）是 Motorola 公司推出的一种同步串行接口技术。它允许 MCU 以全双工的同步串行方式，与各种外围设备进行高速数据通信。SPI 主要应用在 EEPROM、Flash、实时时钟（RTC）、数模转换器（ADC）、数字信号处理器（DSP）以及数字信号解码器之间。由于它在芯片中只占用 4 根管脚（Pin）用来产生控制信号和数据传输，节约了芯片的引脚数目，同时也为 PCB 在布局上节省了空间。正是出于这种简单易用的特性，现在越来越多的嵌入式芯片上都集成了 SPI 技术。

SPI 通信主要特点如下。

1. 采用主-从模式（Master-Slave）的控制方式

SPI 规定了两个 SPI 设备之间通信必须由主设备（Master）来控制次设备（Slave）。一个 Master 设备可以通过提供 Clock 以及对 Slave 设备进行片选（Slave Select）来控制多 Slave 设备，SPI 协议还规定 Slave 设备的 Clock 由 Master 设备通过 SCK 管脚提供给 Slave 设备，Slave 设备本身不能产生或控制 Clock，没有 Clock 则 Slave 设备不能正常工作。

2. 采用同步方式（Synchronous）传输数据

Master 设备会根据将要交换的数据来产生相应的时钟脉冲（Clock Pulse），时钟脉冲组成了时钟信号（Clock Signal），时钟信号通过时钟极性（CPOL）和时钟相位（CPHA）控制着两个 SPI 设备间何时数据交换以及何时对接收到的数据进行采样，来保证数据在两个设备之间是同步传输的。

3. 数据交换（Data Exchanges）

SPI 设备间的数据传输之所以又被称为数据交换，是因为 SPI 协议规定一个 SPI 设备不能在数据通信过程中仅仅只充当一个"发送者（Transmitter）"或者"接收者（Receiver）"。在每个 Clock 周期内，SPI 设备都会发送并接收一个 bit 大小的数据，相当于该设备有一个 bit 大小的数据被交换了。

8.3.2 SPI 总线原理

1. SPI 的拓扑结构

SPI 的通信原理很简单，它以主从方式工作，这种模式通常有一个主设备和一个或多个从设备，如图 8.30 所示。

尽管 SPI 总线可以同时并联多个外围设备，但主设备在一个时刻只能和一个从设备通信。主设备通过 CS 片选引脚发出信号去选择从设备。

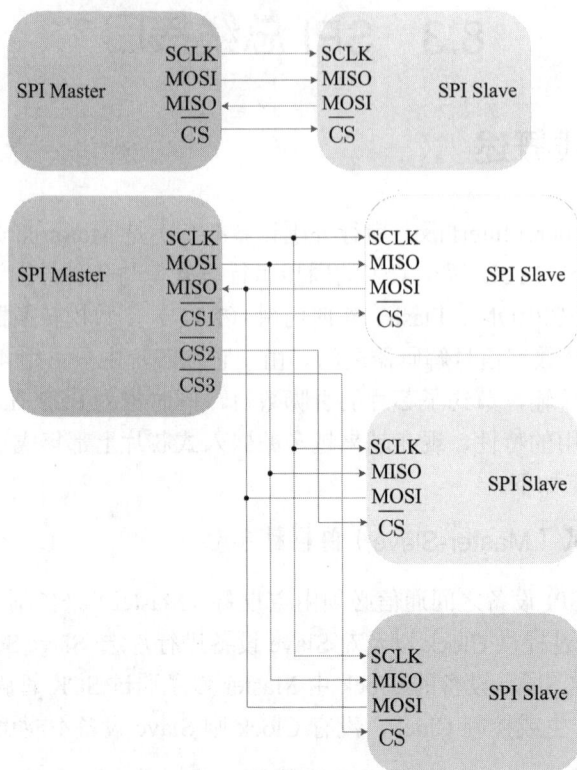

图 8.30　两种 SPI 总线拓扑（其中上图为一个主设备连接一个从设备

（点对点拓扑），下图为一个主设备连接多个从设备）

在点对点的通信中，SPI 接口不需要进行寻址操作，且为全双工通信，简单高效，在多个从期间的系统中，每个从期间需要独立的使能信号，硬件上比 I2C 系统要稍微复杂些。

2. SPI 总线引脚定义

SPI 总线主设备和从设备通信需要至少 4 根线，事实上 3 根也可以（单向传输时）。也是所有基于 SPI 的设备共有的。SPI 的 4 个引脚如下。

（1）SCLK（时钟信号引脚，由主设备产生）。

（2）MISO（主设备输入/从设备输出数据引脚）。

（3）MOSI（主设备输出/从设备输入数据引脚）。

（4）CS（从设备选择引脚，低电平有效）。

3. SPI 总线信号类型（见表 8.26）

表 8.26　SPI 总线类型

信 号 名 称	信 号 描 述
CLK 时钟信号	主设备发出，用于控制数据发送和接收的时序

信 号 名 称	信 号 描 述
MISO 数据信号	作为主设备时，从从设备接收输入数据
	作为从设备时，向主设备发送输出数据
MOSI 数据信号	作为主设备时，向从设备发送输出数据
	作为从设备时，从主设备接收输入数据
CS 片选信号	从设备选择信号
	当 CS 为低电平时，所有数据发送/接收依次被执行

4. SPI 总线时序

SPI 是（单主设备（single-master））通信协议，这意味着总线中只有一个中心设备能发起通信。当 SPI 主设备想读/写（从设备）时，它首先拉低（从设备）对应的 CS 线（CS 是低电平有效），接着开始发送工作脉冲到时钟线上，在相应的脉冲时间上，（主设备）把信号发到 MOSI 实现"写"，同时可对 MISO 采样而实现"读"，如图 8.31 所示。

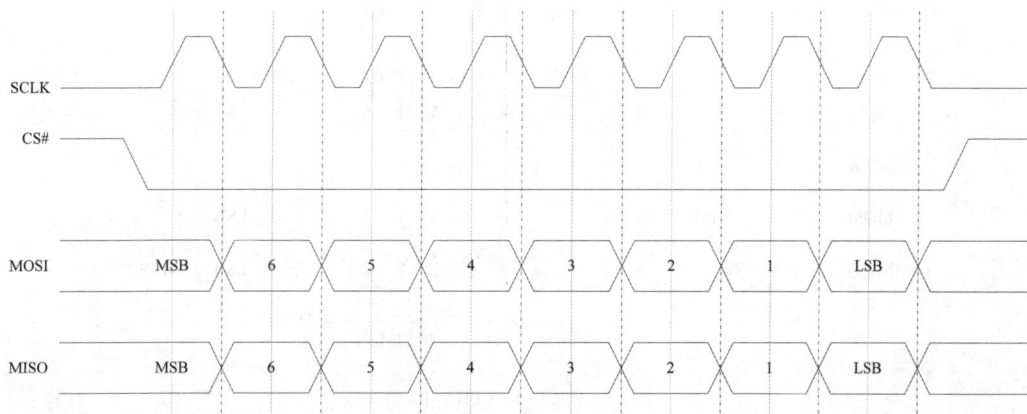

图 8.31　SPI 总线时序图

5. SPI 数据传输

（1）SPI 数据传输模式

SPI 支持不同的数据传输模式，主要是数据发送和采集的时间不同，在时钟信号上升沿和下降沿采集有不同定义。SPI 设备和与之通信的从设备时钟相位和极性应该一致，可以通过配置 SOC 芯片 SPI 控制的相关寄存器实现。

SPI 总线协议设定了 4 种不同的数据传输模式，由 CPOL（时钟极性）和 CPHA（时钟相位）两个控制位进行选择，如图 8.32 所示。

通过设置 SPI 总线的 GPOL 和 GPHA 的值，可以选定当前要使用的 SPI 数据传输模式，GPOL 和 GPHA 的功能控制如表 8.27 所示。SPI 4 种数据传输模式时序如图 8.32 和表 8.28 所示。

CPOL=0，CPHA=0（模式0）

| 周期 | 1 | 2 | 3 | 4 | 5 | 6 | 7 | 8 |

SCLK

MOSI: MSB 6 5 4 3 2 1 LSB

MISO: MSB 6 5 4 3 2 1 LSB *MSB

*MSB：表示上一帧的MSB

CPOL=0，CPHA=1（模式1）

| 周期 | 1 | 2 | 3 | 4 | 5 | 6 | 7 | 8 |

SCLK

MOSI: MSB 6 5 4 3 2 1 LSB

MISO: LSB* MSB 6 5 4 3 2 1 LSB

LSB*：表示下一帧的LSB

CPOL=1，CPHA=0（模式2）

| 周期 | 1 | 2 | 3 | 4 | 5 | 6 | 7 | 8 |

SCLK

MOSI: MSB 6 5 4 3 2 1 LSB

MISO: MSB 6 5 4 3 2 1 LSB *MSB

*MSB：表示上一帧的MSB

CPOL=1，CPHA=1（模式3）

| 周期 | 1 | 2 | 3 | 4 | 5 | 6 | 7 | 8 |

SCLK

MOSI: MSB 6 5 4 3 2 1 LSB

MISO: LSB* MSB 6 5 4 3 2 1 LSB

LSB*：表示下一帧的LSB

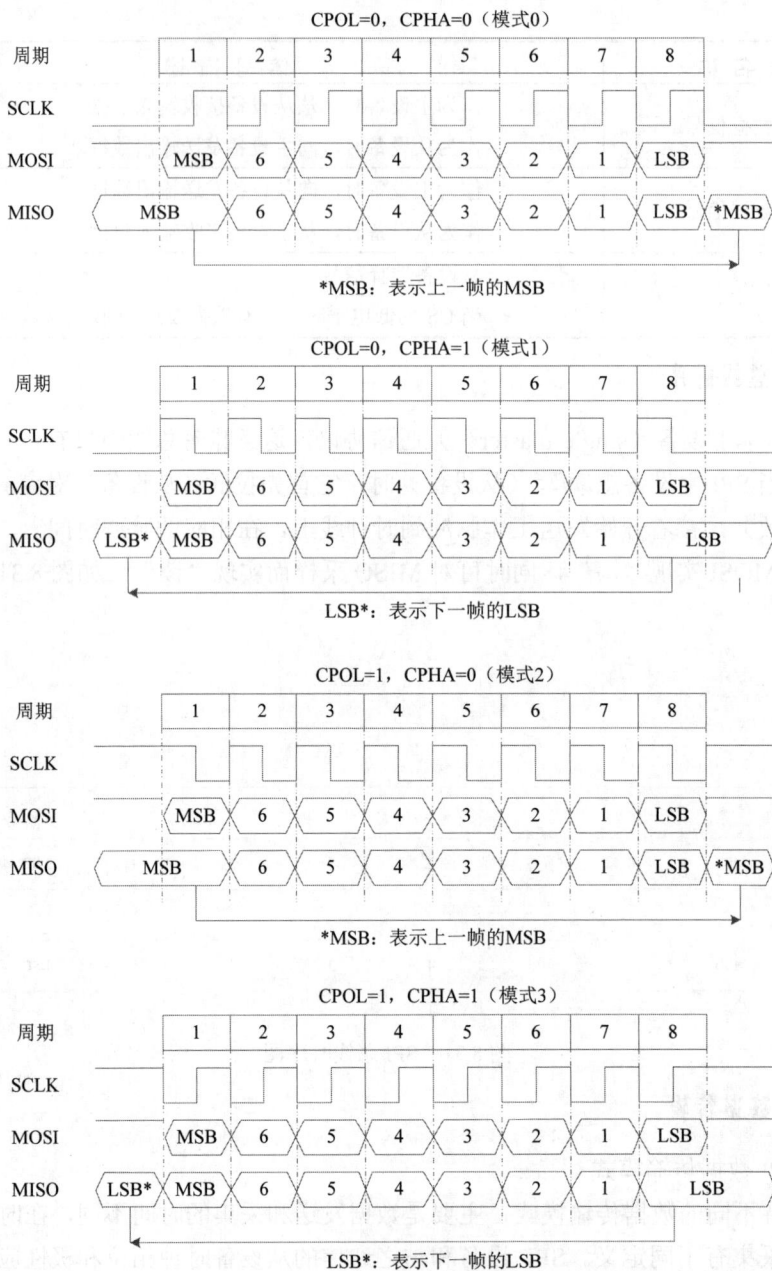

图 8.32　SPI 总线 4 种传输模式

表 8.27　GPOL 和 GPHA 的功能控制

	GPOL	GPHA
功能	控制时钟极性	控制时钟相位
值为 0	SPI 总线空闲时，SCK 为低电平	SCK 第一个跳变沿采样
值为 1	SPI 总线空闲时，SCK 为高电平	SCK 第二个跳变沿采样

表 8.28 SPI 4 种数据传输模式时序表

模 式	GPOL 和 GPHA	第一个数据输出	其他位数据输出	数 据 采 样
1	GPOL=0，GPHA=0	第一个 SCLK 上升沿前	SCLK 下降沿	SCLK 上升沿
2	GPOL=0，GPHA=1	第一个 SCLK 上升沿	SCLK 上升沿	SCLK 下降沿
3	GPOL=1，GPHA=0	第一个 SCLK 下降沿前	SCLK 上升沿	SCLK 下降沿
4	GPOL=1，GPHA=1	第一个 SCLK 上升沿	SCLK 下降沿	SCLK 上升沿

（2）SPI 数据传输

在一个 SPI 时钟周期内，完成如下操作。

❖ 主机通过 MOSI 发送 1 位数据，从机通过该线读取 1 位数据。

❖ 从机通过 MISO 发送 1 位数据，主机通过该线读取 1 位数据。

这些操作都是通过移位寄存器来实现的，如图 8.33 所示，主机和从机各有一个移位寄存器，且二者连接成环。即随着时钟脉冲，数据按照从高位到低位的方式依次移出主机寄存器和从机寄存器，并依次移入从机寄存器和主机寄存器。当寄存器的内容全部移出时，就完成了两个寄存器的交换。

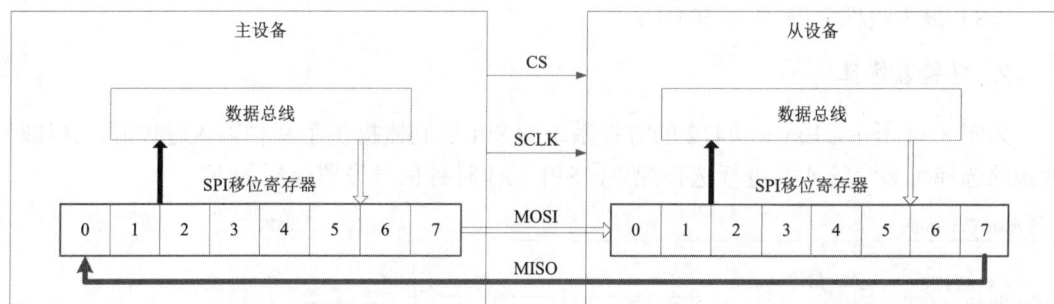

图 8.33 SPI 数据传输示意图

SPI 接口时钟配置一定注意，在主设备这边配置 SPI 接口时钟时一定要弄清楚从设备的时钟要求，因为主设备这边的时钟极性和相位都是以从设备为基准的。因此在时钟极性的配置上一定要搞清楚从设备是在时钟的上升沿还是下降沿接收数据，是在时钟的下降沿还是上升沿输出数据。但要注意的是，由于主设备的 MISO 连接从设备的 MOSI，从设备的 MISO 连接主设备的 MOSI，从设备 MOSI 接收的数据是主设备的 MISO 发送过来的，主设备 MOSI 接收的数据是从设备 SDO 发送过来的，所以主设备这边 SPI 时钟极性的配置（即 MISO 的配置）跟从设备的 MOSI 接收数据的极性是相反的，跟从设备 MISO 发送数据的极性是相同的。时钟极性的配置遵循：

主设备在时钟的下降沿发送数据，从设备在时钟的上升沿接收数据。因此主设备这边 SPI 时钟极性应该配置为下降沿有效。

时钟极性和相位配置正确后，数据才能够被准确地发送和接收，因此应该对照从设备的 SPI 接口时序或者 Spec 文档说明来正确配置主设备的时钟。

8.3.3　Exynos4412 SPI 控制器

1. 概述

Exynos4412 可以通过串行外设接口（Serial Peripheral Interface，SPI）和各种外设进行数据传输。Exynos4412 有 3 个 SPI 控制器，每个 SPI 控制器都包含两套，用于接收/发送数据。在 SPI 数据传输期间，数据同时可以发送（串行移出）和接收（串行移入）。同时支持国家协议和摩托罗拉半导体的 SPI 总线协议。该控制器的主要特性如下。

（1）全双工通信。

（2）具有 8/16/32 位的移位寄存器用于收/发。

（3）支持 8/16/32 位总线接口。

（4）支持摩托罗拉半导体 SPI 协议和国家半导体 SPI 协议。

（5）具有两个独立的 32 位宽的接收/发送 FIFO。

（6）支持主设备模式和从设备模式。

（7）支持 Receive-without-transmit 操作。

（8）最大收/发频率高达 50MHz。

2. 时钟源选择

如图 8.34 所示，Exynos4412 的时钟系统为 SPI 控制器提供了 9 种输入时钟源，具体时钟源的选择可参考第 4 章进行选择配置。SPI 工作时钟信号设置流程如下。

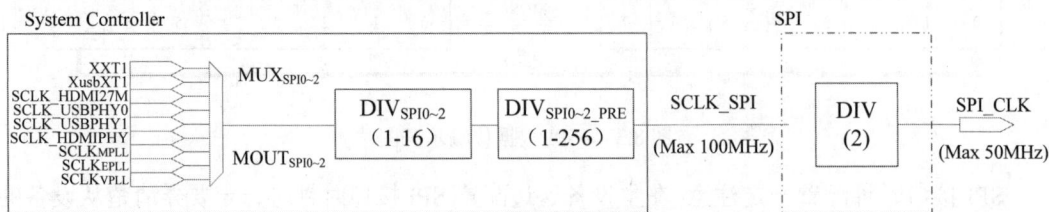

图 8.34　SPI 时钟源框图

（1）通过寄存器 CLK_SRC_PERIL1，为 SPI0~2 选择时钟源。

（2）通过寄存器 CLK_SRC_MASK_PERIL1，配置 SPI 通道输出/屏蔽。

（3）通过寄存器 CLK_DIV_PERIL1 或 CLK_DIV_PERIL2 的相关域，设置 SPI：

❖　一级分频：DIVsip0~2（1~16）。

❖　二级分频：DIVsip0~2_pre（1~256）。

得到最大 100NHz 的 SCLK_SPI 信号。

（4）经过 DIV(2)后，最终得到供 SPI 工作的时钟信号 SPI_CLK 最大可达 50MHz。

3. SPI 模块相关信号及对应引脚

Exynos4412 的 SPI 模块相关信号及对应引脚关系如表 8.29 所示。

表 8.29　SPI 模块相关信号及对应引脚关系

信　号	I/O	功　能　描　述	引　脚	类　型
SPI_0_CLK		SPI 时钟信号	XspiCLK_0	
SPI_1_CLK	I/O	Out：作为主设备时，该信号输出	XspiCLK_0	复用
SPI_2_CLK		In：作为从设备时，该信号输入	Xi2s2CDCLK	
SPI_0_nSS		从设备选择信号	XspiCSn_0	
SPI_1_nSS	I/O	Out：作为主设备时，该信号输出	XspiCSn_0	复用
SPI_2_nSS		In：作为从设备时，该信号输入	Xi2s2LRCK	
SPI_0_MISO		在主设备模式下，该引脚为输入引脚。可以从从设备输出引脚得到数据；在从设备模式下，从设备通过该引脚发送数据给主设备	XspiMISO_0	
SPI_1_MISO	I/O		XspiMISO_0	复用
SPI_2_MISO		Out：作为从设备时，该信号输出	Xi2s2SDI	
		In：作为主设备时，该信号输入		
SPI_0_MOSI		在主设备模式下，该引脚为输出引脚。主设备通过该引脚发送数据给从设备；在从设备模式下，通过该引脚接收数据	XspiMOSI_0	
SPI_1_MOSI	I/O		XspiMOSI_0	复用
SPI_2_MOSI		Out：作为从设备时，该信号输出	Xi2s2SDO	
		In：作为从设备时，该信号输入		

8.3.4　Exynos4412 SPI 特殊功能寄存器

1. 时钟控制寄存器

（1）SPI 控制器时钟寄存器（CLK_GATE_IP_PERIL）

地址=0x1003_C950，复位值 = 0x1111_1111

CLK_GATE_IP_PERIL 寄存器可以控制 SPI 模块是否上电，具体含义如表 8.30 所示。

表 8.30　CLK_GATE_IP_PERIL

CLK_GATE_IP_PERIL	位	类　型	描　述	复　位　值
CLK_SPI2	[18]	RW	SPI2 控制器时钟使能 0：禁止 1：使能	1
CLK_SPI1	[17]	RW	SPI1 控制器时钟使能 0：禁止 1：使能	1
CLK_SPI0	[16]	RW	SPI0 控制器时钟使能 0：禁止 1：使能	1

（2）SPI 多路选择时钟输出屏蔽寄存器（CLK_SRC_MASK_PERIL）

地址=0x1003_C354，复位值=0x0111_0111

CLK_SRC_MASK_PERIL 可以控制 SPI 多路选择时钟输出或屏蔽，具体含义如表 8.31 所示。

表 8.31　CLK_SRC_MASK_PERIL

CLK_SRC_MASK_PERIL	位	类　型	描　　述	复位值
SPI2_MASK	[24]	RW	MUXSPI2 时钟输出屏蔽位 0：输出 1：屏蔽	1
SPI1_MASK	[20]	RW	MUXSPI1 时钟输出屏蔽位 0：输出 1：屏蔽	1
SPI0_MASK	[16]	RW	MUXSPI0 时钟输出屏蔽位 0：输出 1：屏蔽	1

（3）SPI 时钟源配置寄存器（CLK_SRC_PERIL1）

地址=0x1003_C254，复位值=0x1111_0055

CLK_SRC_PERIL1 寄存器用来选择 SPI 控制器的时钟源，具体含义如表 8.32 所示。

表 8.32　CLK_SRC_PERIL1

CLK_SRC_PERIL1	位	类　型	描　　述	复位值
SPI2_SEL	[27:24]	RW	SPI2 控制器时钟源配置位 0000：XXTI 0001：XusbXTI	1
SPI2_SEL	[27:24]	RW	0010：SCLK_HDMI124M 0011：SCLK_USBPHY0 0100：SCLK_USBPHY1 0101：SCLK_HDMIPHY 0100：SCLKMPLL_USER_T 0111：SCLKEPLL 1000：SCLKVPLL Others：保留	1
SPI1_SEL	[23:20]	RW	SPI1 控制器时钟源配置位 0000：XXTI 0001：XusbXTI 0010：SCLK_HDMI124M	1

续表

CLK_SRC_PERIL1	位	类 型	描 述	复 位 值
SPI1_ SEL	[23:20]	RW	0011：SCLK_USBPHY0 0100：SCLK_USBPHY1 0101：SCLK_HDMIPHY 0100：SCLKMPLL_USER_T 0111：SCLKEPLL 1000：SCLKVPLL Others：保留	1
SPI0_ SEL	[19:16]	RW	SPI0 控制器时钟源配置位 0000：XXTI 0001：XusbXTI 0010：SCLK_HDMI124M 0011：SCLK_USBPHY0 0100：SCLK_USBPHY1 0101：SCLK_HDMIPHY 0100：SCLKMPLL_USER_T 0111：SCLKEPLL 1000：SCLKVPLL Others：保留	1

（4）SPI 时钟分频寄存器（CLK_DIV_PERILn，n=1、2）

地址=0x1003_C554，0x1003_C558

复位值=0x0000_0000，0x0000_0000

CLK_DIV_PERILn 寄存器用来配置 SPI 控制器输入时钟的分频值，从而配置合适的传输速度，具体含义如表 8.33 和表 8.34 所示。

表 8.33 CLK_DIV_PERIL1

CLK_DIV_PERIL1	位	类 型	描 述	复 位 值
SPI1_PRE_RATIO	[31:24]	RW	SPI1 控制器时钟预分频因子 SCLK_SPI1 = DOUTSPI1/(SPI1_PRE_RATIO+1)	0
RSVD	[23:20]	-	保留	0
SPI1_RATIO	[19:16]	RW	SPI1 控制器时钟分频因子 DOUTSPI1 = MOUTSPI1/(SPI1_RATIO+1)	0
SPI0_PRE_RATIO	[15:8]	RW	SPI0 控制器时钟预分频因子 SCLK_SPI0 = DOUTSPI0/(SPI0_PRE_RATIO+1)	0
RSVD	[7:4]	-	保留	0
SPI0_RATIO	[3:0]	RW	SPI0 控制器时钟分频因子 DOUTSPI0= MOUTSPI0/(SPI0_RATIO+1)	0

表 8.34　CLK_DIV_PERIL2

CLK_DIV_PERIL2	位	类　型	描　述	复位值
SPI2_PRE_RATIO	[15:8]	RW	SPI2 控制器时钟预分频因子 SCLK_SPI2 = DOUTSPI2/(SPI2_PRE_RATIO+1)	0
RSVD	[7:4]	-	保留	0
SPI2 _RATIO	[3:0]	RW	SPI2 控制器时钟分频因子 DOUTSPI2= MOUTSPI2/(SPI2 _RATIO+1)	0

（5）SPI 时钟分频状态寄存器（CLK_DIV_STAT_PERIL1）

地址=0x1003_C654，复位值=0x0000_0000

CLK_DIV_STAT_PERIL1 寄存器是只读寄存器，SPI 参数设置后不会立刻稳定，该寄存器显示分频时钟是否稳定，只有分频系数稳定后，才能进行 SPI 其他操作，具体含义如表 8.35 所示。

表 8.35　CLK_DIV_STAT_PERIL1

CLK_DIV_STAT_PERIL1	位	类　型	描　述	复位值
DIV_SPI1_PRE	[24]	R	SPI1 时钟预分频状态：（只读） 0：稳定　1：不稳定	0
DIV_SPI1	[16]	R	SPI1 时钟分频状态：（只读） 0：稳定　1：不稳定	0
DIV_SPI0_PRE	[24]	R	SPI0 时钟预分频状态：（只读） 0：稳定　1：不稳定	0
DIV_SPI0	[16]	R	SPI0 时钟分频状态：（只读） 0：稳定　1：不稳定	0

2. SPI 控制寄存器

（1）SPI 传输配置寄存器（CH_CFGn，n=0~2）

地址=0x1392_0000，0x1393_0000，0x1394_0000

复位值=0x0000_0000，0x0000_0000，0x0000_0000

CH_CFGn 寄存器用来对 SPI 控制器进行使能和传输配置，如接收使能、传送使能、主从模式配置、传输模式相位配置、极性配置、软件复位等，具体含义如表 8.36 所示。

表 8.36　CH_CFGn

CH_CFGn	位	类　型	描　述	复位值
HIGH_SPEED_EN	[6]	RW	从设备模式下 Tx 输出时间控制位 0：禁止　1：使能（输出时间为 SPI_CLK/2）	0
SW_RST	[5]	RW	软件复位	0
SLAVE	[4]	RW	主从模式选择位 0：主设备　1：从设备	0

续表

CH_CFGn	位	类 型	描 述	复 位 值
CPOL	[3]	RW	SCLK 时钟线初始状态选择位 0：高电平 1：低电平	0
CPHA	[2]	RW	线上相位传输方式选择位 0：方式 A 1：方式 B	0
RX_CH_ON	[1]	RW	SPI 接收通道（RX）使能位 0：禁止 1：使能	0
TX_CH_ON	[0]	RW	SPI 发送通道（TX）使能位 0：禁止 1：使能	0

（2）SPI 模式配置寄存器（MODE_CFGn，n=0~2）

地址=0x1392_0008，0x1393_0008，0x1394_0008

复位值=0x0000_0000，0x0000_0000，0x0000_0000

MODE_CFGn 寄存器用来对 SPI 控制器进行模式配置，如 FIFO、DMA 等，具体含义如表 8.37 所示。

表 8.37 MODE_CFGn

MODE_CFGn	位	类 型	描 述	复 位 值
CH_WIDTH	[30:29]	RW	通道宽度选择位 00：字节 01：半字 10：字 11：保留	0
TRAILING_CNT	[28:19]	RW	接收 FIFO 中最后写入字节的个数 用来刷新 FIFO 中的尾数据	0
BUS_WIDTH	[18:17]	RW	总线宽度选择位 00：字节 01：半字 10：字 11：保留	0
RX_RDY_LVL	[16:11]	RW	在 INT 模式下，RX FIFO 触发水平 Port 0：触发水平（字节数）=4*N Port 1、2：触发水平（字节数）=N （N= TX_RDY_LVL）	0
TX_RDY_LVL	[10:5]	RW	在 INT 模式下，TX FIFO 触发水平 Port 0：触发水平（字节数）=4*N Port 1、2：触发水平（字节数）=N （N= TX_RDY_LVL）	0
RX_DMA_SW	[2]	RW	RX DMA 模式使能 0：禁止 1：使能	-
TX_DMA_SW	[1]	RW	TX DMA 模式使能 0：禁止 1：使能	-
DMA_TYPE	[0]	RW	SPI 发送类型 0：single 1：4burst	0

（3）SPI 从设备选择信号配置寄存器（CS_CFGn，n=0~2）

地址：0x1392_000C，0x1393_000C，0x1394_000C

复位值=0x0000_0001，0x0000_0001，0x0000_0001

CS_CFGn 寄存器用来对 SPI 控制器上的 CS 引脚的从设备选择信号进行配置，具体含义如表 8.38 所示。

表 8.38　CS_CFGn

CS_CFGn	位	类　　型	描　　述	复　位　值
RSVD	[31:10]	-	保留	0
NCS_TIME_COUNT	[9:4]	RW	设置片选信号无效时间 NSSOUT inactive time= ((NCS_TIME_COUNT+3)/2)SPICLKout	0
RSVD	[3:2]	-	保留	0
AUTO_N_MANUAL	[1]	RW	设置片选信号为手动模式或自动模式 0：手动模式　1：自动模式	0
NSSOUT	[0]	RW	从设备信号（片选）设置 0：有效　1：无效	1

（4）SPI 状态寄存器（SPI_STATUSn，n=0~2）

地址=0x1392_0014，0x1393_0014，0x1394_0014

复位值=0x0000_0000，0x0000_0000，0x0000_0000

SPI_STATUSn 寄存器用来标识 SPI 控制器当前的状态，具体含义如表 8.39 所示。

表 8.39　SPI_STATUSn

SPI_STATUSn	位	类　　型	描　　述	复　位　值
TX_DONE	[25]	R	SPI 控制器主模式下，发送状态 0：其他情况 1：发送 FIFO 和移位寄存器准备	0
TRAILING_BYTE	[24]	R	表示尾数为 0	0
RX_FIFO_LVL	[23:15]	R	当前接收 FIFO 中的数据个数 数值范围：SPI0：0~256 字节 SPI1、SPI2：0~64 字节	0
TX_FIFO_LVL	[14:6]	R	当前发送 FIFO 中的数据个数 数值范围：SPI0：0~256 字节 SPI1、SPI2：0~64 字节	0
RX_OVERRUN	[5]	R	接收 FIFO 溢出错误 0：没发生　01：发生溢出错误	0
RX_UNDERRUN	[4]	R	接收 FIFO undernum（数据缺失）错误 0：没发生　01：发生数据缺失错误	0

续表

SPI_STATUSn	位	类　型	描　　述	复　位　值
TX_OVERRUN	[3]	R	发送 FIFO 溢出错误 0：没发生　01：发生溢出错误	0
TX_UNDERRUN	[2]	R	发送 FIFO undernum（数据缺失）错误 0：没发生　01：发生数据缺失错误	0
RX_FIFO_RDY	[1]	R	0：接收 FIFO 缓冲区数据个数大于触发水平 1：接收 FIFO 缓冲区数据个数小于触发水平	0
TX_FIFO_RDY	[0]	R	0：发送 FIFO 缓冲区数据个数大于触发水平 1：发送 FIFO 缓冲区数据个数小于触发水平	0

（5）SPI 中断使能寄存器（SPI_INT_ENn，n=0~2）

地址=0x1392_0010，0x1393_0010，0x1394_0010

复位值=0x0000_0000，0x0000_0000，0x0000_0000

SPI_INT_ENn 寄存器用来设置 SPI 相关的中断允许还是禁止，具体含义如表 8.40 所示。

表 8.40　SPI_INT_ENn

SPI_INT_ENn	位	类　型	描　　述	复　位　值
INT_EN_TRAILING	[6]	RW	尾数为 0 中断使能位 0：禁止　01：使能	0
INT_EN_RX_OVERRUN	[5]	RW	接收溢出错误中断使能位 0：禁止　01：使能	0
INT_EN_RX_UNDERRUN	[4]	RW	接收 FIFO undernum（数据缺失）错误中断使能位 0：禁止　01：使能	0
INT_EN_TX_OVERRUN	[3]	RW	发送溢出错误中断使能位 0：禁止　01：使能	0
INT_EN_TX_UNDERRUN	[2]	RW	发送 FIFO undernum（数据缺失）错误中断使能位 0：禁止　01：使能	0
INT_EN_RX_FIFO_RDY	[1]	RW	在中断模式下，RX FIFO 准备好中断使能 0：禁止　01：使能	0
INT_EN_TX_FIFO_RDY	[0]	RW	在中断模式下，TX FIFO 准备好中断使能 0：禁止　01：使能	0

（6）SPI 数据发送寄存器（SPI_TX_DATAn，n=0~2）

地址=0x1392_0014，0x1393_0014，0x1394_0014

复位值=0x0000_0000，0x0000_0000，0x0000_0000

程序将 SPI 要发送的数据，填充到 SPI_TX_DATAn 寄存器中。SPI_TX_DATAn 寄存器如表 8.41 所示。

表 8.41　SPI_TX_DATAn

SPI_TX_DATAn	位	类　　型	描　　述	复 位 值
TX_DATA	[31:0]	W	该寄存器存放 SPI 通道要发送的数据	0

（7）SPI 数据接收寄存器（SPI_RX_DATAn，n=0~2）

地址=0x1392_001C，0x1393_001C，0x1394_001C

复位值=0x0000_0000，0x0000_0000，0x0000_0000

SPI 要接收到的数据，存放在 SPI_RX_DATAn 寄存器中。SPI_RX_DATAn 寄存器如表 8.42 所示。

表 8.42　SPI_RX_DATAn

SPI_RX_DATAn	位	类　　型	描　　述	复 位 值
RX_DATA	[31:0]	R	该寄存器存放 SPI 通道接收到的数据	0

8.3.5　Exynos4412 SPI 总线初始化

1. 特殊功能寄存器的封装（以 SPI0 为例）

```
/*
*SPI0 REGISTERS
*/
typedef struct {
            unsigned int CH_CFG ;
            unsigned int RESERVED; // 4412's SPI has no CLK_CFG register
            unsigned int MODE_CFG ;
            unsigned int CS_REG;
            unsigned int SPI_INT_EN ;
            unsigned int SPI_STATUS;
            unsigned int SPI_TX_DATA;
            unsigned int SPI_RX_DATA;
            unsigned int PACKET_CNT_REG ;
            unsigned int PENDING_CLR_REG ;
            unsigned int SWAP_CFG ;
            unsigned int FB_CLK_SEL ;
}spi0;
#define   SPI0 (* (volatile spi0 *)0x13920000 )
```

2. 设置 SPI 控制器时钟源（CLK_GATE_IP_PERIL、CLK_SRC_MASK_PERIL1、CLK_SRC_PERIL1、CLK_DIV_PERILn）

CLK_GATE_IP_PERIL 寄存器用于使能 SPI 控制器，CLK_SRC_MASK_PERIL1 寄存器用于控制 SPI 多路选择时钟的输出或屏蔽，CLK_SRC_PERIL1 用于配置 SPI 控制器的时钟源，CLK_DIV_PERILn（n=1、2）用于设置 SPI 控制器的输入时钟的分频值，以配置合适的传输速度。

3. **设置 SPI 控制器传输配置寄存器**（CH_CFGn，n=0-2）

CH_CFGn 寄存器用于配置 SPI 控制器的接收/发送使能、主从模式、传输相位、极性及软件复位等。

4. **设置 SPI 控制器模式配置寄存器**（MODE_CFGn，n=0-2）

MODE_CFGn 寄存器用于配置 SPI 控制器模式。

5. **设置 SPI 中断相关寄存器**（SPI_INT_ENn）（可选）

SPI 工作在中断模式下需要配置 SPI_INT_ENn 寄存器，该寄存器用于使能中断。

6. **设置 SPI 包数量寄存器**（SPI PACKET_CNT_REG）（可选）

SPI PACKET_CNT_REG 寄存器用于设置 SPI 帧数目。

8.3.6　Exynos4412 SPI 总线控制应用举例

例：初始化 SPI。

1. 配置 I/O 引脚为 SPI2 模式

```
GPC1.CON = (GPC1.CON & ~0xffff0) | 0x55550;
```

2. 配置 SPI2 时钟

```
CLK_SRC_PERIL1 = (CLK_SRC_PERIL1 & ~(0xF<<24)) | 6<<24;
// 0x6: 0110 = SCLKMPLL_USER_T 800Mhz
CLK_DIV_PERIL2 = 19 <<8 | 3;    //SPI_CLK = 800/(19+1)/(3+1)
```

3. 软复位 SPI 控制器

```
soft_reset();
```

4. 配置 SPI 参数

```
SPI2.CH_CFG &= ~( (0x1 << 4) | (0x1 << 3) | (0x1 << 2) | 0x3);
//master mode, CPOL = 0, CPHA = 0 (Format A)
SPI2.MODE_CFG &= ~((0x3 << 17) | (0x3 << 29));
//BUS_WIDTH=8bit,CH_WIDTH=8bit
```

5. 手动选择芯片

```
SPI2.CS_REG &= ~(0x1 << 1);
```

8.3.7　Exynos4412 SPI 总线编程控制实验

1. 实验目的

（1）掌握 MCP2515 控制器的使用。

（2）掌握 CAN 总线的原理。

（3）掌握 Exynos4412 处理器的 SPI 功能及编程应用。

2. 实验原理

Microchip 的 MCP2515 是一款独立控制器局域网络（Controller Area Network，CAN）协议控制器，完全支持 CAN V2.0B 技术规范。该器件能发送和接收标准数据帧、扩展数据帧及远程数据帧。MCP2515 自带的两个验收屏蔽寄存器和 6 个验收滤波寄存器可以过滤掉不想要的报文，因此减少了主单片机（MCU）的开销。MCP2515 与 MCU 的连接是通过业界标准串行外设接口（SearialPeripheral Interface，SPI）来实现的。MCP2515 是一 SPI 转 CAN 总线的芯片，对于 CPU 来说，CPU 就是主设备，SPI 就是从设备，所以在内核里，MCP2515 就是一个 SPI 设备，而 SPI 设备在内核中的结构是对应的，是一个 SPI 控制器对应一个 SPI 设备，也就是一个 spi_master 对应一个 SPI 设备，而 SPI 设备在内核中。

MCP2515 内部集成了 9 条指令，包括了通用的读、写、配置等命令，还有个内置的状态寄存器，可以通过状态寄存器获取芯片当前的状态。具体指令功能如表 8.43 所示。

表 8.43　MCP2515 芯片指令集

指令名称	指令格式	说　明
复位	1100 0000	将内部寄存器复位为默认状态，并将器件设定为配置模式
读	0000 0011	从指定地址起始的寄存器读取数据
读 RX 缓冲器	1001 0nm0	读取接收缓冲器时，在"n,m"所指示的 4 个地址中的一个放置地址指针可以减轻一般读命令的开销。注：在拉升 $\overline{CS}$ 引脚为高电平后，相关 RX 标志位（CANINTF.RXnIF）将被清零
写	0000 0010	将数据写入指定地址起始的寄存器
装载 TX 缓冲器	0100 0abc	装载发送缓冲器时，在"a,b,c"所指示的 6 个地址中的一个放置地址指针可以减轻一般写命令的开销
RTS（请求发送报文）	1000 0nnn	指示控制器开始发送任一发送缓冲器中的报文发送序列 　　　　　　1000 0nnn TXB2请求发送　┕━┵━┙　TXB0请求发送 　　　　TXB1请求发送
读状态	1010 0000	快速查询命令，可读取有关发送和接收功能的一些状态位
RX 状态	1011 0000	快速查询命令，确定匹配的滤波器和接收报文的类型（标准帧、扩展帧和/或远程帧）
位修改	0000 0101	允许用户将特殊寄存器中的单独位置 1 或清零 注：该命令并非适用于所有寄存器。对不允许位修改操作的寄存器执行该命令会将屏蔽字节强行设为 FFh。请参见（MCP 芯片资料）第 11.0 节"寄存器映射表"中的寄存器映射表，以了解适用的寄存器

3. 实验内容

在 Exynos4412 片内 SPI 控制器的操作下，实现 SOC 与 CAN 控制器的 MCP2515 的通信，将 MCP2515 配置成回环模式，实现数据的自发自收。

主要功能如下。

（1）使能 SPI0 控制器，通过配置 GPIO 引脚为 SPI 功能，再配置 SPI0 的相关寄存器，选择主机模式，总线的宽度和通道的宽度均为 8 位，片选 MCP2515 从机。

（2）初始化 CAN 控制器，将其设置为回环模式。连续读取 8 次终端上的输入，将 8 位数据通过 SPI 发送给 CAN 控制器，CAN 的回环模式接收到发送的数据，再通过 SPI 发送到 Exynos4412 内的 SPI 中；最后将其通过串口打印出来。

4. 实验代码

```
#include "mcp2515.h"
#include "exynos_4412.h"
void delay(int times)
{       volatile int i,j;
        for (j = 0; j < times; j++)
        {       for (i = 0; i < 1000; i++);       }
}
/* 片选从机  */
void slave_enable(void)
{       SPI2.CS_REG &= ~0x1; //enable salve
        delay(3);
}
/* 取消片选从机  */
void slave_disable(void)
{       SPI2.CS_REG |= 0x1; //disable salve
        delay(1);
}
/* 功能：向 SPI 总线发送一个字节  */
void send_byte(unsigned char data)
{       SPI2.CH_CFG |= 0x1; // enable Tx Channel
        delay(1);
        SPI2.SPI_TX_DATA = data;
        while( !(SPI2.SPI_STATUS & (0x1 << 25)) );
        SPI2.CH_CFG &= ~0x1; // disable Tx Channel
}
/* 功能：从 SPI 总线读取一个字节  */
unsigned char recv_byte()
{       unsigned char data;
        SPI2.CH_CFG |= 0x1 << 1; // enable Rx Channel
        delay(1);
        data = SPI2.SPI_RX_DATA;
        delay(1);
        SPI2.CH_CFG &= ~(0x1 << 1); //disable Rx Channel
        return    data;
```

```
}
/* 复位 SPI 控制器 */
void soft_reset(void)
{    SPI2.CH_CFG |= 0x1 << 5;
     delay(1);                          //延时
     SPI2.CH_CFG &= ~(0x1 << 5);
}
//功能：复位指令可以重新初始化 MCP2515 的内部寄存器，并设置配置模式
void reset_2515()
{    soft_reset();                      //复位 SPI 控制器
     slave_enable() ;                   //片选从机
     send_byte(0xc0);                   //发送复位命令
     slave_disable() ;                  //取消片选
}
//功能：请求发送命令
void send_req_2515()
{ //    CS_SPI = 0;                     //复位
     soft_reset();                      //复位 SPI 控制器
     slave_enable() ;                   //片选从机
     send_byte(0x81);                   //发送请求命令
     slave_disable() ;                  //取消片选
//    CS_SPI=1;
}
//功能：只修改寄存器中的某些位
//入口参数：addr：寄存器地址；mask：屏蔽字，为 1 时可以对当前位修改；data：数据字节
void bit_modify_2515(unsigned char addr, unsigned char mask, unsigned char data)
{//    CS_SPI = 0 ;
     slave_enable() ;
     send_byte(0x05) ;
     send_byte(addr) ;
     send_byte(mask) ;
     send_byte(data) ;
     slave_disable() ;
//     CS_SPI = 1 ;
}


/*
 * 功能：从指定地址起始的寄存器读取数据
 *unsigned char Addr 要读取地址寄存器的地址
 *返回值：从地址当中读取的数值
 */
unsigned char read_byte_2515(unsigned char Addr)
{     unsigned char ret;
//     CS_SPI = 0;
     slave_enable();
     send_byte(0x03);
     send_byte(Addr);
     ret = recv_byte();
     slave_disable();
```

```
//      CS_SPI = 1;
        return(ret);
}
/*
 * 功能：将数据写入指定地址起始的寄存器
 * unsigned char addr  寄存器的地址
 * unsigned char data  向寄存器写入的数据
 */
void write_byte_2515(unsigned char addr,unsigned char data)
{   slave_enable();
    send_byte(0x02);
    send_byte(addr);
    send_byte(data);
    slave_disable();
}
void   Init_can(void)
{//unsigned char ret;
    reset_2515(); //复位
    write_byte_2515(0x0f, 0x80); //CANCTRL 寄存器——进入配置模式，中文 DATASHEET 58 页
        //可以设置的波特率：5K、10K、15K、20K、25K、40K、50K、80K、100K、125K、200K、
400K、500K、667K、800K、1M
    write_byte_2515(0x2A, CNF1_20K);   //CNF1 位定时配置寄存器，中文 DATASHEET 41~42 页
    write_byte_2515(0x29, CNF2_20K);   //CNF2 位定时配置寄存器，中文 DATASHEET 41~42 页
    write_byte_2515(0x28, CNF3_20K);   //CNF3 位定时配置寄存器，中文 DATASHEET 41~43 页
    write_byte_2515(0x2B, 0x1f);        //CANINTE 中断使能寄存器，中文 DATASHEET 50 页
    write_byte_2515(0x60, 0x60); //RXB0CTRL 接收缓冲器 0 控制寄存器，中文 DATASHEET 27 页
    //write_byte_2515(0x70, 0x20);        //接收缓冲器 1 控制寄存器
    bit_modify_2515(0x0C, 0x0f, 0x0f);     //BFPCTRL_RXnBF 引脚控制寄存器和状态寄存器，中
文 DATASHEET 29 页
    write_byte_2515(0x0f, 0x40);           //CAN 控制寄存器——回环模式，用于测试
}
/*
 * tx_buff[]
 * Fream 数据帧的类型
 */
void Can_send(unsigned char *tx_buff)
{    unsigned char i;
    write_byte_2515(0x30, 0x03);         //设置为发送最高优先级
    write_byte_2515(0x31, 0xff);         //发送缓冲器 0 标准标识符高位
    write_byte_2515(0x32, 0x00);         //发送缓冲器 0 标准标识符低位
    write_byte_2515(0x35, 0x08);         //发送缓冲器 0 数据长度码 8 字节
    for(i = 0; i < 8; i++)
    {    write_byte_2515(0x36+i ,tx_buff[i]);   //向 txb 缓冲器中写入 8 个字节
//        printf("%x ",tx_buff[i]);
    }
    send_req_2515();
}
unsigned char Can_receive(unsigned char *rx_buff)
{     unsigned char i,flag;
```

```
        flag = read_byte_2515(0x2c);                    //CANINTF——中断标志寄存器
        printf("flag=%x\n",flag);
//      printf(" SPI2.SPI_STATUS =%x\n", SPI2.SPI_STATUS );
//      soft_reset();
        if (flag&0x1)                                   //接收缓冲器 0 满中断标志位
    {       for(i = 0; i < 16; i++)
            {   rx_buff[i]= read_byte_2515(0x60+i);
//              printf("%x ",rx_buff[i]);
//              printf(" SPI2.SPI_STATUS =%x\n", SPI2.SPI_STATUS );
                soft_reset();
            }
            bit_modify_2515(0x2c,0x01,0x00);
            write_byte_2515(0x2c, 0x00);
            if (!(rx_buff[1]&0x08)) return(1);          //接收标准数据帧
    }
        return(0);
}
void mydelay_ms(int time)
{   int i, j;
    while(time--)
    {   for (i = 0; i < 5; i++)
            for (j = 0; j < 514; j++);
    }
}
int main(void)
{
    unsigned char data = 0;
    GPX2.CON = 0x1 << 28;
    uart_init();
    GPB.CON = (GPB.CON & ~0xffff) | 0x2222;      //设置 I/O 引脚为 SPI0 模式
    /*spi clock config*   设置 SPI clock=PLCK/10    */
    CLK_DIV_PERIL1=(0x1 << 8) | (4<< 0);   //PCLK/(1+1)/(4+1)
    soft_reset();                                //软复位 SPI 控制器
    SPI0.CH_CFG &= ~( (0x1 << 4) | (0x1 << 3) | (0x1 << 2) | 0x3);
    //主机模式，CPOL = 0, CPHA = 0 (Format A)
    SPI0.MODE_CFG &= ~((0x3 << 17) | (0x3 << 29));
    //总线宽度 8 位，通道宽度 8 位
    SPI0.CS_REG &= ~(0x1 << 1);                  //选择手动选择芯片
    delay(10);                                   //延时
    Init_can();                                  //初始化 MCP2515
    printf("\n**************** SPI test!! ******************\n");
    while(1)
    {       //Turn on
        GPX2.DAT = GPX2.DAT | 0x1 << 7;
        mydelay_ms(50);
        printf("\nplease input 8 bytes:\n");
        for(i=0;i<8;i++)
        {
            src[i] = getchar();
```

```
                putc(src[i]);
        }
        printf("\n");
        Can_send(src);                          //发送标准帧
        mydelay_ms(100);
        ret = Can_receive(dst);                 //接收 CAN 总线数据
        printf("ret=%x\n",ret);
        printf("src=");
        for(i=0;i<8;i++) printf(" %x", src[i]); //将 CAN 总线上收到的数据发到串行口
        printf("\n");
        printf("dst=");
        for(i=0;i<8;i++) printf(" %x",dst[6+i]); //将 CAN 总线上收到的数据发到串行口
        printf("\n");
        //Turn off
        GPX2.DAT = GPX2.DAT & ~(0x1 << 7);
        mydelay_ms(100);
    } //while(1)
    return 0;
}
```

5. 实验结果

串口终端打印如下信息：

```
***************** SPI test!! ******************
please input 8 bytes:
12345678
flag=5
ret=0
src= 31 32 33 34 35 36 37 38
dst= 31 32 33 34 35 36 37 38
please input 8 bytes:
```

本章小结

本章讲述了 Exynos4412 UART、I2C 和 SPI 3 部分内容。

在 UART 部分，讲述了 UART 接口概述，UART 原理，UART 特殊功能寄存器，初始化方法及应用举例，要求读者对 UART 初始化、发送数据、接收数据的操作能够达到熟练编程的程度。

在 I2C 部分，讲述了 I2C 总线概述，I2C 总线协议主要内容，Exynos4412 I2C 控制器，I2C 特殊功能寄存器，初始化方法及应用举例，要求读者能编写 I2C 应用程序。

在 SPI 部分，讲述了 SPI 总线概述和原理，Exynos4412 SPI 控制器，特殊功能寄存器，初始化方法及应用举例，要求读者能掌握 SPI 总线控制器的使用方法，学会编写 SPI 通信程序。

![课外练习图标] **课外练习**

一、填空题

1. Exynos4412 内置的 UART 使用系统时钟，速率最高为＿＿＿＿＿＿Kbps，还可以选择使用＿＿＿＿＿＿＿＿＿时钟信号。

2. Exynos4412 的 UART 有 4 个独立的通道（通道 UART0~UART3），每个通道包括两个 FIFO 缓冲器，用于收/发数据。其中，通道 0 收/发的 FIFO 都是＿＿＿＿＿＿字节；通道 1 收/发的 FIFO 都是＿＿＿＿＿＿字节；2、3 收/发的 FIFO 都是＿＿＿＿＿字节。

3. Exynos4412 内置 I2C 总线是一种真正的多主总线，总线上可以连接多个主设备，也可以连接多个从设备，若以主模式发送、启动传输，则 IICSTAT=＿＿＿＿＿＿。

4. Exynos4412 内置 I2C 总线是一种真正的多主总线，总线上可以连接多个主设备，也可以连接多个从设备，若以从模式接收、启动传输，则 IICSTAT=＿＿＿＿＿＿。

5. I2C 总线有两条数据线，分别是＿＿＿＿＿＿和＿＿＿＿＿＿＿，当 I2C 空闲时，两条线都应该是＿＿＿＿电平。

6. I2C 总线通信的启动条件为＿＿＿＿＿＿＿＿＿＿＿＿＿＿＿，停止条件为＿＿＿＿＿＿＿＿＿＿＿＿＿＿＿。

7. Exynos4412 处理器支持 I2C 总线 4 种操作方式，分别是＿＿＿＿＿＿＿＿、＿＿＿＿＿＿＿＿＿、＿＿＿＿＿＿＿＿＿和＿＿＿＿＿＿。

二、简答题

1. 对于 Exynos4412 片内的 UART，简要回答以下问题：

（1）Exynos4412 片内的 UART，提供了几通道的异步串行 I/O 口？它们的引脚信号有哪些不同？

（2）UART 使用系统时钟，速率最高可为多少 Kbps？还可以使用的时钟信号名称是什么？

（3）简述 FIFO 方式和非 FIFO 方式的区别。

（4）简述 ULCONn 寄存器的用途。

（5）简述 UCONn 寄存器的用途。

（6）简述 UFCONn 寄存器的用途。

2. 对于 Exynos4412 片内的 I2C 总线接口，简要回答以下问题：

（1）I2C 总线属于同步串行总线还是异步串行总线？I2C 总线接口部件在 Exynos4412 片内还是片外？该总线属于多主总线吗？

（2）如何判断开始条件和停止条件的出现？

（3）简述 I2CCONn 寄存器的用途。

（4）简述 I2CSTATn 寄存器的用途。

（5）I2C 总线传输过程中，什么时候产生响应位？如何产生？

3．对于 Exynos4412 片内的 SPI 总线接口，简要回答以下问题：

（1）SPI 总线属于同步串行总线还是异步串行总线？该总线属于多主总线吗？

（2）SPI 总线通常包含 4 条 I/O 线，分别传输什么信号？

（3）简述 CH_CFGn 寄存器的用途。

（4）简述 MODE_CFGn 寄存器的用途。

4．简述 I2C 总线和 SPI 总线的区别。

三、计算题

1．对于 Exynos4412 的 UART 的通道 UART2，已知 SCLK_UART=40MHz，要求波特率为 9600b/s，则请计算 UBRDIV1 和 UFRACVAL1 寄存器的值（写出计算过程）。

2．对于 Exynos4412 的 UART 的通道 UART2，已知 SCLK_UART=80MHz，UBRDIV1=43，UFRACVAL1=0.4，试计算 UART 的传输波特率（写出计算过程）。

参阅书目

1．杨福刚. ARM Cortex-A9 多核嵌入式系统开发教程[M]. 西安：西安电子科技大学出版社，2016.

2．华清远见嵌入式学院，刘洪涛，等. ARM 嵌入式系统结构与接口技术（Cortex-A9 版）[M]. 北京：人民邮电出版社，2017.

3．刘彦文. 嵌入式系统原理及接口技术[M]. 北京：清华大学出版社，2011.

网络链接

1．https://blog.csdn.net/zqixiao_09/article/details/50760427

2．https://blog.csdn.net/cyj88jyc/article/details/49835859

3．https://blog.csdn.net/qq_21593899/article/details/51713715

4．http://m.elecfans.com/article/574049.html

第 9 章　A/D 转换器

1. A/D 转换器的基本原理。
2. Exynos4412 中的 ADC 转换器、ADC 特殊功能寄存器及初始化方法。
3. Exynos4412 ADC 的编程应用案例。

9.1　A/D 转换器原理

模数转换器（Analog to Digital Converter，ADC），也称 A/D 转换器。A/D 转换器把输入的模拟量转换成对应的二进制。

1. 模拟信号和数字信号

（1）模拟信号：在时间上和数值上连续的信号。

（2）数字信号：在时间上和数值上不连续（即离散）的信号。

模/数转换就是将模拟量转换为数字量，使输出的数字量与输入的模拟量成正比，如图 9.1 所示。实现这种转换功能的电路称为模数转换器（ADC）。

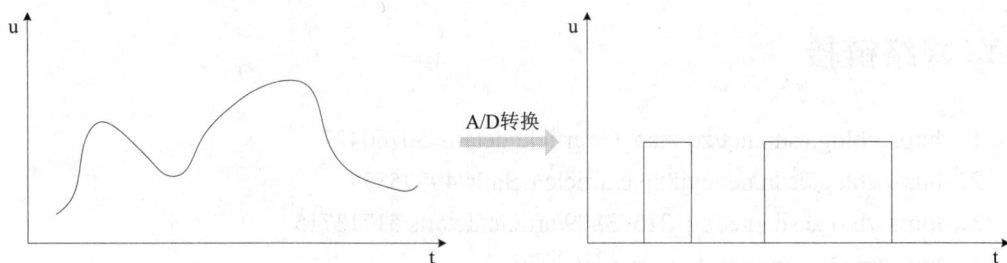

图 9.1　模/数转换示意图

2. A/D 转换器的基本原理

模/数转换一般要经过采样、保持、量化和编码 4 个步骤，如图 9.2 所示。

模拟电子开关 S 在采样脉冲 CLK 的控制下重复接通、断开。S 接通时，$u_i(t)$ 对电容 C 充电，为采样过程（遵循采样定理：当采样频率大于模拟信号中最高频率成分的两倍时，采样值才能不失真地反映原来模拟信号）；S 断开时，C 上的电压保持不变，为保持过程。在保持过程中，采样得到的模拟电压经过数字化编码电路转换成一组 n 位的二进制数输出，即得到转换后的数字量。

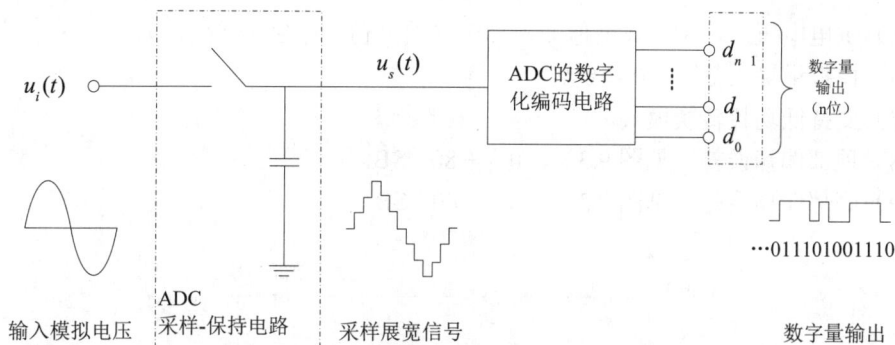

图 9.2　模/数转换过程

3. A/D 转换器的主要技术指标

（1）分辨率

A/D 转换器的分辨率用输出二进制数的位数表示，位数越多，误差越小，转换精度越高。例如，输入模拟电压的变化范围为 0~5V，输出 8 位二进制数可以分辨的最小模拟电压为 $5V/2^8=20mV$；而输出 12 位二进制数可以分辨的最小模拟电压为 $5V/2^{12}=1.22mV$。

（2）相对精度

相对精度是指 A/D 转换器实际输出数字量与理论输出数字量之间的最大差值，通常用最低有效位 LSB 的倍数来表示。如相对精度不大于（1/2）LSB，就说明实际输出数字量与理论输出数字量之间的最大差值不超过（1/2）LSB。

（3）转换速度

转换速度是指 A/D 转换器完成一次转换所需要的时间。转换时间是从接到转换控制信号开始，到输出端得到稳定的数字输出信号所经过的时间。

9.2　Exynos4412 A/D 转换器

1. 简述

Exynos4412 内置 4 路 10 位或 12 位 CMOS 再循环式模拟数字转换器，它具有 10 通道输入，并可将模拟量转换至 10 位或 12 位二进制数。5MHz A/D 转换时钟时，最大 1MSPS 的转换速度。A/D 转换具备片上采样保持功能，同时也支持待机工作模式。

2. 特性

ADC 接口包括如下特性。
（1）分辨率 10bit/12bit 可选。
（2）微分误差 ±2.0LSB（最大）。
（3）积分非线性误差 ±4.0LSB（最大）。
（4）最大转换速率 1MSPS。

（5）供电电压：1.8V（典型值），1.0V（典型值，数字 I/O 接口）。

（6）模拟量输入范围：0~1.8V。

（7）支持低功耗转换模式。

（8）顶部偏移误差（见图 9.3）：$0 \sim +80\ \text{LSB}$。

（9）底部偏移误差（见图 9.3）：$0 \sim -80\ \text{LSB}$。

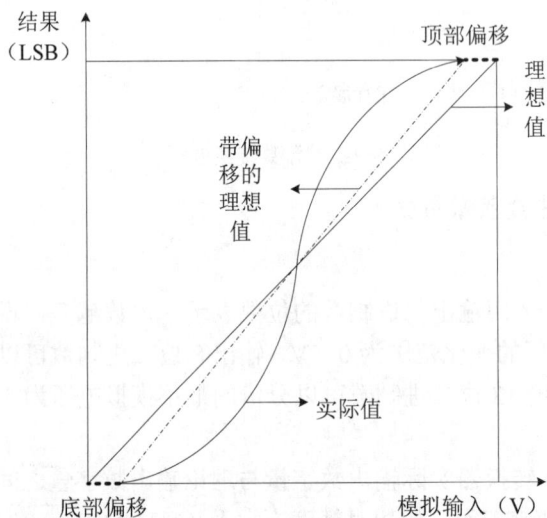

图 9.3　ADC 顶/底部偏移误差图

3. Exynos4412 A/D 转换器原理

Exynos4412 ADC 的逻辑结构框图如图 9.4 所示。Exynos4412 ADC 功能主要包括 A/D 转换模式选择、模式配置等控制环节。

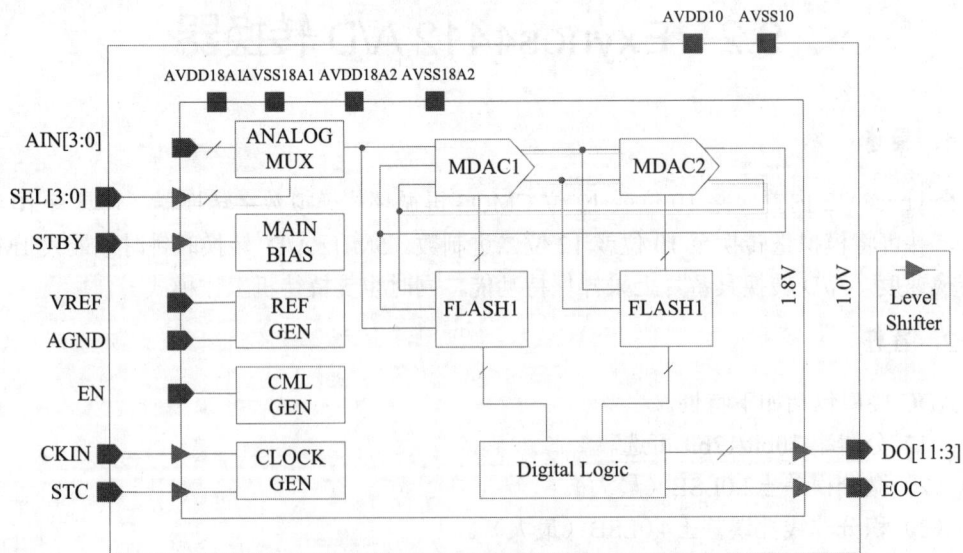

图 9.4　Exynos4412 A/D 转换器的逻辑结构框图

（1）A/D 转换模式选择

Exynos4412 ADC 有两个 ADC 模块，分别是通用 ADC 和 MTCADC_ISP，如图 9.5 所示，可通过寄存器 ADC_CFG 的位[16]进行配置。详见特殊功能寄存器部分（9.3 节）表 9.2 所示。

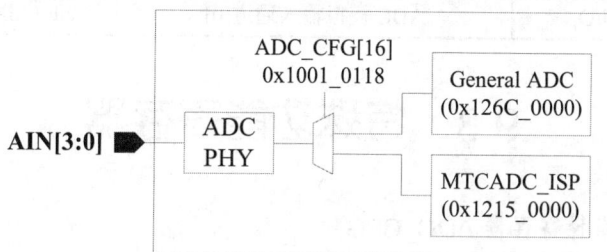

图 9.5　ADC 模式选择

（2）A/D 转换模式配置

通过设置 ADC 控制寄存器 ADCCON 可进行初始化配置，其中 ADCCON 中的位 STANDBY 设置为 1 时，可以使 ADC 进入待机模式，此时，A/D 转换被暂时中止，ADCDATXn 用于暂存中间数据；ADC 数据寄存器 ADCDTA 存放转换完的数字量，可以采用中断模式或查询模式获取转换后的数字量。

（3）A/D 转换的转换时间计算

转换时间取决于 APB 总线的时钟（PCLK）和预分频值，公式如下：

$$A/D \text{ 转换频率} = PCLK/(\text{预分频值}+1)$$

$$A/D \text{ 转换时间} = 1/(A/D \text{ 转换频率}/5cycles)$$

例如，PCLK 为 100MHz，PRESCALER =99，所有 10 位转换频率为 100MHz/(99+1) = 1MHz，转换时间为 1/(1MHz/5 cycles) = 5μs。

完成一次 A/D 转换需要 5 个时钟周期。A/D 转换器的最大工作时钟为 5MHz，所以最大采样率可以达到 1Mit/s。

（4）A/D 转换的启动方式

Exynos4412 的 A/D 转换控制器启动转换的方式可分为一次性手动启动和读启动，两种启动方式不能同时使能。

① 一次性手动启动：ADCCON[0]位置 1，开始 A/D 转换，转换一次，该位自动清零。

② 读启动：ADCCON[1]位置 1，使能读启动，对 ADCDAT 寄存器进行读操作，开始下次转换。

4. ADC 模块相关信号及对应引脚

Exynos4412 的 ADC 模块相关信号及对应引脚关系如表 9.1 所示。

表 9.1　ADC 模块相关信号及对应引脚关系

信　　号	I/O	功 能 描 述	引　　脚	类　　型
AIN[3]	I/O	ADC 模拟输入通道[3]	Xadc1AIN_3	模拟
AIN[2]	I/O	ADC 模拟输入通道[2]	Xadc1AIN_3	模拟

续表

信　号	I/O	功 能 描 述	引　脚	类　型
AIN[1]	I/O	ADC 模拟输入通道[1]	Xadc1AIN_3	模拟
AIN[0]	I/O	ADC 模拟输入通道[0]	Xadc1AIN_3	模拟

9.3　特殊功能寄存器

1．ADC 模式选择寄存器 ADC_CFG

基地址：0x1001_0118，复位值 = 0x0000_0000

ADC 模式选择寄存器 ADC_CFG（在系统寄存器部分，默认为通用 ADC 模式），具体功能如表 9.2 所示。

表 9.2　ADC_CFG

ADC_CFG	位	类　型	描　　述	复 位 值
RSVD	[31:17]	-	保留	0x0
ADC_CFG	[16]	RW	ADC 模式选择： 0：通用 ADC　　　1：MTCADC_ISP	0x0
RSVD	[16:0]		保留	0x0

2．A/D 控制寄存器 ADCCON

基地址：0x126C_0000，复位值 = 0x0000_3FC4

ADCCON 寄存器用来配置转换开始方式、工作模式、时钟分频、分辨率等功能，还有一位只读状态位表示当前转换是否完成。具体功能如表 9.3 所示。

表 9.3　ADCCON

ADCCON	位	类　型	描　　述	复 位 值
RES	[31:46]	RW	ADC 转换输出分辨率选择位 0：10bit　　　1：12bit	0x0
ECFLG	[15]	R	A/D 转换结束标志位 0：正在 A/D 转换 1：A/D 转换结束	
RESCEN	[14]	RW	是否使用 A/D 转换预分频 0：不使用预分频 1：使用预分频	
RESCVL	[13:6]	RW	预分频值 PRSVAL，取值范围 19~255 注：（1）当该数值为 N 时，预分频数值为 N+1 （2）ADC 最大时钟频率为 5MHz	0xFF

续表

ADCCON	位	类 型	描 述	复 位 值
RSVD	[5:3]	-	保留	0x0
STANDBY	[2]	RW	待机模式选择位 0：正常模式　　1：待机模式	0x1
READ_START	[1]	RW	通过读操作启动 A/D 转换使能位 0：禁止读启动　1：使能读启动	0x0
ENABLE_START	[0]	RW	ADC 转换手动启动位 0：ADC 不工作 1：ADC 开始转换数据（当 ADC 完成一次转换后，会自动清零） 注：READ_START 位为 1 时无效	0x0

3. A/D 转换通道选择寄存器 ADCMUX

基地址：0x126C_001C，复位值 = 0x0000_0000

ADCMUX 用于在 4 路模拟输入通道中选择当前要转换的通道，如表 9.4 所示。

表 9.4　ADCMUX

ADCMUX	位	类 型	描 述	复 位 值
SEL_MUX	[3:0]	RW	AD 转换的模拟量通道选择 000：AIN0　　　001：AIN1 010：AIN2　　　011：AIN3	0x0

4. A/D 转换数据寄存器 ADCDAT

基地址：0x126C_000C，复位值 = Undefined

ADCDAT 寄存器用于保存 ADC 转换后的数字量结果，如表 9.5 所示。

表 9.5　ADCDAT

ADCDAT	位	类 型	描 述	复 位 值
DATA	[11:0]	R	转换后的数字量 范围是 0x0 ~ 0x FFF	-

5. ADC 中断清除寄存器 CLRINTADC

基地址：0x126C_0018，复位值 = Undefined

CLRINTADC 用来清除中断。在中断服务完成后软件需要清除中断。在此寄存器写入任何数值，即可清除相应中断。在读取时，将返回未定义的值，CLRINTADC 寄存器如表 9.6 所示。

表 9.6 CLRINTADC

CLRINTADC	位	类　型	描　述	复　位　值
INTADCCLR	[0]	W	INT_ADCn 中断清除位，写入任何值都可以清除中断标志	-

9.4 A/D 控制器初始化

A/D 控制器初始化须经过以下步骤。

1. 特殊功能寄存器的封装

```
#define      ADC_CFG      __REG(0x10010118)
#define      ADCCON       __REG(0x126C0000)
#define      ADCDLY       __REG(0x126C0008)
#define      ADCDAT       __REG(0x126C000C)
#define      CLRINTADC    __REG(0x126C0018)
#define      ADCMUX       __REG(0x126C001C)
```

2. 初始化寄存器 ADCMUX

用于选择通道。例如：

```
ADCMUX = 3;   //选择模拟输入通道 3，可取值 0~3，共 4 个通道
```

3. 初始化寄存器 ADCCON

ADCCON 寄存器主要用于设置如下功能。

（1）转换精度

通过设置 ADCCON[16]位选择转换精度为 10 位或 12 位。

（2）使能预分频

通过设置 ADCCON[14]位可以使能预分频。

（3）设置预分频值

通过设置 ADCCON[13:6]位可以设置预分频值。

（4）启动方式

① 一次性手动启动：ADCCON[1]=0，ADCCON[0]=1，使能一次性手动启动。

② 读启动：ADCCON[1]=1，使能读启动。

例如：

```
ADCCON = (1 << 16 | 1 << 14 | 99 <<6 | 1 << 1);//12 位转换精度，使能预分频，设置预分频值为 99，
并采用读启动
```

4. 启动 ADC 转换（如果设置为一次性手动启动，不需要此步骤）

读启动：

```
temp = ADCDAT & 0xfff;
```

9.5　A/D 控制器应用举例

1. 电路连接（见图 9.6）

利用一个电位计输出电压到 Exynos4412 的 AIN1 管脚。输入的电压范围为 0~1.8V。编写程序，利用 Exynos4412 的 ADC 模块将模拟电压转换为数字量。

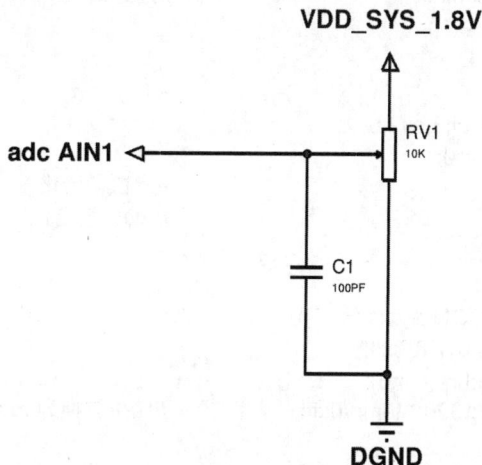

VDD_SYS_1.8V

adc AIN1

RV1
10K

C1
100PF

DGND

图 9.6　Exynos4412 ADC 应用电路

2. 程序编写

（1）相关寄存器定义

```
/*********************** ADC ***********************************/
#define      ADC_BASE      0x126C0000
#define      ADCCON        (*((volatile unsigned long *)(ADC_BASE+0x0)))
#define      ADCDLY        (*((volatile unsigned long *)(ADC_BASE+0x0)))
#define      ADCDAT        (*((volatile unsigned long *)(ADC_BASE+0x0)))
#define      CLRINTADC     (*((volatile unsigned long *)(ADC_BASE+0x0)))
#define      ADCMUX        (*((volatile unsigned long *)(ADC_BASE+0x0)))
```

（2）具体代码

注：这里使用读启动模式。

```
#include "Exynos_4412.h"
#include "uart.h"
unsigned char table[10] = {'0','1','2','3','4','5','6','7','8','9'};
/*ms 延时函数*/
void mydelay_ms(int time)
{    int i, j;
     while(time--)
     {    for (i = 0; i < 5; i++)
```

```
                for (j = 0; j < 514; j++);
        }
}
/*初始化ADC*/
adc_init()
{    int temp=0;
    ADCMUX = 1;                                      //选择模拟量输入通道1（AIN1）
    ADCCON = (1 << 16 | 1 << 14 | 99 <<6 | 1 << 1);
    //12位转换精度，使能预分频，设置预分频值为99，并使能A/D转换
    temp = ADCDAT & 0xfff;                           //通过读ADCDAT启动转换
}
int main (void)
{
    unsigned char bit4,bit3,bit2,bit1;
    unsigned int temp = 0;
    uart_init();                                     //串口初始化
    adc_init();                                      //ADC初始化
    puts("开始转换\n");
    while(1)
    {    while(!(ADCCON &(0x1<<15)));
        temp = ADCDAT & 0xfff;
        printf("U = %d\n",temp);
        temp = 1.8 * 1000 * temp/0xfff;              //结果转换为mv
        /*打印结果*/
        bit4 = temp /1000;
        putc(table[bit4]);
        bit3 = (temp % 1000)/100;
        putc(table[bit3]);
        bit2 = ((temp % 1000)%100)/10;
        putc(table[bit2]);
        bit1 = ((temp % 1000)%100)%10;
        putc(table[bit1]);
        puts("mV");
        putc('\n');
        mydelay_ms(1000);
    }
    return 0;
}
```

9.6 A/D 转换器编程实验

1. 实验目的

（1）了解 A/D 转换器的基本原理。

（2）掌握 Exynos4412 A/D 转换器的特殊功能寄存器。

（3）熟练掌握 Exynos4412 A/D 转换器的初始化方法及综合编程应用。

2. 实验原理

（1）硬件电路连接如图 9.7 所示，按键 K1、K2 分别连接 Exynos4412 的 GPX1_0 和 GPX1_1 引脚，蜂鸣器连接 Exynos4412 的 GPD0_0（TOUT0）引脚，ADC 连接 adc AIN3。

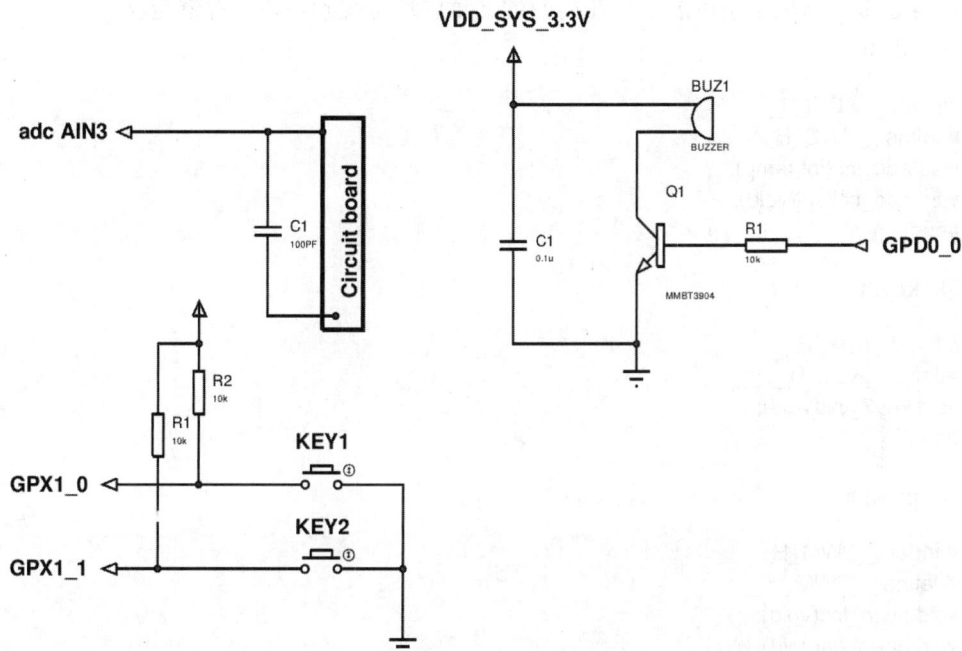

图 9.7　综合实验硬件电路连接

（2）特殊功能寄存器。

① A/D 控制寄存器 ADCCON，具体内容如表 9.3 所示。

② A/D 转换通道选择寄存器 ADCMUX，具体内容如表 9.4 所示。

③ A/D 转换数据寄存器 ADCDAT，具体内容如表 9.5 所示。

④ ADC 中断清除寄存器 CLRINTADC，具体内容如表 9.6 所示。

3. 实验内容

编写一段程序，该程序的主要功能是监控电路板上的电压值，若电压值超过当前的电压限制则通过蜂鸣器报警，并通过按键解除报警，其具体要求如下：

（1）程序下载 20s 后，进入电压采集状态（使用 RTC ALARM 功能完成），要求 1s 采集 1 次电路板电压值（采用 RTC TIME TICK 完成）。

（2）每次电压采集完成后，通过 COM2 将采集到的电压值发送到 PC，在 PC 端可通过串口调试助手查看当前的电压值。

（3）每次电压采集完成后，比较当前的电压值是否正常，正常的电压值为 1~2V，若当前采集的电压值异常，则通过蜂鸣器发出报警信号。

（4）报警信号的解除通过电路板上的 KEY2 控制（按下 KEY2 使蜂鸣器停止鸣叫）。

4. 实验代码

（1）头文件定义

① Exynos_4412.h

内容过多，这里不予以展示，在前面的文章中均可找到相关寄存器定义。

② adc.h

```
#ifndef __ADC_H_
#define __ADC_H_
void adc_init(int temp);
void adc_collect(void);
#endif
```

③ key.h

```
#ifndef _KEY_H_
#define _KEY_H_
void key2_init(void);
#endif
```

④ pwm.h

```
#ifndef __PWM_H__
#define __PWM_H__
void pwm_init(void);
void beep_on(void);
void beep_off(void);
#define SYS_SET_FREQUENCE 25000
void beep_set_frequence( unsigned int fre );
#endif
```

⑤ rtc.h

```
#ifndef _RTC_H_
#define _RTC_H_
void rtc_init(void);
void rtc_tic(void);
void rtc_alarm(void);
#endif
```

⑥ uart.h

```
#ifndef _UART_H
#define    _UART_H
void putc(const char data);
void puts(const   char   *pstr);
void uart_init(void);
extern void putc(const char data);
extern void puts(const    char   *pstr);
extern void uart_init(void);
#endif
```

（2）具体函数实现

① adc.c

```
/*adc.c*/
#include "Exynos_4412.h"
//ADC 初始化函数
adc_init()
{//初始化 A/D 控制寄存器
    ADCCON = (1 << 16 | 1 << 14 | 99 <<6 | 1 <<0);
    //ADCCON [16]位置 1，12bit 输出；[14]位置 1，允许预分频
    //[13:6] = 99，预分频值为 99
    // [1]位为 0，[0]位置 1，采用一次性手动启动方式启动 ADC
    // A/D 转换时间计算：PCLK = 100 MHz，PRESCALER = 99，则 12 位转换时间为 100MHz/
(99+1) = 1 MHz
    ADCMUX = 3;  //电压输入通道选择，查看原理图，ADC 连接 XadcAIN3，这里 ADCMUX = 3;
    }
    //ADC 采集函数
adc_collect()
{    unsigned int temp;
    while(!(ADCCON & (1 << 15)));       //读取 ADCCON [15]位，当其为 1 时，A/D 转换结束
    temp = ADCDAT & 0xfff;               //读取 ADCDAT 低 12 位，获取电压值
    ADCCON |= (1 <<0);
    temp = 18 * 100 * temp/0xfff;        //电压转换公式，电压最大值为 1.8V，temp 范围为
0~4096，由于没有浮点型头文件，这里不识别浮点型，而是将其转换成 mv，其实应该是 1.8*1000*
temp/0xfff，但 1.8 不被识别，这里用 18*100
    printf("电压值 = %d mV\n",temp);
    if((temp > 2000)||(temp < 1000))     //这里设正常值为 1000~2000mV
    {    printf("电压异常！\n");
        beep_on();                       //电压值异常时，蜂鸣器报警
    }
    else
    {        beep_off();                 //如果调整到正常值，关闭蜂鸣器      }
}
```

② key.c

```
/*key.c（工作在外部中断模式）*/
#include "Exynos_4412.h"
 //按键中断初始化函数
key2_init()
{   //1.外设级寄存器设置
    GPX1.CON =GPX1.CON & (~(0xf << 4)) |(0xf << 4); //配置引脚功能为外部中断，这里 key2
所连引脚为 CPX1_1
    GPX1.PUD = GPX1.PUD & (~(0x3 << 2));   //关闭上下拉电阻
    EXT_INT41_CON = EXT_INT41_CON &(~(0xf << 4))|(0x2 << 4); //外部中断触发方式
    EXT_INT41_MASK = EXT_INT41_MASK & (~(0x1 << 1));   //使能中断
    //2.GIC 级寄存器设置
    //使能分配器
    ICDDCR = 1;
    //使能相应中断到分配器，ICDISER 每 1bit 控制一中断源
```

```
    //EINT[9]中断号为57，在 ICDISER1 第[25]位置 1
    ICDISER.ICDISER1 = ICDISER.ICDISER1 | (0x1 << 25);
    //ICDIPTR 每 8 位表示一中断源对应的 CPU 接口，所以一个 ICDIPTR 控制 4 个中断源
    //这里中断号 57 在 ICDPTR14 第[15:8]设置
    ICDIPTR.ICDIPTR14 = ICDIPTR.ICDIPTR14 & (~(0xff << 8))|(0x1 << 8); //选择 CPU
    //3.CPU0 级寄存器设置
    CPU0.ICCPMR = 255; //中断屏蔽优先级
    CPU0.ICCICR = 1;    //使能中断到 CPU
}
```

③ pwm.c

```
#include "Exynos_4412.h"
#include "pwm.h"
 //蜂鸣器函数配置，这里蜂鸣器是无源的，由 PWM 定时器控制，管脚为 GPD0_0
void pwm_init(void)
{    GPD0.CON = GPD0.CON & (~(0xf))| (0x2 << 0);
//GPD0_0 由 GPD0.CON [3:0]控制，置 2 为 TOUT_0
    GPD0.PUD = GPD0.PUD & (~(0xf)) ; //禁用上拉/下拉电阻
    //定时器配置，这里使用定时器 0
    //1．设置预分频值，范围为 0~255，这里设为 249
    PWM.TCFG0 = PWM.TCFG0 & (~(0xff))|0xf9;
    //2．设置分频器分频值，有 1、1/2、1/4、1/8、1/16 5 种因子选择
    // TCFG1 [3:0]用于配置 Time0，这里置 2，选择分频值为 1/4
    PWM.TCFG1 = PWM.TCFG1 & (~(0xf)) | 0x2; //分频后， f = 100MHz/(250)/4 = 100kHz
    //3．TCMPB0 TCNTB0 配合进行占空比设置
    //定时器计数缓冲寄存器（TCNTBn）把计数器初始值下载到递减计数器中
    //定时器比较缓冲寄存器（TCMPBn）把其初始值下载到比较寄存器中，并将该值与递减计数
器的值进行比较。当递减计数器和比较寄存器值相同时，输出电平翻转
    //递减计数器减至 0 后，输出电平再次翻转，完成一个输出周期
    //这里将 TCMPB0 设置为 50，TCNTB0 设置为 100，占空比为 50%
    PWM.TCMPB0 = 50;
    PWM.TCNTB0 = 100;
    //4．启动 Time0，且第一次要手动更新，将 TCMPB0 和 TCNTB0 的值加载进递减计数器
    PWM.TCON = PWM.TCON & (~(0xff)) | (1 << 0) | (1 << 1) ;
}
 //开启蜂鸣器
void beep_on(void)
{
    PWM.TCON = PWM.TCON & (~(0xff)) | (1 << 0) | (1 << 3) ; //自动加载 TCMPB0 和 TCNTB0 的值
}
 //关闭蜂鸣器
void beep_off(void)
{    PWM.TCON = PWM.TCON & (~(1 << 0)) ; //[0]位置 0，关闭定时器 0 }
//#define SYS_SET_FREQUENCE 25000
void beep_set_frequence( unsigned int fre )
{    //若蜂鸣器的发声频率为 0 则返回
    if( 0==fre )
```

```
            return ;
    PWM.TCMPB0 =   SYS_SET_FREQUENCE/(fre+fre); //根据设定频率重新设定计数器比较的值
    PWM.TCNTB0 =   SYS_SET_FREQUENCE/fre;       //根据频率重新调整计数值
 }
```

④ rtc.c

```
#include "Exynos_4412.h"
//RTC 初始化函数
void rtc_init(void)
{      RTCCON = 1;                                          //RTC 控制使能
    //通过设置 BCD 系列寄存器的值，对年、月、日、时、分、秒进行配置
    RTC.BCDYEAR = 0x16;
    RTC.BCDMON = 0x2;
    RTC.BCDDAY = 0x29;
    RTC.BCDHOUR = 0x18;
    RTC.BCDMIN = 0x24;
    RTC.BCDSEC = 0x00;
    RTCCON = 0;                                            //RTC 控制禁止
}
//滴答计时器配置
void rtc_tic(void)
{    //RTCCON [7:4]用于设置滴答计时器子时钟源选择，这里设为 0000，即 32768Hz
    //RTCCON [8] 置 1，滴答计时器使能
    RTCCON = RTCCON & (~(0xf << 4)) | (1 << 8);
    //配置 TICCNT 寄存器，这里设置为 32768，时钟源为 32768Hz，1s 发生一次中断
    TICCNT = 32768;
    ICDDCR = 1;                                          //使能分配器
    ICDISER.ICDISER2 = ICDISER.ICDISER2 | (0x1 << 13); //使能相应中断到分配器
    ICDIPTR.ICDIPTR19 = ICDIPTR.ICDIPTR19 & (~(0xff << 8))|(0x1 << 8); //选择 CPU
    CPU0.ICCPMR = 255;                                  //中断屏蔽优先级
    CPU0.ICCICR = 1;                                    //使能中断到 CPU
}
// RTC 闹钟设置
void rtc_alarm(void)
{
    int i = 20;
    //配置 RTCALM.ALM 寄存器，第[6]位置 1，闹钟使能；第[0]位置 1，秒时钟使能
    RTCALM.ALM = (1 << 6)|(1 << 0);
    RTCALM.SEC = 0x20; // SEC 设为 20，每到 20 秒时，闹钟到时，发生一次中断
    printf("请等待 20s....\n");
    ICDDCR = 1;                                          //使能分配器
    ICDISER.ICDISER2 = ICDISER.ICDISER2 | (0x1 << 12);  //使能相应中断到分配器
    ICDIPTR.ICDIPTR19 = ICDIPTR.ICDIPTR19 & (~(0xff << 0))|(0x1 << 0); //选择 CPU 接口
    CPU0.ICCPMR = 255;                                  //中断屏蔽优先级
    CPU0.ICCICR = 1;                                    //使能中断到 CPU
    while(i != 1)
    {      printf("还剩  %-2d s\r", --i);
```

```
        mydelay_ms(1000);
    }
    printf("\n");
}
```

⑤ uart.c

```c
#include "Exynos_4412.h"
// UART 初始化函数
void uart_init()
{    // COM2 口 Rx Tx 分别连接 GPA1_0 和 GPA1_1
    //GPA1 [3:0]位置 2，设为 UART_2_RXD，[7:4]位置 2，设为 UART_2_TXD
    GPA1.CON = (GPA1.CON & ~0xFF ) | (0x22); //GPA1_0:RX;GPA1_1:TX
    //设置传输格式：ULCONn 寄存器[1:0]用于设置数据位 bit 数，这里设为 8
    UART2.ULCON2 = 0x3;
    //设置 UART 工作模式：UCONn 寄存器  [3:2] [1:0] 均置为 1，Tx Rx 均设为中断或轮询模式
    UART2.UCON2 = 0x5;
    /*
    * 波特率设置
        根据给定的波特率、所选择时钟源频率，通过以下公式计算 UBRDIVn 寄存器（n 为 0~4,
对应 5 个 UART 通道）的值。
            UBRDIVn = (int)( UART clock / ( buad rate x 16) ) - 1
            上式计算出来的  UBRDIVn  寄存器值不一定是整数，
            UBRDIVn  寄存器取其整数部分，小数部分由 UFRACVALn 寄存器设置，
            例如，当 UART clock 为 100MHz 时，要求波特率为 115200 bps，则：
            100000000/(115200 x 16) - 1 = 54.25 - 1 = 53.25
            UBRDIVn = 整数部分  = 53
            UFRACVALn/16 =  小数部分  = 0.25
            UFRACVALn = 4
    */
    UART2.UBRDIV2 = 0x35;
    UART2.UFRACVAL2 = 0x4;
}
void putc(const char data)
{    while(!(UART2.UTRSTAT2 & 0X2));
    UART2.UTXH2 = data;
    if (data == '\n')
        putc('\r');
}
char getc(void)
{    char data;
    while(!(UART2.UTRSTAT2 & 0x1));
    data = UART2.URXH2;
    if ((data == '\n')||(data == '\r'))
        {    putc('\n');
                putc('\r');
        }else
                putc(data);
    return data;
}
```

```
void puts(const   char   *pstr)
{     while(*pstr != '\0')
          putc(*pstr++);
}
void gets(char *p)
{    char data;
     while((data = getc())!= '\r')
     {
          if(data == '\b')
          {     p--;  }
          *p++ = data;
     }
     if(data == '\r')
     *p++ = '\n';
     *p = '\0';
}
```

（3）main 函数

```
#include "Exynos_4412.h"
#include "adc.h"
#include "key.h"
#include "pwm.h"
#include "rtc.h"
#include "uart.h"
/*ms 延时函数*/
 void mydelay_ms(int time)
{     int i, j;
     while(time--)
     {
          for (i = 0; i < 5; i++)
               for (j = 0; j < 514; j++);
     }
}
/*中断服务程序*/
 void do_irq(void)
{
     static int a = 1;
     int irq_num;
     irq_num = CPU0.ICCIAR&0x3ff;                             //获取中断号
     switch(irq_num)
     {          case 57:                                      //按键中断
               beep_off();
               printf("请将电压调到正常值!!\n");
               mydelay_ms(1000);                              //延时 1s，等待电压调整
               EXT_INT41_PEND = EXT_INT41_PEND |((0x1 << 1));    //清 GPIO 中断标志位
               ICDICPR.ICDICPR1 = ICDICPR.ICDICPR1 | (0x1 << 25); //清 GIC 中断标志位
          break;
          case 76:                                           // RTC 闹钟中断
               printf("20s 已到，开始采集电压值：\n");
```

```
            rtc_tic();                                              // 20s 到后，调用滴答计时器
            RTCALM.ALM = RTCALM.ALM & (~(1 << 6));//关掉闹钟，防止下一个 20s 中断再
次发生

            RTCINTP   = RTCINTP | (1 << 1);                        //清 RTC 中断标志位
            ICDICPR.ICDICPR2 = ICDICPR.ICDICPR2 | (0x1 << 12);    //清 GIC 中断标志位
            break;
        case 77:                                                   //滴答计时器中断
            adc_collect();                                         //调用 ad 采样函数
            RTCINTP   = RTCINTP | (1 << 0);                        //清 RTC 中断标志位
            ICDICPR.ICDICPR2 = ICDICPR.ICDICPR2 | (0x1 << 13);    //清 GIC 中断标志位
            break;
        }
        CPU0.ICCEOIR = CPU0.ICCEOIR&(~(0x3ff))|irq_num;           //清 CPU 中断标志位
}
int main (void)
{   printf("\n ------------------ADC 综合应用测试--------------------\n");
    uart_init();
    pwm_init();
    rtc_init();
    key2_init();
    rtc_alarm();                                                   //调用 alarm 函数，开始定时
    adc_init();
    while(1);                                                      //循环等待中断发生
    return 0;
}
```

5. 实验结果

```
------------------ADC 综合应用测试--------------------
请等待 20s....
20s 已到，开始采集电压值：
电压值 = 1219 mV
电压值 = 1390 mV
电压值 = 1403 mV
电压值 = 1496 mV
电压值 = 1800 mV
电压值 = 1560 mV
电压值 = 873 mV
电压异常！
电压值 = 825 mV
电压异常！
电压值 = 825 mV
电压异常！
电压值 = 826 mV
电压异常！
电压值 = 826 mV
电压异常！
请将电压调到正常值!!
电压值 = 825 mV
电压值 = 825 mV
```

```
电压值 = 826 mV
电压异常！
请将电压调到正常值!!
电压值 = 827 mV
电压值 = 1114 mV
电压值 = 1121 mV
```

本章小结

本章主要讲解了 A/D 转换器的工作原理，以及 Exynos4412 中 A/D 转换器操作方法。要求读者掌握 A/D 转换器的编程方法。

课外练习

1．设 ADC 某通道模拟输入电压为 0~3.3V，转换结果为 12 位二进制原码。当输入电压为 0V 时，输出为 000H；当输入电压为 3.3V 时，输出为 FFFH，那么输入电压为 0.66V、1.65V 或 2.2V 时，输出的二进制数值分别是多少？

2．如何制定 Exynos4412 ADC 模拟信号输入通道？如何通知 A/D 转换器开始（启动）新的一次转换？微处理器如何获取一次转换结束的信息？

3．设 PCLK=1GHz，想要实现采集速度为 100Ksps，请设置 Exynos4412 的 A/D 转换器。

4．编程实现利用 ADC 的通道 3 采集一个电压范围在 0~3.3V 的测试程序。

参阅书目

1．杨福刚．ARM Cortex-A9 多核嵌入式系统开发教程[M]．西安：西安电子科技大学出版社，2016

2．华清远见嵌入式学院，刘洪涛，等．ARM 嵌入式体系统结构与接口技术（Cortex-A9 版）[M]．北京：人民邮电出版社，2017．

3．华清远见嵌入式学院，秦山虎，刘洪涛．ARM 处理器开发详解——基于 ARM Cortex-A9 处理器的开发设计[M]．北京：电子工业出版社，2016．

4．张石．ARM Cortex-A9 嵌入式技术教程[M]．北京：机械工业出版社，2018．

5．刘彦文．嵌入式系统原理及接口技术[M]．北京：清华大学出版社，2011．

网络链接

1．https://blog.csdn.net/zqixiao_09/article/details/50767661
2．https://blog.csdn.net/qq_21593899/article/details/51713730